МИХАЭЛЬ ЛАЙТМАН

«ТАЙНЫ ВЕЧНОЙ КНИГИ»

КАББАЛИСТИЧЕСКИЙ КОММЕНТАРИЙ К ТОРЕ

ТОМ 2

«И ОТКРЫЛСЯ»
«И БЫЛО ЖИЗНИ САРЫ»
«ВОТ РОДОСЛОВНАЯ ИЦХАКА…»
«И ВЫШЕЛ ЯАКОВ»

УДК 130.122
ББК 87.3

Лайтман Михаэль
Л18 ТАЙНЫ ВЕЧНОЙ КНИГИ. Том 2 / Михаэль Лайтман. – LKPublishers, 2014. – 384 с.
Напечатано в Израиле

ISBN - 9781772281323
DANACODE - 760-74

Тора закодирована. Прочитав эту книгу, вы узнаете секреты кода. И тогда вы сможете прорваться сквозь внешние события, из которых она на первый взгляд состоит, к тому, о чем в ней действительно говорится. Вы поймете, почему все мировые религии признают за Торой право первенства, ради чего ссылаются на нее политики, философы, писатели... Вам откроется истина.

Эта книга – путеводитель, руководство в продвижении для тех, кто задает вопросы о смысле жизни, инструкция о том, как открыть духовный мир. Как стать счастливым.

УДК 130.122
ББК 87.3

Редакторы: С. Винокур, А. Постернак, Э. Сотникова.
Технические редакторы: П. Календарев, Н. Серикова.
Выпускающий редактор: С. Добродуб.
Оформление обложки: А. Мохин

МЕЖДУНАРОДНАЯ
АКАДЕМИЯ
КАББАЛЫ

ISBN - 9781772281323
DANACODE - 760-74
© Лайтман М., 2014.
© Laitman Kabbalah Publishers, 2014.

ОГЛАВЛЕНИЕ

ГЛАВА «И ОТКРЫЛСЯ»   7

НА ВСЕ ЧЕТЫРЕ СТОРОНЫ	8
АВРААМ РАЗБИЛ САД	10
ТРИ ПОСЛАНЦА	12
И САРА РАССМЕЯЛАСЬ	16
ГОСПОДИН МОЙ СТАР	17
ДАЙТЕ МНЕ СВОБОДУ!	20
В ДУХОВНОМ МИРЕ НИЧЕГО НЕ УМИРАЕТ	22
ЛУННЫЙ ЦИКЛ – ЖЕНСКИЙ ЦИКЛ	24
ЭНЕРГОЕМКИЙ АКТ СОИТИЯ	26
СЛОЖНАЯ «ИГРА»	27
НОВЫЕ ФОРМЫ ЭГОИЗМА	29
ЗАКОНЫ СДОМА	31
СОВЕРШЕННОЕ И ИЗЪЯНЫ	35
ФИЛОСОФИЯ СДОМА	36
АВРААМ ВСТУПАЕТСЯ ЗА ЖИТЕЛЕЙ СДОМА	39
ТРИ РЕАКЦИИ В УСЛОВИЯХ УГРОЗЫ	43
СЛЕДОВАТЕЛИ В СДОМЕ	46
НЕ ВМЕШИВАТЬСЯ В УПРАВЛЕНИЕ ТВОРЦА	50
ЛОТ ГОТОВ ПОЖЕРТВОВАТЬ ДОЧЕРЯМИ	55
ПЕРЕНЕСИ МЕНЯ ЧЕРЕЗ СТЕНУ?	57
ТОЛЬКО ВПЕРЕД – ВОЗВРАТА НЕТ	60
ОСТАВИТЬ ВСЕ НАЖИТОЕ?! РАДИ СПАСЕНИЯ…	62
КАК МУЗЫКАНТ ЧИТАЕТ НОТЫ	65
АППАРАТ, УПРАВЛЯЮЩИЙ НАМИ	66
ПОДЪЕМ В ГОРУ	69
НЕЛЬЗЯ ЗАСТЫТЬ. В ДВИЖЕНИИ – ЖИЗНЬ	71
ВЫЙТИ ИЗ СВОЕГО ПРЕЖНЕГО ДОМА – СДОМА	74
НЕ БЫТЬ ЖЕНОЙ ЛОТА	78
НАМЕРЕНИЯ И ДЕЙСТВИЯ – ИХ НЕСОВПАДЕНИЕ	81
ЦЕЛЕНАПРАВЛЕННАЯ ДИАЛЕКТИКА ДУХОВНОГО РАЗВИТИЯ	83

МИЛОСЕРДИЕ – СТРОГОСТЬ И ИХ СОЧЕТАНИЯ	85
СОРЕВНОВАНИЕ И РАЗБОРКИ: КТО – КОГО	88
МНОЖЕСТВЕННАЯ РЕАЛЬНОСТЬ	92
УЧИТЕЛЬ ВЫБИРАЕТ УЧЕНИКА?	96
«ЗАПЛАКАЛ РАББИ ШИМОН»	98
РАДИ УЧЕНИКА СУЩЕСТВУЕТ УЧИТЕЛЬ	100
«ПЭ ЭЛЬ ПЭ» – В ЕДИНЕНИИ ДУХОМ	104
ЭТО БЫЛА РЕВОЛЮЦИЯ?	107
ПРИХОДЯТ К ТЕБЕ СОРОК УЧЕНИКОВ	110
СЛИВАЮТСЯ ВМЕСТЕ СТРАХ И СИЛА	113
РАБАШ УШЕЛ	115
ПРЕДАННАЯ УЧЕНИЦА. И ОНА ХОЧЕТ СЛУЖИТЬ МНЕ	117
ВСЕ СЛОВА ТОРЫ – ОДНО ИМЯ ТВОРЦА	120
АГАРЬ И ЕЕ СЫН – НА ВОЛЮ ТВОРЦА…	123
СРЕДНЯЯ ЛИНИЯ – ПУТЬ К МИРУ	124
СТАНОВИТСЯ «ВЫШЕ ЗВЕЗД»?	126
НА ГОРЕ МОРИА ПРИНЕСТИ В ЖЕРТВУ СЫНА	130
И СНОВА – ПОСЛАННИКИ ТВОРЦА	132
ГОРА, НА КОТОРОЙ ОТКРЫВАЕТСЯ ТВОРЕЦ	136

ГЛАВА «И БЫЛО ЖИЗНИ САРЫ» 139

НЕТ НИКАКИХ ТАЙН	140
ЖИЗНЬ НАЧИНАЕТСЯ СО СМЕРТИ	142
«ГОДЫ ЖИЗНИ САРЫ» — СВЕТ ЗНАНИЯ	144
ЧТО ЗНАЧИТ «МЕАРАТ А-МАХПЕЛА»	146
КУПИТЬ – ЗАРАБОТАТЬ МЕСТО, ОТКУДА ВОЗРОДИШЬСЯ	147
«ВСТРЕЧИ» (СОВПАДЕНИЕ СВОЙСТВ) В ПЕЩЕРЕ	149
ЧТОБЫ ВОССТАТЬ ИЗ МЕРТВЫХ	151
БУКВАЛЬНОЕ ПОНИМАНИЕ – МРАК. ИСТИННЫЙ СМЫСЛ – СВЕТ	153
ЖЕНА ДЛЯ СЫНА – НОВАЯ СТУПЕНЬ	154
СТАРОСТЬ ИЛИ ДУХОВНАЯ ЗРЕЛОСТЬ?	156
ЛУЗ – СУТЬ НАША	159
ОЖИВЛЕНИЕ ЖЕЛАНИЙ, А НЕ ФИЗИЧЕСКИХ ТЕЛ	165

БУДУТ ХОДИТЬ ПО УЛИЦАМ В ПИЖАМЕ	168
НЕДЕЛЬНАЯ ГЛАВА «И БЫЛО ЖИЗНИ САРЫ»	172
ВЫБОР ЖЕНЫ РАДИ ДУХОВНОГО ДВИЖЕНИЯ	179
КЛЯТВА – ЭТО ОБЯЗАТЕЛЬСТВО	180
ВСЯ ТОРА – В ОДНОМ ЧЕЛОВЕКЕ	182
ЖИВАЯ ВОДА – ЭЛИКСИР БЕССМЕРТИЯ	184
ГЛАВА «ВОТ РОДОСЛОВНАЯ ИЦХАКА…»	**187**
ПРОСИТЬ ПОМОЩИ СВЫШЕ – МОЛИТЬСЯ ЗА ЖЕНУ	188
КУДА КРУТЯТСЯ КОЛЕСА?	189
РОЖДЕНИЕ ДВУХ СИЛ: ЭСАВ И ЯКОВ	192
КОНЕЦ ДЕЙСТВИЯ – В ЗАМЫСЛЕ НАЧАЛЬНОМ	194
ОТЕЦ ОДИН – ДЕТИ РАЗНЫЕ. ИХ БОРЬБА ВЕДЕТ К РАЗВИТИЮ.	197
НИМРОД — СИЛЬНЕЕ, ЭСАВ – ХИТРЕЕ	199
«ПРОДВИНУТЫЙ» ЭГОИЗМ – СЕРЬЕЗНЫЙ ПАРЕНЬ	201
КРАСНОЕ – БЕЛОЕ… ГЛАВНОЕ – НАМЕРЕНИЕ	202
СНОВА ТА ЖЕ ИСТОРИЯ …. НО ДРУГАЯ КОНЦОВКА	204
ЛЮБОВЬ И ГОЛОД ПРАВЯТ МИРОМ	206
ЖИВАЯ ВОДА: ДЛЯ СЕБЯ ИЛИ ДЛЯ ВСЕХ?	209
БЛАГОСЛОВЕНИЯ ИЦХАКА – И ИХ ПОСЛЕДСТВИЯ ДЛЯ НАС	210
ТРИ СИЛЫ – ТРИ РЕЛИГИИ	214
РЕЛИГИИ СУЩЕСТВУЮТ ИЗ-ЗА СКРЫТИЯ ТВОРЦА	216
БУДУЩЕЕ МИРА – В НАУКЕ КАББАЛА	219
ОБМАН, ДА И ТОЛЬКО!	220
С ХИТРЫМ – ЕГО ЖЕ СОБСТВЕННОЙ ХИТРОСТЬЮ	222
ОБОЙТИ ЭГОИЗМ – РАДИ ПОЛЬЗЫ ДЛЯ ДУШИ	223
НАСЛАДИТЬ ДРУГИХ ИЛИ НАСЛАДИТЬ СВОЕ «Я»?	226
ТАКОЙ ПОВОРОТ – ВЫШЕ ОБЫЧНОГО РАЗУМА	231
ИСПРАВЛЕНИЕ – ЧТОБЫ ВСЕ ДОСТИГЛИ ЦЕЛИ	232
ПРИНЯТЬ БЛАГОСЛОВЕНИЕ – НА БУДУЩЕЕ И ДЛЯ ВСЕХ	233
«КРЫША ОБЩАЯ» – НО СЕЙЧАС ДЛЯ ЯКОВА	237
6000 ЛЕТ ИЗМЕНЕНИЙ. ИЛИ БОЛЬШЕ?	239

ГЛАВА «И ВЫШЕЛ ЯКОВ» — 241

- МИР... ЧТО МОЖЕТ В НЕМ МЕНЯТЬСЯ? — 242
- ЖИЗНЬ В ДВУХ МИРАХ — 243
- ПЕРЕД СНОМ — 246
- ДВЕНАДЦАТЬ КАМНЕЙ — 247
- СОН ЯКОВА — 251
- ДВЕ БОКОВИНЫ С ПЕРЕКЛАДИНАМИ — 252
- ИЗГНАНИЯ — 254
- ПОСМОТРЕВ ИЗ КОСМОСА... — 258
- ЭСАВ – НЕСЧАСТНЫЙ РЕБЕНОК? — 260
- ПОЧЕМУ-ТО СТРАШНО — 261
- ПОВСЮДУ КАМНИ — 264
- ОТОРВАТЬ ОТ СЕБЯ ДЕСЯТИНУ — 266
- И ПОЦЕЛОВАЛ ЯКОВ РАХЕЛЬ — 267
- СЕМЬ ЛЕТ ЗА РАХЕЛЬ — 269
- В МЫСЛЯХ С РАХЕЛЬЮ – В ДЕЙСТВИИ С ЛЕЕЙ — 270
- ЛЕЯ – НОЧЬ — 272
- НАЛОЖНИЦЫ И ДЕТИ — 273
- ДВОЕЖЕНСТВО — 274
- МАТЬ ДАЕТ ИМЯ — 275
- СЫН ИЛИ ДОЧЬ? — 278
- МЫ НЕ МОЖЕМ ВДОХНУТЬ ЖИЗНЬ — 279
- Я ДОЛЖЕН ХОТЕТЬ — 281
- ПОТОМСТВО — 282
- РОЖАТЬ ИЛИ НЕ РОЖАТЬ – ПОТРЕБНОСТЬ ИЛИ ВЫБОР? — 285
- МИР ПОТЕРЯЛ СВОЮ ЭНЕРГИЮ — 286
- БЕГСТВО — 289
- ПОХИЩЕНИЕ И РАССЛЕДОВАНИЕ — 291
- ПОД ПАРУСАМИ ЭГОИЗМА — 294

Глава
«И ОТКРЫЛСЯ»

НА ВСЕ ЧЕТЫРЕ СТОРОНЫ

Мы начинаем следующую главу Торы «Ваера», в переводе с иврита – «И явил», или «И открылся». Открылся Аврааму. Но прежде, чем мы начнем ее обсуждение, я прочту, что написано в «Великом комментарии»:

АВРААМ РАЗБИЛ В БЕЭР-ШЕВЕ ПРЕКРАСНЫЙ ФРУКТОВЫЙ САД. В СОБСТВЕННОМ ШАТРЕ ОН УСТРОИЛ ЧЕТЫРЕ ВХОДА, КОТОРЫЕ ВСЕ ВРЕМЯ ДЕРЖАЛИСЬ ОТКРЫТЫМИ, ЧТОБЫ УТОМЛЕННЫЙ ПУТНИК, КУДА БЫ ОН НИ ШЕЛ, ВСЕГДА МОГ ВОЙТИ ВНУТРЬ И ОТДОХНУТЬ ПОСЛЕ ДОРОГИ, ПОЛУЧИВ КРОВ И ОБИЛЬНОЕ УГОЩЕНИЕ.

...ТАКИМ ОБРАЗОМ, АВРААМ, ПРОЯВЛЯЯ ГОСТЕПРИИМСТВО И УЧА ЕМУ ДРУГИХ, ПРИВЛЕК К СЛУЖЕНИЮ ТВОРЦУ ДЕСЯТКИ ТЫСЯЧ ЧЕЛОВЕК.

ЕГО ЖЕНА САРА ТОЖЕ ПОСВЯТИЛА СЕБЯ РАСПРОСТРАНЕНИЮ ИСТИНЫ НА ЗЕМЛЕ: ОНА УЧИЛА ЖЕНЩИН.

Авраам и Сара, как мы выяснили, это свойства любви и отдачи в человеке. Что символизирует их шатер с четырьмя открытыми входами на все четыре стороны?

«На все четыре стороны» – это свойства: *хэсэд, гвура, тифэрэт и малхут* – сокращенно – «хагат».

Четыре части души: *хохма, бина, тифэрэт, малхут* – сокращенно «хабтум», или в уменьшенном *парцуфе* – «хагат». Иногда они представляются нам в трех линиях, тогда: четыре умножить на три получается 12. Отсюда и 12 колен. Это еще не выясненные, не осознанные, не развернутые части, свойства души.

Глава «И открылся»

Пока душа состоит всего из четырех свойств?

Да. Поэтому существуют деления на четыре, например, четыре части света и т.д. Авраам достиг полного свойства отдачи – разбил шатер, то есть приготовил сосуд своей души (на иврите «*кли*»), полностью приспособленный для отдачи «на все четыре стороны». Неограниченно. И любые путники могут прийти, присоединиться.

Еще могут возникнуть всевозможные свойства в Аврааме и в любом человеке, который достиг уровня Авраама. Авраам находится в шатре в Беер-Шеве. Он поднимается до такого состояния, где полностью представляет собой свойство отдачи: милосердие – *хэсэд*. И любые возникающие в нем свойства и желания включаются в это основное свойство. Он достиг своего основного состояния.

Не только его девять *сфирот* – свойства отдачи, но и его *нуква*, тело – свойство получения, Сара, и другие эгоистические свойства, которые в нем поднимаются, – все они также могут присоединиться и сотрудничать со свойством отдачи, которое Авраам полностью раскрыл в себе.

Кто это – все путники, которые проходят мимо?

Это его личные свойства.

Мне только кажется, что весь мир находится вокруг меня. На самом деле он – во мне. Так же говорится в Торе о путниках, людях, звездах, земле, растениях, животных. Все это – различные свойства в нас.

Человек состоит из четырех свойств эгоизма: неживое, растительное, животное и говорящий (Адам, человек). Это эгоистические уровни моих желаний. Они проецируются наружу. Будто снаружи есть мир, состоящий из таких свойств.

Авраам достиг того состояния, когда даже наивысшие эгоистические свойства уровня «человек» присоединяются к его основному свойству отдачи. Он исправил себя. Его свойство отдачи настолько выпукло, что способно отдавать наружу. Теперь все прочие свойства дополняют свойство отдачи, так как они обязаны быть в человеке и вместе с основным участвовать в духовном продвижении.

АВРААМ РАЗБИЛ САД

Какова задача Авраама внутри нас?

Развить в общей душе кардинальное свойство отдачи – милосердие. Этого свойства больше нет ни у кого.

Свойство отдачи имеет несколько оттенков. Самый главный из них – милосердие.

Необходимо, чтобы все свойства (путники) прошли, очистились в шатре Авраама, соприкоснулись с его свойством?

Да. Прошли – это значит, остались, исправились. Примкнули, примкнули к нему.

Авраам собирал путников и учил их?

Постоянно. Иносказательно говоря, он разбил сад и держал отару овец. Вообще, шашлычки, фрукты – хорошая идея для привлечения путников и их обучения.

Он их как бы прикармливал? Имеется в виду, что он старается кормить (наполнить) их духовно, а не физически?

Конечно. Человек должен действовать, понимая, что все эгоистические желания в нем страдают (кстати, не без помощи Творца), что нам плохо с ними. Мы должны через изучение каббалы, через раскрытие этой науки понять: наполнение возможно только через отдачу.

Что значит, «разбить сад фруктовый»?

Это духовное исправление уровня, обозначаемого как «растительный».

Исправление на уровне «неодушевленный», выражается в том, что Авраам достиг страны Израиля.

Исправление на уровне «животный» олицетворяют ягнята, взятые из отары для каждого путника.

И, наконец, исправление на уровне «говорящий, Адам» – питание путников.

Основной его задачей было напитать их духовно? Научить их жизни?

Конечно. Я думаю, поскольку Авраам – свойство милосердия, то и кормил он их милосердием. И это не шутка. Мы говорим только о развитии души. Каждый из нас проходит все эти свойства. Путь Авраама предопределен для каждого из нас.

Вы сказали, что шатер, раскрытый на все четыре стороны, похож на душу.

Олицетворяет собой душу.

А когда мы говорим о нашем мире?

В нашем мире – шесть сторон. Четыре стороны света плюс верх и низ, потому что мы живем на земле. Это географические направления, ориентированные относительно человека. Ведь можно сколько угодно придумать осей времени, пространства, состояний, движений. Но уже известно науке, что все это произвольно выбирается человеком. Так устроена наша душа.

Наш мир является проекцией Высшего мира. Наше тело является проекцией души. В нашем мире мы ведем себя только эгоистически. В духовном мире мы должны были бы вести себя альтруистически.

ТРИ ПОСЛАНЦА

Глава «И открылся».
/1/ И ОТКРЫЛСЯ ЕМУ ТВОРЕЦ В ЭЛОНЕЙ-МАМРЭ[1], А ОН СИДЕЛ У ДВЕРИ ШАТРА, КОГДА ЗНОЕН БЫЛ ДЕНЬ. /2/ И ПОДНЯЛ ОН ГЛАЗА СВОИ, И УВИДЕЛ: ВОТ ТРИ ЧЕЛОВЕКА СТОЯТ ВОЗЛЕ НЕГО. И УВИДЕВ, ОН ПОБЕЖАЛ НАВСТРЕЧУ ИМ ОТ ДВЕРИ ШАТРА, И ПОКЛОНИЛСЯ ДО ЗЕМЛИ, /3/ И СКАЗАЛ: «ГОСПОДА МОИ! ЕСЛИ Я НАШЕЛ МИЛОСТЬ В ГЛАЗАХ ТВОИХ, НЕ ПРОЙДИ МИМО РАБА ТВОЕГО. /4/ ПУСТЬ ВЗЯТО БУДЕТ НЕМНОГО ВОДЫ, ОМОЙТЕ НОГИ ВАШИ И ОБЛОКОТИТЕСЬ ПОД ДЕРЕВОМ! /5/ А Я ВОЗЬМУ КУСОК ХЛЕБА, И ПОДКРЕПИТЕ СЕРДЦЕ ВАШЕ, ПОТОМ УЙДЕТЕ: РАЗ УЖ ВЫ ПРОХОДИЛИ БЛИЗ РАБА ВАШЕГО».

Пришли трое, а обращается он к одному: «В глазах твоих».

Высшее управление раскрывается человеку в трех линиях, так как человек состоит из трех свойств: левой линии – получения, правой линии – отдачи – и комбинации из них – средней линии, по которой он двигается и строит свою душу. Поэтому представление о высшем управлении приходит к человеку свыше в виде трех линий.

---

[1] Элоней Мамрэ (ивр.) – соответствует русскому – дубрава Мамре – в Библии место, где Аврааму явились ангелы.

ГЛАВА «И ОТКРЫЛСЯ»

Итак, Авраам находится в своем шатре. Он уже создал свое основное свойство – милосердие. В нем проявляется высшая сила в виде трех линий, следовательно, он может начинать работу со следующим своим желанием – желанием получать.

Следует понимать, что с одним альтруизмом не продвинуться в духовном постижении. Сказано Творцом: «Я создал зло (эгоизм) и создал Тору – средство для его исправления». Поэтому наступает время усиленного развития эгоизма. Происходит соединение трех составляющих: развивающегося эгоизма; Торы, света, для его исправления и общей исправленной части – совместной комбинации эгоизма и Торы – средней линии. Авраам, уже достигший завершения своего основного свойства, получает методику дальнейшего развития.

То есть свойство Авраама: милосердие, хэсэд, вера в Единую Силу – очистилось от всякого личного интереса? И теперь он может продолжать духовный подъем?

Но дальнейшее продвижение возможно только при условии раскрытия и полного развития в себе эгоизма, который кроется в нем, но пока не работает, не проявляет себя.

Сначала Авраам открыл в себе три линии. Он чувствует: «Что-то происходит непонятное с моей душой. Раньше я думал, что все очень просто, наивно, открыто, я – напротив Творца, напротив одной силы. И все. А сейчас получается непростая запутанная комбинация». Он и преклоняется перед этим, и не знает, что делать с этим состоянием. Вот тут пришло время осваивать новую методику.

Что ощущает человек в такой непростой ситуации?

Спутанность. Радость и спутанность.

С одной стороны, он понимает, что он уже исчерпал себя. У него нет дальнейших ресурсов для движения вперед. Поэтому нет потомства. С другой стороны, считает ли он себя каким-то неполноценным, недостаточным, несостоявшимся? Конечно, нет!

Нет потомства у Авраама – человека и у Авраама – носителя духовной ступени «*хэсэд*»?

Нет преемственности, нет дальнейшего развития, следующих ступеней раскрытия Творца

Свойство Авраам в развитии не нуждается. Человек достигает своих «ста лет» – полного своего состояния. Десять *сфирот* (умножить) на десять *сфирот* – окончательно наполненное состояние души. Это ощущение покоя и отсутствие необходимости продолжения. Его необходимо вывести из этого состояния.

В духовном мире любое законченное состояние (любого свойства) – совершенно. И для того, чтобы человека вывести из состояния покоя, его надо хорошенечко встряхнуть. Эту задачу и выполняют три посланника, которые появились перед Авраамом.

«Три человека» – посланники, ангелы – это определенные виды сил?

Да. Перед Авраамом появляются три силы. Он понимает, что это – высшая сила. Он твердо знает, что нет ничего кроме Единого. И вдруг он обнаруживает воздействие трех сил и не знает, как с этим работать.

Пока еще душа Авраама состоит из одной линии. И эта линия – *хэсэд*, вера – правая линия.

Появление нового, противоположного, исключает для Авраама возможность работать с правой линией. Для него это настолько большая проблема, что ему ничего не остается делать, кроме как связать, а может, даже и убить своего будущего единственного сына.

Ицхака[2] – носителя левой линии: *гвура*, знание… Он не знал, что делать с этим новым свойством?

Не может он работать по-другому с этой огромной эгоистической силой, которая вдруг проявляется в нем, силой, которую он сам обнаружил в себе.

Эти трое пришли, чтобы встряхнуть его для дальнейшего продвижения.

Это были три посланника, «*малахим*[3]»: Гавриэль[4], Михаэль[5] и Рафаэль[6]?

Их вообще-то четыре. И трое из них появились перед Авраамом.

Окончание их имен на «эль» означает – сила, Элоким[7]. Это высшая сила природы – обобщающая, интегральная. Она проявляет себя через различные частные силы. Одна из таких частных сил природы обозначается словом «*малах*» – посланник.

---

2   Ицхак (ивр. – «будет смеяться») – соответствует русскому Исаак – библейский патриарх, названный так вследствие особых обстоятельств его рождения.

3   Малахим (ивр.) – множественное число слова малах – ангел, посланник.

4   Гавриэль (ивр.) – соответствует русскому Гавриил – в Библии один из четырех главных архангелов.

5   Михаэль (ивр.) – соответствует русскому Михаил – в Библии главный архангел, глава святого воинства ангелов и архангелов.

6   Рафаэль (ивр.) – соответствует русскому Рафаил – в Библии один из четырех главных архангелов.

7   Элоким (ивр.) – одно из имен Творца.

И САРА РАССМЕЯЛАСЬ

Три посланника пришли и предсказывают Аврааму продолжение его рода:

/9/ И СКАЗАЛИ ОНИ ЕМУ: «ГДЕ САРА, ЖЕНА ТВОЯ?». И ОН СКАЗАЛ: «ВОТ, В ШАТРЕ». /10/ И СКАЗАЛ ТОТ: «ВЕРНУСЬ Я К ТЕБЕ РОВНО ЧЕРЕЗ ГОД, И ОКАЖЕТСЯ СЫН У САРЫ, ЖЕНЫ ТВОЕЙ». А САРА СЛЫШИТ У ДВЕРИ ШАТРА, КОТОРАЯ ПОЗАДИ НЕГО. /11/ АВРААМ ЖЕ И САРА БЫЛИ СТАРЫ, ПРИШЕДШИЕ В ЛЕТА: ПЕРЕСТАЛО БЫТЬ У САРЫ ОБЫЧНОЕ У ЖЕНЩИН. /12/ И САРА РАССМЕЯЛАСЬ

Авраам и Сара полностью, абсолютно исправили все свои желания (сосуды, «*келим*»). Их основные свойства полностью исправлены.

/12/ И САРА РАССМЕЯЛАСЬ ПРО СЕБЯ, СКАЗАВ: «ПОСЛЕ ТОГО, КАК СОСТАРИЛАСЬ Я, ОМОЛОДЕЮ? ДА И ГОСПОДИН МОЙ СТАР».

То есть: «Откуда нам взять новые желания на исправление?».

Милосердие – кардинально основное, природное свойство. Сара относится к нему как получающая часть. Авраам – как действующая, мужская. Работая в таком симбиозе, в такой связи друг с другом, они составляют общий сосуд. Это свойство в них уже реализовано, и у него просто не может быть никакого продолжения.

Возврата к прошлому тоже нет. Они прекрасно понимают, что общая душа – это приобретенное общее свойство, милосердие – первое, самое главное, «правая» сторона души. И поскольку оно абсолютно совершенно, то ничего другого быть не может, то есть оно не нуждается больше ни в чем.

ГЛАВА «И ОТКРЫЛСЯ»

Какое дополнительное зарождение может возникнуть из этого совершенного свойства? Ведь родить можно только из ощущения недостатка. В следующих моих состояниях, которых я смогу достичь, мне суждено родить – в муках, в проблемах, в страданиях родить нечто новое, нуждающееся в выходе и в исправлениях.

Там, где я нахожусь сейчас, я достиг абсолютно всего. И именно в этом состоянии вдруг происходит выяснение того, что предполагается прибавление. Возникновение вопроса: «Как же может быть такое?», – называется смехом.

Смех – это раскрытие доброго, хорошего, высшего состояния. Просто в данный момент я не могу отследить его естественным путем.

Случается, что иногда человеку неожиданно раскрываются глубины его будущих состояний. И тогда он смеется. Но это не тот смех, который нам известен в нашем мире: саркастический, злорадный, добрый, ужасный, плотоядный.

ГОСПОДИН МОЙ СТАР

И вот у Авраама и Сары рождается сын, которого назовут Ицхак – «будет смеяться»... Рождение – это новое состояние?

В духовной работе рождением называется возможность исправить и присоединить к себе новые, вновь возбудившиеся, всевозможные неисправленные желания.

На основании этого я продвигаюсь вперед. Если нового неисправленного желания у меня не обнаруживается, то я не рожаю.

Вы говорили, что Сара и Авраам полностью «отработали» ступень милосердия: у Сары закончились «обновления», а Авраам абсолютно самодостаточен в своем свойстве. Поэтому Сара смеется относительно себя и также добавляет: «И господин мой стар».

Да. И они не представляют, как продвигаться дальше. Языком *сфирот* можно объяснить, что девять первых *сфирот* ничего не могут дать, если десятая *сфира* – *малхут* – не обнаруживает в себе никаких дополнительных желаний, которые можно было бы исправить высшим светом, присоединить к общему кли. И та, и другая часть души, и девять первых *сфирот*, обнаруживающих свойство милосердия Творца, полностью уподобились Творцу. В чем? В десятой части. И ничего не могут родить.

Свойства Авраам и Сара (в человеке) – ничего рождать не могут. Самому свойству милосердия ничего дополнительного не надо, оно способно только отдавать тому, кто просит. Самому рождать, самому что-то делать, самому что-то изменять?! Ему нечего в себе изменять! Это свойство не работает с эгоизмом вглубь, оно не обнаруживает в себе эгоизм.

Человек, обладающий лишь этим одним свойством, видит все прекрасным, исправленным, хорошим?

Да, но свойство *хэсэд* – лишь одна из составляющих нашей души. Оно не в состоянии раскрыть вглубь следующие огромнейшие противоречия, свойства.

С одной стороны, Авраам все это видит и понимает. Видит вглубь, до самой последней грани, до самого конца развития общей души, развития всех душ. Но он это видит в своем ключе – в доброте.

Его свойство абсолютной уверенности в доброте Творца,

его вера так сильна, что он ни в чем не нуждается?

Для Авраама все проблемы, все многочисленные души, которые в будущем будут подниматься, опускаться, падать вниз и снова подниматься к исправлению, в черном ли, в белом ли свете, в постоянных проблемах и борьбе, не выглядят борьбой, не выглядят ужасными. Он видит в этом проявление доброты и любви, потому что смотрит из свойства милосердия. Парадоксальность видения из духовного свойства милосердия заключается в том, что мир видится очищенным от зла, жестокости и неисправленности.

Что же видит человек, смотрящий на мир через свойство Авраам?

Во всех событиях, даже в таких, как убийства и войны, он видит проявление высшего управления как добро и благо. Подразумевается не наш иллюзорный мир, а духовный.

Подобно тому, как ребенок, увидев оперирующего хирурга, скажет: «Убийца», – а взрослый посчитает, что это милосердный человек, который спасает жизнь другому.

Ни Аврааму, ни Саре лишь своих свойств не достаточно, чтобы раскрыть следующую ступень. Появление совершенно новой ступени – рождение сына – это и есть следующая ступень отдачи.

Следует подчеркнуть, что одновременно с сыном рождается и дочь. В Торе говорится только о рождении сыновей, потому что самое главное – это рождение первых девяти отдающих свойств. А десятая – женская часть – всегда получается вместе с ними. Одно без другого родить нельзя.

Значит, если сказано, что рождается сын, обязательно подразумевается одновременно рождение дочери?

Обязательно. Это прилагающаяся к нему часть и, может быть, не одна.

Из Авраама исходит свойство Ицхак и, воздействуя на него, образует составное, комбинированное свойство: Авраам и над ним Ицхак. Здесь возможно проявление как одного женского свойства (получения), так и двух, а, может быть, и больше.

Говорится ведь, что у самого Авраама, кроме Сары, была и Ктура, и Агарь, и другие наложницы. Причина этого в том, что даже свойство милосердия должно проявляться в огромном количестве женских, получающих, частей души. В нашем мире нам кажется, что эти женские части существуют отдельно, но это нам только кажется.

ДАЙТЕ МНЕ СВОБОДУ!

Есть женщины, которые считают, что они существуют отдельно друг от друга?

Это противоречит природе. Мы это знаем.

Те, кто еще продолжают быть поборниками феминистских движений, могут на вас обидеться.

Нечего обижаться на законы природы. Мы же не спорим о том, как устроить природу («по нашему велению, по моему хотению»), а выясняем, как природа устроена, как она существует. Это вообще не подлежит никакому обсуждению, а только констатации и оформлению. Нам надо воспринимать законы природы как должное и научиться правильно их использовать.

Феминистское движение началось где-то в конце 19 века. Его усиление в наше время происходит из-за развития

эгоизма?

Да, это просто такие конечные эгоистические формы. И потому необходимо показать человеку, что его душа составная: глобальная, с одной стороны, и автономная, отдельная от других, – с другой. В первобытном обществе и потом при строительстве Вавилонской башни душа ощущалась единой. Люди хотели все сделать сами: «Мы товарищи, мы вместе, в любви друг к другу...». И вдруг обнаружили эгоизм, взаимную ненависть, отторжение друг от друга.

Тот этап развития эгоизма, до которого мы дошли сегодня, повторяет ситуацию в Вавилоне: с одной стороны, мы все глобально связаны друг с другом, полностью зависим друг от друга. Но с другой стороны, нас разрывает, мы не можем ужиться ни в семье, ни с собственными детьми, ни даже с самими собой.

При этом продолжаем оставаться самими собою, не хотим менять себя. Внутри человека как бы раздается крик «О, дайте, дайте мне свободу!». Оставьте мое «я» в покое. Никого мне не надо, кроме самого себя.

Возрастающий эгоизм внутри человека толкает нас к тому, чтобы мы существовали каждый отдельно, сам по себе: «Нет никого вокруг, а мне и не надо». Ни сексуального партнера, ни семейных связей, ни друзей.

В мире эгоизма это называется свободой. Но именно через такое ощущение человек должен прийти к его отрицанию. Вспомним диалектический закон «отрицание отрицания».

В ДУХОВНОМ МИРЕ НИЧЕГО НЕ УМИРАЕТ

В тексте говорится, что Сара родит сына, хотя и закончилось у нее обновление – «обычное у женщин». Как это возможно?

Минуточку! Как же может быть в нашем мире проявление сил, свойств, физиологии нашего организма, если это не имеет духовного корня? Откуда же нисходят все силы?

Наш мир является следствием высших сил. Поэтому все постепенно нисходящее к нам свыше реализуется в материи. В душе это реализуется в силах, в свойствах, а у нас – в физиологии, в «мясе», в теле. Душа разделяется на мужскую и женскую части внутри себя, а в нашем мире это происходит уже в двух телах.

Женском и мужском?

Да. В мужской и женской части идут процессы рождения, становления, затем старения, умирания. В душе это все происходит, как отработка части ступени и затем – переход на следующую ступень.

Только в духовном мире ничего не умирает, не исчезает и не распадается. Каждая нижняя ступень присоединяется к следующей. Поэтому они называются *«гильгулим»* – «кругообороты». Все накапливается, аккумулируется и поднимается вверх – одна жизнь над другой, одна ступень над другой.

В нашем мире так не происходит, потому что эгоизм сам по себе не вечен. Отрабатывая себя, он умирает. Но от него остается информационная часть, которая в следующей нашей жизни проявляется в нас как еще более сильный эгоизм, создающий еще большие запросы. В результате рождаются более развитые люди.

Женская часть души в нашем мире связана с фазами луны (луна – *лавана* – *нуква*). Поэтому в женской части тел существует особый женский цикл – физиологически явная, материальная процедура.

Какова причина этой цикличности?

Цикл зависит от фаз луны, вращения луны вокруг земли, земли – вокруг собственной оси и солнца – вокруг всех нас. Как мы видим, космос имеет прямое отношение к обновлению женской способности воспроизведения потомства.

В древности (согласно нашим книгам) овуляция у женщин происходила четко по лунной дате: в момент зарождения луны – первый цикл, в момент зарождения следующей фазы луны – следующий цикл. От новолуния до новолуния – у всех абсолютно одинаково.

Без каких-либо сдвигов?

Если женский организм здоров, он действует в соответствии с лунными циклами. Мужской организм действует по солнцу. Если они хотят правильно взаимодействовать между собой, то между ними должна быть земля, которая заслоняет луну от солнца и создает соответствующие фазы.

Что здесь происходит? Женская суть (получающая часть) заключается в том, чтобы принимать желания от других душ и, включая их в себя, рожать. Цикличность происходит именно тогда, когда появляются первые 10 *сфирот* в первой части, затем вторые 10 *сфирот* и третьи 10 *сфирот* – так называемые, 30 дней.

ЛУННЫЙ ЦИКЛ – ЖЕНСКИЙ ЦИКЛ

Фазы луны имеют свою цикличность: не 30 дней, а двадцать восемь с половиной. По нашим механическим часам мы неправильно отсчитываем время. Дни отсчитываются по двенадцать астрономических часов. Тогда получается совсем другое деление дня и ночи и луной фазы, то есть месяца.

Когда женская часть души получает возможность соединиться с другими душами, адаптировать их в себе и породить нечто новое в союзе с ними, тогда это называется – начало цикла.

Другие души – это мужские части души?

Нет. Появление менструации – это желание женщины (женской части души) воспринять посторонние желания, включить их в себя. После того, как эти желания включаются в себя, начинается работа с ними.

Этот процесс тоже представляет собой целый цикл – неделя, семь дней. Почему мы ведем счет на недели? Потому что мужская часть должна получить запрос от женской части и семь мужских свойств (*хэсэд, гвура, тифэрэт, нэцах, ход, есод* плюс седьмой день) должны адаптироваться к этой новой женской просьбе.

После этого и женская, и мужская части готовы к тому, чтобы работать над этим новым желанием. Женская часть вобрала его в себя. Мужская часть за эти семь дней после менструального цикла приняла в себя женское желание. Теперь начинается следующая часть – период зачатия.

Период соединения?

Согласно природе, на соединение дается три дня, что соответствует трем линиям.

Итак, существует женский цикл (менструация и овуляция), когда женщина ждет мужскую часть. Но и у мужчины существует свой цикл.

Для созревания?

Да. И после созревания есть еще три дня на то, чтобы двум желаниям в трех линиях (правая, левая, средняя) правильно соединиться между собой. Затем идет развитие семени. После соединения мужской и женской части желания даются еще три дня на прикрепление семени к матке. Поднимается желание с низшего уровня и прикрепляется в верхнем уровне *бины*, где оно должно пройти свое развитие.

Это называется зачатием?

Да. Затем происходит первая фаза развития плода, которая длится сорок дней. Это поднятие *малхут* (Сары – женского желания души) к высшей матери, к *бине* – от *малхут* до *бины*.

Что символизирует этот подъем в течение сорока дней?

Сорок дней – это сорок ступеней. Так же, как сорок лет путешествия по пустыне. За эти сорок дней новая ступень обязана обрести свойство Авраама – свойство отдачи, свойство бины. Это самое первое свойство внутриутробного развития.

Следующие три цикла – период от внутриутробного развития до рождения новой души и обретения ею самостоятельности. В своем внутриутробном развитии мы проходим все те фазы, которые будем самостоятельно повторять потом, после выхода из утробы (из-под высшего влияния), после рождения.

В главе «Ноах[8]» также фигурируют сорок дней, когда ковчег плыл по воде.

Это абсолютно тот же процесс, только на разных уровнях.

ЭНЕРГОЕМКИЙ АКТ СОИТИЯ

Почему говорится, что зачатие нового происходит ночью?

А когда же еще? Именно тогда, когда ничего не светит, когда я только начинаю овладевать следующей ступенью. Она для меня еще не осознана. Мне только проявляется ее желание – неисправленное, неадаптированное ко мне. Я еще не знаю, что с ним делать, и потому это происходит ночью.

Ночью, когда я не вижу, что, к чему и как. Я вижу только тьму в этом желании. Я еще не знаю, как правильно с ним работать, чтобы его направить на исправление, на отдачу.

Тем не менее, я надеюсь, что из этого что-то родится?

Я не только надеюсь, я эту надежду активно реализую. В нашем мире работа с новым желанием, возможно, кажется чем-то приятным – зарождение, соитие.

В духовном мире, в духовных свойствах это очень серьезный и тяжелый процесс. Он сопровождается огромным выбросом положительной энергии, потому что человек при этом знает, что он идет навстречу Творцу для слияния, соединения с Ним.

---

8   Ноах (ивр.) – соответствует русскому Ной – в Библии Ной был праведником в своем поколении, за что был спасен Богом во время всемирного потопа и стал продолжателем человеческого рода.

И тогда родится следующая ступень?

Да. Ближе к Творцу родится следующее состояние. Но это состояние очень тяжелое и трудное. Кстати говоря, и физиологическое соитие, половой акт, тоже по своему характеру и по своей энергоемкости – это работа, тяжелый процесс.

Просто, учитывая наш эгоизм, природа устроила так, чтобы мы при этом получали огромное наслаждение. Иначе мы бы этим не занимались.

В духовном мире мы получаем огромное наслаждение (несмотря на очень серьезное, глубокое, напряженное состояние) от того, что в итоге мы поднимаемся ближе к Творцу. А в физическом мире наслаждение от слияния дано нам на животном уровне. Безусловно, мы видим положительное следствие от этого и в физиологии, и на всех других уровнях. Это проекция духовного мира на наше эгоистическое состояние.

Но в духовном – польза бесконечная, совершенная. А в нашем мире – чисто физиологическая.

СЛОЖНАЯ «ИГРА»

Далее сказано:

/13/ И СКАЗАЛ ТВОРЕЦ АВРААМУ: «ОТЧЕГО СМЕЯЛАСЬ САРА, СКАЗАВ: ВОИСТИНУ ЛИ РОЖУ? ВЕДЬ Я СОСТАРИЛАСЬ. /14/ ЕСТЬ ЛИ ЧТО-ЛИБО НЕДОСТИЖИМОЕ ДЛЯ ТВОРЦА? В НАЗНАЧЕННЫЙ СРОК ВЕРНУСЬ Я К ТЕБЕ, РОВНО ЧЕРЕЗ ГОД – И У САРЫ СЫН». /15/ САРА ЖЕ ОТРЕКЛАСЬ, ГОВОРЯ: «НЕ СМЕЯЛАСЬ Я», ИБО ОНА БОЯЛАСЬ. НО ОН СКАЗАЛ: «НЕТ, СМЕЯЛАСЬ ТЫ».

Такое недоверие – это игра?

Это очень сложная игра. Я бы ограничился таким объяснением: есть два противоположных свойства, причем такие противоположные, которые не соприкасаются, не сближаются ни в чем: первое – это Авраам с Сарой и второе – то, что сейчас должно из них родиться.

Свойство Ицхак наиболее противоположно свойству родителей: больше – просто не придумаешь. Как из плюса может родиться минус или из минуса плюс? Я, вроде бы, в себе не обнаруживаю ничего противоположного, и вдруг из меня рождается что-то абсолютно противоположное. Как это может быть?!

Как мы говорили, смех (ивр., «*цхок*») построен на неожиданности события, противоположного тому, чего мы ожидаем: «Как из меня может такое появиться?».

Высшая сила говорит человеку, находящемуся в состоянии абсолютного милосердия, абсолютной доброты: «Из тебя родится абсолютная потребность получения, эгоизм, зло, жуткие состояния. То, что ты сейчас ощущаешь как радость, как сострадание, как любовь к другим, ты начнешь ощущать в себе как полностью противоположное». Это невозможно представить. Высшая же сила говорит: «Это то, что из тебя родится».

Свойство Ицхак – в правильном, хорошем виде – является святой частью отдачи, ее левой линией. Здесь первый раз в мироздании происходит потрясающее событие – в душе проявляется хоть и построенное на эгоизме, но свое, собственное желание отдавать.

Мы говорим о формах, которые нисходят свыше к сегодняшнему нашему состоянию – от совершенства к несовершенству.

Ицхак является следующим после Авраама свойством. С одной стороны, это свойство более грубое, чем Авраам; а с другой стороны, оно более высокое, поскольку исправленное, – следующая его ступень.

Именно эта ступень необходима Аврааму на этой стадии развития?

Необходима, конечно. Иначе мы никогда не уподобимся Творцу. Авраам – это легкая копия лишь с одного качества проявления Творца.

Для того чтобы полностью Ему уподобиться, женская низшая часть, которая все накапливает в себе, должна принять, впитать в себя все шесть свойств. Авраам – это только первое из них.

Творец как бы говорит Саре: «И как могла ты усомниться?». «Я не усомнилась, я верю», – отвечает она. Все-таки это такая игра?

Игра от невозможности принять противоположное…

…примирить возникающие противоречия: право – лево, знание – вера, получение – отдача?

Каким образом появилось свойство отдачи? С точки зрения Сары, это свойство Творца, и поэтому появилось совершенно естественно. Но как может появиться противоположное свойство?

НОВЫЕ ФОРМЫ ЭГОИЗМА

Это говорит о том, что мы не можем воспринять ничего выходящего за рамки нашей природы. Находясь в каком-то определенном качестве, свойстве, я не представляю, что существует еще что-то противоположное. Нам и в самих себе трудно принять перепады нашего состояния из одного в другое. Как я могу вчера любить, а сегодня ненавидеть, вчера прощать, а сегодня гневаться? До окончания исправления, пока все эти свойства не соединятся в нас в одно единое свойство, мы не сможем понять ни себя, ни других.

Действительно, бывают моменты, когда тебя буквально выбрасывает из привычного состояния.

Это и есть новые формы эгоизма, которые должны подняться, присоединиться к тебе, отработать себя и соединиться с остальными, уже предыдущими отработанными формами. Так человек держится и движется. Поэтому если человек развивается, в нем все постоянно, непрерывно взрывается.

И ты не волен себя остановить, «взять себя в руки!»?

Есть мгновения, когда ты не волен себя остановить, когда ты должен ощутить свою новую форму, именно ее, как царствующую в тебе. Тогда в то мгновение, когда она царствует, властвует в тебе, ты не можешь ничего сделать. Уже в следующую секунду ты понимаешь, что получил новое свойство и начинаешь адаптировать его с предыдущим, правильно применять, присоединять, приподниматься над ним.

Почему же я не ощущаю необходимости в этом новом свойстве, а, наоборот, мучаюсь?

Необходимо ощутить это свойство в его отрицательно-позитивном состоянии. Таким, каким оно является само по себе. Когда оно приходит, оно становится главным, властвующим. И все остальные свойства только дают тебе возможность более ярко, полно принять его.

Чем человек шире и глубже, тем более мощный взрыв вызывает в нем принятие, адаптация нового свойства. Потому что это новое свойство адаптируется, накладывается на все его предыдущие огромные различные возможности, способности и взгляды. Вдруг человек обнаруживает, что это новое свойство властвует над ним! Это тяжело!

Был хорошим, а стал плохим.

Это необходимая болезнь роста. Сказано в каббале: «Чем больше человек, тем больше проявляются его свойства», – свойства зла и добра. Эгоизм больше – значит, и его различные проявления намного острее. Каббалист – человек нелегкий.

ЗАКОНЫ СДОМА

Мы приблизились к новой теме в главе, которая называется «Сдом»[9]. Видимо, не случайно она возникает именно перед рождением Ицхака.

Написано в «Великом комментарии»:
ЧТО БЫЛО ПРИЧИНОЙ РАЗВРАЩЕНИЯ ЖИТЕЛЕЙ СДОМА? ДЕЛО В ТОМ, ЧТО ПО ТЕМ ВРЕМЕНАМ ОНИ СЧИТАЛИСЬ САМЫМИ БОГАТЫМИ ЛЮДЬМИ В МИРЕ, ТАК КАК ПОЧВА В ТОМ КРАЮ СЛАВИЛАСЬ НЕОБЫЧАЙНЫМ ПЛОДОРОДИЕМ. КРОМЕ ТОГО, ТАМ БЫЛИ ПРИРОДНЫЕ ЗАПАСЫ ЗОЛОТА, СЕРЕБРА, ДРАГОЦЕННЫХ КАМНЕЙ. КОГДА САДОМИТ ПОСЫЛАЛ СЛУГУ В ОГОРОД ВЫДЕРНУТЬ КАКОЙ-НИБУДЬ ОВОЩ, ТО ОБЫЧНО НАХОДИЛ ПОД ЭТИМ ОВОЩЕМ

---

9 Сдом (ивр.) – соответствует русскому Содом – в Библии – город, который был уничтожен Богом за грехи его жителей.

ЗОЛОТО. ОДНАКО СЛЕДСТВИЕМ ИЗБЫТКА, КОТОРЫМ НАСЛАЖДАЛИСЬ ЖИТЕЛИ СДОМА, БЫЛА НЕ ВОЗРОСШАЯ БЛАГОДАРНОСТЬ ТВОРЦУ, А СОВСЕМ ПРОТИВОПОЛОЖНОЕ: ОНИ СТАЛИ УПОВАТЬ ИСКЛЮЧИТЕЛЬНО НА СВОЕ БОГАТСТВО, ОТРЕКШИСЬ ОТ ПРАВЛЕНИЯ ТВОРЦА.

Сдом, богатейший край, но без всякой благодарности Творцу.

Представь себе, что сегодня вместо того, чтобы подгонять человечество вперед страданиями, ему устраивают изобилие. Кто вообще подумает о самосовершенствовании? Если у нас все хорошо и нормально, и будущий мир тебе гарантирован, то необходимость в любых рамках, этических, религиозных, отпадет. Для тебя все освящено. Делай, что хочешь. С утра до вечера у тебя все прекрасно и сияет. Что еще надо? Только придумать, чем именно насладиться. Что же мы при этом делаем? Осуществляем свою «розовую мечту»: лежа на печи, получаем все «по щучьему велению, по моему хотению».

Но ведь не меняясь, оставаясь в покое, человек катится к распаду. И все-таки дальше мечты о «покое» не поднимается?

Да. Это и в сказках описано, а значит, бытует в народах. Эта мечта и осуществилась в Сдоме.

В Свод сдомских законов входили такие положения:
ЛЮБОГО ЧУЖЕЗЕМЦА, ОБНАРУЖЕННОГО В ОКРУГЕ, РАЗРЕШАЕТСЯ ГРАБИТЬ, А ТАКЖЕ ИЗДЕВАТЬСЯ НАД НИМ.
СО ВСЯКОГО, КТО ПРИГЛАСИТ ЧУЖЕЗЕМЦА НА СВАДЬБУ, В НАКАЗАНИЕ БУДЕТ СНЯТА ВСЯ ОДЕЖДА.

Глава «И открылся»

ОБЯЗАННОСТЬ СДОМСКОГО СУДЬИ – ДОБИТЬСЯ ТОГО, ЧТОБЫ ВСЯКИЙ СТРАННИК ПОКИДАЛ СТРАНУ БЕЗ ГРОША В КАРМАНЕ.

Допустим, мы его заключим в тюрьму и будем высчитывать деньги за его содержание.

Еще один закон:

ВСЯКИЙ, КОГО ВИДЕЛИ ДАЮЩИМ ХЛЕБ НИЩЕМУ, ПРЕДАЕТСЯ СМЕРТИ.

Законы, с точки зрения Сдома, абсолютно справедливые, верные. Почему я должен кому-то что-то давать?

Потому что я в благостном состоянии, в изобилии.

Может быть, я нахожусь в благостном состоянии, потому что являюсь гражданином этой страны. Вот сегодня я открываю газету и читаю про благополучную сытую Швейцарию. Они никого к себе не пускают, не признают никого постороннего: «Деньги приноси, мы их будем хранить».

Человек интересен лишь как счет в банке?

Да. «Мы только отслеживаем тот момент, когда можем все твои деньги оставить у себя, а тебя отпустить голого и босого». Я вижу, что все это прекрасно уживается в мире. Это их внутреннее, естественное желание. Они хотят жить в мире, в покое: «Абсолютно все мое, и пусть никто и ничто меня не касается». Очень красивый закон Сдома. Если бы могли, они, конечно, обобрали бы весь мир. Даже речи нет об обратном! Это видно по их отношению к жизни, к миру. Абсолютно никакого сострадания. Их интересуют только они сами: «Мы нейтральны. Мы ни с кем и никак и ни в чем не участвуем – ни в войнах, ни в европейском рынке».

«Мы абсолютно ничему и никому не принадлежим». Обобрать всех – да. Дать – никому и ничего. Это законы Сдома.

Мир существует по законам Сдома?

Нет, все-таки не совсем.

Здесь нарисована очень красивая картина Сдома: не просто произвол, а наличие судей, законов. «Мы живем по этим абсолютно правильным для нашего эгоизма законам».

Сдом – это такое состояние, когда эгоизм не ощущает в себе необходимости исправления. Над ним не висит меч, он не испытывает страданий. Используй свой эгоизм и процветай. Мы видим это на примере маленькой Швейцарии: «В течение тысяч лет я ничего не хочу от мира, но чтобы и мир ничего не хотел от меня. Мы сами как-нибудь будем справляться с миром. Желательно получать от него все, что возможно. Никакие посторонние проблемы меня не интересуют».

Это именно то, что мы видим в Сдоме. Так существует эгоизм и по-другому не желает. Только получать, находиться в неге, в собственном, личном добре.

Тем не менее, каждый относительно себя существует тоже очень ограниченно: «Это – мое, это – не твое, не имеешь права». Никаких действий на благо других, каждый для себя.

При этом они начинают уже проявлять недовольство. А в Швеции – стране тоже благополучной – большое количество самоубийств.

Это признак движения к исправлению, к осознанию зла, к признанию, что страна не идеальна.

Если в людях не проявляется движение к цели, то они живут как совершенно самодостаточные животные. Там каждый живет по сто лет.

Продолжим разговор о Сдоме, его законах, о нашем внутреннем и внешнем мире, о тайнах Вечной Книги.

СОВЕРШЕННОЕ И ИЗЪЯНЫ

Можно ли вообще говорить о «вечном»? Если это вечное, то оно совершенное, бесконечное. А о нем мы не можем говорить.

Мы должны понимать, что если говорим о чем-то, то уже вносим какие-то изъяны.

Мы вносим туда свое раздробленное на части несовершенство – изъяны – и сами же их исправляем с помощью Вечной Книги?

Да.

Есть Бесконечность и есть состояния, о которых мы можем говорить?

Мы говорим: «Было, есть, будет, какое-то действие было, происходит...». А как иначе мы можем что-то сказать? Если мы выражаем какие-то действия, мысли, издаем звуки, то они чередуются между собой. Значит, это уже не вечное, значит, уже процесс. Хотя принято считать: «Мы говорим о вечном».

Для Вас вечное – это что? Вот так прямо, коротко сформулируйте.

Я и говорю о моем отношении к вечному: у нас нет к нему никакого отношения.

Вечное – это то, что выше нашего выражения, постижения, осознания, какого бы то ни было... Это то, к чему мы притронуться не можем.

А иначе... Если ты можешь дотронуться, то уже вносишь туда искажение.

То есть, о сути Творца нет возможности говорить. И о бесконечности как таковой. Можно лишь о реакции на ее воздействие.

Глава «Ваера» («И открылся») состоит из сплошных драматических ситуаций. Они следуют одна за другой: события в Сдоме, потом Авраам ведет своего сына Ицхака как бы в последний путь...

Вообще я скажу, что вся Тора[10] полна невеселых событий.

Как будто бы специально ищется изъян, который тут же начинают исправлять. И все время горки – одна выше другой. И много повторений.

ФИЛОСОФИЯ СДОМА

В главе «Иди...» мы уже говорили о Лоте, о том, что его спас Авраам. Рассказывается, как те же силы, что помогают Аврааму продвигаться, собираются уничтожить город Сдом, в котором живет Лот. И снова Авраам вступается.

Сдом, в принципе, – это состояние человека, который наполнен эгоизмом. Лот живет в городе, наполненном эгоизмом.

Но все – «по справедливости». Вот этого человека надо повесить. А этого – сжечь. Того надо просто четвертовать... Это разные виды казни, которые там существовали.

---

10 Тора – Пятикнижие Моисеево – пять первых книг канонического иудейского и христианского писания: Бытие, Исход, Левит, Числа и Второзаконие. Слово «Пятикнижие» представляет буквальный перевод с греческого — πεντάτευχος от πεντε — «пять» и τευχος — «том книги».

Ребенок родился маленьким уродом – нам это ни к чему. Значит, мы должны его уничтожить.

Чтобы наш мир был совершенным?

Да. Если кто-то выражает кому-то незаслуженную, по нашим меркам, любовь, значит, такого быть не может, мы должны его наказать. Приходят гости к нам. Почему мы должны оказывать им внимание? Никаких гостей.

Сдом – это «мое – мое, твое – твое». То есть мы друг друга не касаемся, мы вежливы, мы аккуратны. Но если ты полезешь ко мне, конечно, я имею право тебя убить. И я это сделаю. А если не сделаю, то я преступлю законы Сдома.

Это похоже на принцип – «мой дом – моя крепость»?

Да. И я обязан выполнять эти законы. Общество налагает на меня такие обязанности. Очень все четко, чисто, красиво. У каждого – своя лужайка, свой дом, все свое. Никто друг друга не касается. Все довольны. И все обязаны находиться в очень строгих рамках.

Вы хотите сказать, что наш мир, в принципе, «списан» со Сдома?

Наш мир хуже!

Закон Сдома говорит так: «Мне нельзя посягать на то, что есть у тебя. Мне нельзя завидовать тому, что есть у тебя. Я должен быть доволен тем, что есть у меня. Если у меня чего-то нет, то значит, я этого не заработал сам. И если я голоден, то мне никто не должен давать ничего, потому что я сам привел себя к такому состоянию. Никакой взаимопомощи быть не может».

Если я, допустим, проиграл на вкладах в каком-то банке, то банк мне не поможет ни на копейку, и соседи не имеют права мне помогать. Вот таким образом устроена эта страна, Сдом.

И каждый житель осознает это?

Это осознает каждый житель. Все знают свое место, и каждый очень серьезно обязан выполнять закон. Иначе его уничтожают.

Что захотели сделать с Лотом? Он, как и Авраам, хотел принять этих людей – посланников, но жители Сдома не позволили…

Как раз сейчас Творец говорит: «Сойду-ка Я и посмотрю, действительно ли все так? Если действительно так, то мы с этим делом покончим…».

Да. А почему покончим? Люди следуют закону природы в абсолютно чистом виде. Я использую всю природу человека, то, что мне дано: небо и землю, и все остальное. Я живу по правилам. Почему я должен кому-то давать что-то?! Да, я, даже исходя из веры в Творца, не должен давать: если Творец делает ему плохо, почему я должен корректировать действия Творца?

Вы сейчас от кого выступаете? От жителей Сдома?

Да, конечно.

А если от имени Творца, то Он говорит: «Там нет праведников».

Зачем праведники?! Нужны просто люди, которые выполняют законы природы.

И вот мы приходим к тому состоянию, когда должны понять, что этим нам хотят сказать? Что законы природы в чистом виде выполнять невозможно. Они в таком виде могут выполняться только на уровне неживом, растительном и животном.

Духовная ступень – АДАМ, человек, – из этого вырасти не может. Если ты выполняешь эти законы, ты остаешься на животном уровне в чистой, ухоженной, здоровой, культурной стране.

Если хочешь приподняться из этого, ты должен развить в себе совершенно другое отношение к людям.

К живущим в городе? Вы нас сейчас завели в тупик. Вы сказали, что все как бы нормально в этом городе.

Нет. Это не тупик. Я сказал: «А что же делать, если мы должны расти выше этого животного механистического уровня?».

Именно это Творец и хочет заставить их сделать? Чтобы они вырвались из этого уровня?

Да. Конечно.

Поэтому Он и говорит: «Я спущусь, посмотрю и уничтожу этот город, если действительно все находится на этом уровне»?

Сдом – это 400 метров ниже Иерусалима, кстати. Он как бы говорит, что надо быть выше?

Конечно.

АВРААМ ВСТУПАЕТСЯ ЗА ЖИТЕЛЕЙ СДОМА

/23/ И ПОДОШЕЛ АВРААМ, И СКАЗАЛ: «НЕУЖЕЛИ ПОГУБИШЬ ТЫ ПРАВЕДНОГО С НЕЧЕСТИВЫМ? /24/ МОЖЕТ БЫТЬ, ЕСТЬ ПЯТЬДЕСЯТ ПРАВЕДНЫХ В ЭТОМ ГОРОДЕ, НЕУЖЕЛИ ПОГУБИШЬ И НЕ ПРОСТИШЬ МЕСТА ЭТОГО РАДИ ПЯТИДЕСЯТИ ПРАВЕДНЫХ В НЕМ?».

То есть, может быть, из такого состояния, в котором находится человек, и вырастет что-то. Из животного состояния, когда создаются жесткие рамки... Как в Спарте, например. У нас ведь были такие примеры в истории.

Были. В Спарте бросали калек со скал. То же самое – очищали генофонд.

Да. А Гитлер не хотел сделать то же самое?! Чистое государство, в котором были бы только арийцы, нордический тип. Но мы видим, что такие действия проваливаются. Потому что они не приводят человека к следующему над животным уровню – человек.

Определите, пожалуйста, этот уровень.

Человек – это равный Творцу!

Равный Творцу?

Да. В природе мы его не видим. Равный Творцу – это тот, кто начинает относиться ко всем остальным с позиций, совершенно противоположных животному уровню: не «мое – мое, твое – твое», а «все мое – твое».

Это уровень, которого, во-первых, мы не можем достичь. Второе, мы не видим ему никакого примера в окружающем нас мире. Мы не в состоянии научиться этому. Мы не знаем, как прийти к такому уровню.

Но именно этот уровень и называется уровнем Авраама, уровнем праведников. Этот уровень называется «человек», потому что свойство отдачи, свойство любви и есть свойство Творца.

Авраам как бы говорит: «Может быть, из этого состояния может вырасти уровень «человек»?». Творец ему отвечает: «Ну, попробуй!».

ГЛАВА «И ОТКРЫЛСЯ»

/26/ И СКАЗАЛ ТВОРЕЦ: «ЕСЛИ НАЙДУ В СДОМЕ ПЯТЬДЕСЯТ ПРАВЕДНЫХ ВНУТРИ ГОРОДА, ТО ПРОЩУ ВСЕМУ МЕСТУ РАДИ НИХ».

Авраам продолжает: «А если сорок пять?»

И СКАЗАЛ ОН: «НЕ ИСТРЕБЛЮ, ЕСЛИ НАЙДУ ТАМ СОРОК ПЯТЬ».

И так они доходят в этом торге…

До десяти. До минимального уровня. То есть идет выяснение, может ли из этого Сдома появиться хотя бы зародыш будущего состояния.

И когда мы видим, что естественным путем из уровня «животное» (абсолютно строгое механистическое выполнение законов природы) уровень «человек» не вырастет, – на этом Сдом заканчивается.

Творец как бы доказывает нам, что наш мир сам по себе все равно придет к гибели, даже если он будет выполнять все законы и придет к очень правильному построению отношений между людьми. «Я не дам ему существовать», – вот что говорит высшая сила. Потому что привести из этого состояния к уровню «человек», к подобию Себе, невозможно.

Тут Творец как бы говорит: «На месте ты стоять не будешь. Ты будешь все время рваться с этого животного и растительного уровня»?

Обязательно! «Но естественным путем ты отсюда не вырастешь. Если ты хочешь таким остаться, то я тебя просто сравниваю с землей». Маленькое Гаити или какое-то другое землетрясение – и все пропало!

Все оказываются в той же земле, откуда хотели подняться. То есть не может быть ни одного положительного движения в сторону цели творения, в сторону бесконечности, совершенства.

Положительного движения, то есть желания, которое в обязательном порядке развивается во мне, поневоле давит на меня, чтобы я двигался дальше и достиг уровня Творца. Но естественным путем свойство отдачи, веры из меня не вырастет. Свыше, от высшей ступени я обязан получить это свойство, которое олицетворяет Авраам.

И тогда я прочувствую что это «мое – твое»?

Да. Человек – это тот, кто подобен Творцу, поэтому он должен получить эти свойства от Творца. Не от нас, не от себя. Поднять сам себя на этот уровень он не может.

Поэтому говорят, что это утопично: «мое – твое»?

Конечно, утопично! Я согласен!

Почему Авраам торговался до десяти?

Это – цельная конструкция. Минимальное множество, что называется.

Десять минимальных *сфирот*, то, из чего мы должны развиваться. То есть капля семени, маленький кусочек новой материи, в котором заключено все. Так, как в сперматозоиде – все есть, в принципе. Не хватает только среды обитания, из которой он получал бы материал для развития. Вся программа, все заложено в нем.

И в этой «точке в сердце» абсолютно все заложено. Остальное зависит от реализации.

То, что говорит Творец: из Сдома прорасти, реализоваться она сама не сможет. Вы ее просто рубите. Тут необходимо свойство милосердия. А согласно законам Сдома такого свойства быть не может. Оно не вписывается в жесткую, четкую конструкцию взаимоотношений между людьми.

ТРИ РЕАКЦИИ В УСЛОВИЯХ УГРОЗЫ

Я хочу отвлечься на минуту, чтобы рассмотреть три случая, описанные в Торе, когда люди, узнав о решениях, пагубных для своих ближних, реагировали по-разному:

Ноах не стал просить за свое поколение.

Авраам взмолился: «Почему праведники должны погибнуть вместе с нечестивцами?».

А Моше после происшествия с золотым тельцом умолял Творца: «Разве Ты не простишь им грех? Если не простишь, вычеркни меня из Твоей Книги».

Три разных состояния. Ноах как бы говорит: «Потоп? – Потоп». Авраам торгуется: «Если будет десять?». А Моше говорит: «Если Ты так поступишь, вычеркни меня из Книги».

Почему?

Это, в принципе, развитие одного и того же желания. Все развивается от Адама. Человек в своем начальном состоянии – это Адам. Точка, которая начинает обнаруживать в себе зачаток эгоистического желания, – это его жена, которая от него отделяется, и его дети, которые появляются у них. Это постепенное развитие: он себя начинает осознавать, понимать.

Затем – вавилонская цивилизация: человек уже ощущает себя состоящим из многих различных свойств, качеств, взаимосвязанных между собой. Видит, что может или не может что-то делать с собой.

Далее появляется в человеке свойство «Авраам», из которого постепенно развивается следующее свойство – «Ицхак». Отсортировываются, отбрасываются свойства, которые не могут вести к Творцу, которые временно он не может использовать. Это «Ишмаэль», это «Эсав»[11] и так далее.

В Торе рассказывается о развитии человека вплоть до его подобия Творцу.

Главное – не останавливаться в развитии. Чтобы человек не стоял на месте, добавляется эгоизм разного сорта – изъяны?

Конечно, это вынуждает все время двигаться.

Один изъян за другим. И проходя их, мы как бы подчищаем, исправляем, и тогда добавляется следующий. «Моше» – самый большой изъян, эгоизм, получается? Потому что он не просто сопротивлялся, он сказал: «Тогда вычеркни меня из Книги». У него уже есть какой-то протест.

Да, протест. Во-первых, он стоит против Творца. У него уже есть народ – есть больший, относительно Авраама, эгоизм. У него уже много качеств (например, фараон), которые в нем вскрылись, и которых не было в предыдущих состояниях.

Авраам четко понимал, что он должен уйти от своего прошлого качества «Вавилон», когда он был идолопоклонником. Он должен отказаться от своих вавилонских желаний и идти вперед. И он отрывается от них, он уходит вперед.

Затем из него снова отделяются посторонние желания, как бы отбрасываются ракетоносители, и он снова идет

---

11 Эсав (ивр.) – соответствует русскому Исав – в Библии сын Исаака и Ревекки, старше своего близнеца Иакова; он продал свое первородство за похлебку из красной чечевицы брату Иакову..

вперед. Ицхак, Яаков[12], двенадцать сыновей, появляется Моше, фараон. И Моше не знает, что делать с фараоном… Это все находится в одном организме, в одном человеке.

В каждом из нас. Есть точка в сердце, называемая Моше, которая «*мошехет*» – «вытаскивает» нас наверх. Есть фараон, который говорит: «С какой стати?! Это все мое! Какой там Творец?! Это все я!».

И поэтому свойство Авраам как бы торгуется с Творцом: «А если пятьдесят?». На все пять полных желаний человек получает экран, человек получает возможность полного развития, исходя из Сдома.

Творец говорит: «Хорошо. Попробуй!». Сорок, тридцать, двадцать, десять...

Если есть хотя бы первое, одно-единственное маленькое желание. Не полный человек, не все пять ступеней желаний. Не пять, а хотя бы одно есть? Оттуда ты можешь вырастить что-то, взять с собой.

Если нет, ты ничего с собой не можешь сделать.

Конец?

Ты должен выйти из этого города – из этого состояния, оставить его. Это состояние я погублю. Я помогу тебе расстаться с этими желаниями, из которых ничего не может вырасти, я их просто временно уничтожу.

Потом, в конце пути, мы их оживим, ты их снова возьмешь к себе, когда будешь уже большим – не маленьким Авраамом, а с огромными силами. Тогда снова в тебе возникнут возможности взять этот Вавилон. Как

---

12 Яаков (ивр.) – соответствует русскому Иаков – третий из библейских патриархов, младший из сыновей-близнецов патриарха Исаака и Ревекки, родившийся после двадцатилетнего бесплодного брака.

сегодня в мире возникает то же самое состояние – состояние взаимозависимости.

Одной связанной цивилизации.

Да. Тогда мы и Сдом (эту идеальную Швейцарию) начнем исправлять. А сейчас пока ты должен просто отсюда выйти.

Мы должны извлечь большой урок из всего этого движения – история повторяется.

Постоянно! На каждом этапе, в общем-то, происходит абсолютно то же самое.

СЛЕДОВАТЕЛИ В СДОМЕ

Вернемся к Сдому, куда Творец посылает двух «следователей» – посланников, чтобы они расследовали, что там происходит.

Это правая и левая линии, которые ведут Авраама вперед, как бы охраняют его и уводят обратно. И выводят Лота.

Авраам тащит его с собой все время.

Да. Потому что «Лот» – это такие желания, такие свойства, от которых он еще не может отказаться. Есть у него такая слабость, потому что он милосерден. Эти желания пока помогают ему определиться, выделить нужное и продвинуться вперед.

А вообще Лот – это в переводе «проклятье».

И Авраам водит с собой это проклятье? Чтобы потом превратить его в благословение…

Постепенно, насколько это возможно, а потом расстанется с ним.

Глава «И ОТКРЫЛСЯ»

Пойдем дальше по Торе:

/1/ И ПРИШЛИ ДВА ПОСЛАННИКА В СДОМ ВЕЧЕРОМ, КОГДА ЛОТ СИДЕЛ У ВОРОТ СДОМА; И УВИДЕЛ ЛОТ, И ВСТАЛ НАВСТРЕЧУ ИМ, И ПОКЛОНИЛСЯ ИМ ДО ЗЕМЛИ. /2/ И СКАЗАЛ: «ВОТ, ГОСПОДА МОИ, ЗАВЕРНИТЕ В ДОМ РАБА ВАШЕГО И ПЕРЕНОЧУЙТЕ, ОМОЙТЕ НОГИ ВАШИ, А КАК ВСТАНЕТЕ РАНО, ПОЙДЕТЕ СВОЕЙ ДОРОГОЙ». ОНИ ЖЕ СКАЗАЛИ: «НЕТ, НО НА УЛИЦЕ ПЕРЕНОЧУЕМ».

Да, чтобы не подвергать его опасности, потому что Лот уже начинает поступать, как Авраам.

Что они хотят показать? «В какой среде находишься ты, человек, среди каких своих желаний?».

То есть здесь происходит отработка, анализ: можешь ли ты дальше действовать с этими желаниями или нет, хорошие они или плохие.

Тут происходит анализ свойств Лота по сравнению со свойством милосердия, с этими ангелами, которые говорят: «Нет, мы не будем пользоваться твоими слабостями». Жена Лота, естественно, по-другому на это смотрит, но это неважно. Не обо всем рассказывается в Торе.

/3/ НО ОН (Лот) СИЛЬНО УПРАШИВАЛ ИХ, И ОНИ ЗАВЕРНУЛИ К НЕМУ И ЗАШЛИ В ДОМ ЕГО, И ОН СДЕЛАЛ ИМ ПИР...

Внутри всех эгоистических желаний он думает, что может с ними ужиться. Человек не хочет отказываться от своего мира, он считает, что в нем он может постичь Творца, что он не должен отрываться.

Объясните, пожалуйста, как такой Лот, который вдруг приглашает, приводит в дом гостей, оказался внутри

Сдома? Сдом живет по другим законам.

Мы же двуличные, что сделаешь.

Говорится в «Великом комментарии»:

ЖЕНА ЛОТА ЭЭРИС, УРОЖЕНКА СДОМА, НЕ РАЗДЕЛЯВШАЯ ВЗГЛЯДОВ СВОЕГО МУЖА НА ГОСТЕПРИИМСТВО, СКАЗАЛА ЕМУ ТАК: «ЕСЛИ ЛЮДИ СДОМА ПРОСЛЫШАТ ПРО ГОСТЕЙ, ОНИ ТЕБЯ УБЬЮТ. ТЫ ПОДВЕРГАЕШЬ ОПАСНОСТИ НЕ ТОЛЬКО СЕБЯ, НО ВСЮ СЕМЬЮ. НО РАЗ ТЫ НАСТАИВАЕШЬ НА ТОМ, ЧТОБЫ ПРИНЯТЬ ГОСТЕЙ, ТО ДАВАЙ РАЗДЕЛИМ ДОМ МЕЖДУ СОБОЙ. ГОСТИ ОСТАНУТСЯ НА ТВОЕЙ ЧАСТИ, А Я ОСТАНУСЬ НИ ПРИ ЧЕМ».

Дальше происходит следующее.

ЭЭРИС ПОШЛА ПО СОСЕДСКИМ ДОМАМ, ОБЪЯВЛЯЯ В КАЖДОМ: «У НАС ГОСТИ. НЕ МОЖЕТЕ ЛИ ВЫ ДАТЬ НЕМНОГО СОЛИ?». ВСКОРЕ ВЕСЬ ГОРОД ЗНАЛ О ТОМ, ЧТО ЛОТ ПРИГЛАСИЛ К СЕБЕ ЧУЖЕЗЕМЦЕВ.

«Заложила» мужа.

Понятно! Это наш эгоизм, который даже из такого состояния, как «Лот», можно вывести, эгоистическую часть которого можно как-то исправить.

И нет такого, чтобы это была только одна часть. Как Авраам со своей Сарой, так и Лот со своей женой.

Он находится в Сдоме только благодаря ей?

Естественно! Естественно, он находится в Сдоме, благодаря своей жене. Она и выросла там. Он и обрел ее там.

Этой частью он связан со Сдомом?

Да-да. Откуда Авраам его взял? Лот – племянник Авраама. Вначале Лот был маленьким мальчиком. Потом из состояния «Лот» выросло эгоистическое приложение – его жена. И вот с ней надо что-то делать. Если Лот сможет от нее избавиться, то тогда он еще может продолжить свой путь, он может в себе что-то исправить, но отдельно, без нее.

Она способна только на то, чтобы обратиться в соляной столб. Ничего больше с ней сделать нельзя. Но и это – ее исправление, потому что соль – это одна из вещей в мире, которые не портятся, сами консервируются и консервируют других.

То есть это свойство можно в чем-то исправить. Но все равно оно остается, хотя и вне этой «Швейцарии», но в законсервированном виде: все должно быть по плану, все должно быть четко, все должно быть точно. На большее оно не способно.

Человек должен выделить из себя эти свойства и идти вперед. Все происходит в одном человеке. Все – в нас. Как только мы начнем двигаться к цели творения, к тому, чтобы подняться от животного уровня к уровню человека, мы сразу же обнаружим в себе проявления всех этих свойств. И точно по этим ступенькам будем отбирать их, отсортировывать и вылущивать все более и более внутренние свойства, которые называются «Адам» – человек.

Так или иначе, мы как ракета, которая летит вверх и отбрасывает внешние ступени…

Да, отбрасывает, отстреливает от себя ненужные, уже пройденные ступени.

Продолжим историю Лота.

НЕ ВМЕШИВАТЬСЯ В УПРАВЛЕНИЕ ТВОРЦА

Его жена идет к соседям искать соль! А ведь Сдом – это соляная гора. Искать там соль?! Она явно намеревалась «заложить» мужа.

Она сама же и пострадала от этого.

И вот что произошло дальше:

/4/ ЕЩЕ ОНИ НЕ ЛЕГЛИ, А ЛЮДИ ГОРОДА, ЛЮДИ СДОМА, ОКРУЖИЛИ ДОМ, ОТ ОТРОКА ДО СТАРЦА, ВЕСЬ НАРОД, С КАЖДОГО КОНЦА. /5/ И ВОЗЗВАЛИ ОНИ К ЛОТУ, И СКАЗАЛИ ЕМУ: «ГДЕ ЛЮДИ, КОТОРЫЕ ПРИШЛИ К ТЕБЕ В ЭТУ НОЧЬ? ВЫВЕДИ ИХ К НАМ, И МЫ ИХ ПОЗНАЕМ!».

Пришли убивать?

Да. А что же делать?

Что же это означает еще, помимо закона города?

Есть во мне такие свойства и качества, которые явно настроены против моего нормального земного, «железного» благополучия. Как на нас смотрят? Как смотрят иногда на меня: «Что-то с ним не в порядке. Мутит воду. Какой-то раскольник…».

Все правильно, наш здоровый эгоизм восстает «в нашем здоровом сдомском коллективе» и говорит: «А имеет ли это право на существование? К чему оно нас ведет, товарищи?». Знаешь, как на собрании. «Да, к добру это нас не приведет. Это нарушает законы нашего общежития, где "твое – твое, а мое – мое", и где все четко регламентировано».

Это в нас говорит здоровый эгоизм?

ГЛАВА «И ОТКРЫЛСЯ»

Да. И тут кто-то встает и говорит: «Нет, должно быть милосердие, любовь к людям, надо отдавать. Человеку плохо – надо ему помогать».

«Мое – твое»?

Да. «Но как это так? Почему? Разве не существует Творец? Если Он существует, а кто-то болен, то ведь это Творец сделал, чтобы он болел. Ты его не трогай! Почему ты должен вмешиваться?! Кто сказал, что ты должен помогать, если Творец сделал плохо? Творец создал весь мир! Чего ты вмешиваешься? Почему ты должен улучшать мир? Ты делай его лучше для себя. А почему ты должен делать для других?».

С этими претензиями они явились к Лоту?

Да, это очень четко и жестко. Это очень мощная философия, которая только иногда реализовывалась, в частности, в Сдоме, в Спарте.

Диктаторские режимы использовали ее, чтобы показать: «Мы идем верным путем, у нас все по плану, все по расписанию. Когда невозможно либо нежелательно проявлять милосердие, невыгодно политически, экономически, привлекается философия для того, чтобы оправдаться, в случае чего.

Сдом – это идеальное состояние не вмешиваться в управление Творца. В этом состоянии не существует уровня «человек».

Человек – это уровень милосердия, который должен вырасти из Сдома. Сдом существует четко детерминировано на неживом, растительном и животном уровнях.

И людям в Сдоме хорошо в том их состоянии?

А как у животных? Если лев, тигр или волк видит овцу, разве он ее не съест? Съест. А если сыт, не съест. И овца должна понимать, что если она попала в такие обстоятельства, значит, она должна быть съедена. Убегай, сопротивляйся. Но все равно работает закон природы, закон джунглей.

В этом законе есть своя справедливость: если хищник сыт, он не схватит вторую овцу.

Есть справедливость! Да! Здесь все отдается на волю природы, или Творца. Творец, или природа, – в каббале это одно и то же. Поэтому нечего сопротивляться. Ты должен улучшать максимально, насколько тебе позволяют, твои собственные ресурсы, твое состояние. А в глобальном плане в природу не лезь.

Этот подход к природе очень щадящий. Говорят тебе: «Ты зачем начинаешь ковырять землю, копать недра и вмешиваться во все? Поступай ограниченно, действуй ограниченно. И будешь спокойно жить».

Больше, чем просить соль, которая есть в достатке у всех, ты не можешь! Что значит, «она пошла просить соль»? По законам Сдома ты не имеешь права обратиться ни к кому, ни с чем, ни с какой просьбой!

А она идет просить соли...

Да, когда соль – у всех под ногами. Сдом – это город, который стоял на соли. Мертвое море – это известное место, где вместо земли соль.

У меня сейчас возник очень важный вопрос. Жители Сдома – это эгоизм, который в нас. Ощущают ли они присутствие Творца?

Да. Еще как! У них правильное отношение к Творцу, но на уровне неживом, растительном, животном – у них своя философия.

Они говорят: «Ни в коем случае не вмешиваться в управление Творца. Он изначально руководит нашими свойствами, Он руководит через окружающую нас природу, окружающее нас общество. Я должен вести себя четко в этих рамках».

И, действительно, все они засоленные, законсервированные. Таким образом, они ведут себя правильно. Общение минимальное. Каждый – в себе, каждый – ни во вред и ни на пользу никому. Очень хорошо все устроено.

А мы, не ощущающие Творца, мы находимся на уровне гораздо ниже, чем Сдом?

Конечно! Наш эгоизм нас опускает… Иначе не поднимешься! Для того, чтобы ощутить ущербность состояния Сдома, мы должны быть ниже его.

Спуститься до конца, до полного отсутствия ощущения, бесчувствия?

Да, конечно. Если бы я оказался в таком состоянии, как Сдом, в таком идеальном состоянии, то выхода из него нет.

Из него нет выхода! Оно тебя законсервировало бы сразу, мгновенно. Ты остановился бы и замер. Все! Ничего не сделаешь, никак! Потому что любое твое действие противоречит законам жесткой природы нашего мира. И только возникающее в нас осознание никчемности, пустоты дергает нас, рубит и движет вперед.

Только пробужденное в нас уровнем «человек» свойство человек, которое постоянно должно расти в нас, пока не вырастет до подобия Творцу, – только оно нам мешает! Иначе мы бы сделали весь земной шар таким чистеньким соляным шариком.

Творец берет и подчищает немножко – до точки в сердце доходит.

Сдом – это великий пример! Ведь ничего не получается из наших попыток прийти к хорошему, гладкому, физически правильно устроенному миру. Все разрушается «подземным» толчком. В том же эгоизме, в той же соли, в той же земле заложена такая сила, которая все равно тебя встряхнет, и ничего от тебя не останется.

Но мир говорит совсем по-другому. Люди говорят: «Сдом – это собрание ужасных особей, которых надо уничтожить».

Нет! Что ты!

А сейчас мы с Вами убеждаем мир, что Сдом – это собрание хороших, добрых, в каком-то смысле, людей.

Нет. Я жил в таких обстоятельствах, которые отчасти похожи на Сдом. И мне даже было относительно удобно и приятно. Я не один раз бывал в Швейцарии. Я жил несколько лет в Литве. Хутора… Для нашего мира, если бы он не развивался, это состояние идеальное.

Как только ты вносишь человеческие отношения, сразу же между людьми все начинает портиться. Начинаются чувства, какие-то расчеты. А до того все очень четко регламентировано, очень правильно и хорошо.

И в этом состоянии жить нельзя. Как мы приходим к этой мысли?

Это состояние против движения вперед! Эволюция должна быть! Поэтому они должны убежать оттуда.

Они говорят: «Придем и познаем их, чтобы не было у

нас такого в нашем городе».

Да, убить в зародыше.

ЛОТ ГОТОВ ПОЖЕРТВОВАТЬ ДОЧЕРЯМИ

/6/ И ВЫШЕЛ К НИМ ЛОТ КО ВХОДУ, А ДВЕРЬ ЗАПЕР ЗА СОБОЮ. /7/ И СКАЗАЛ: «НЕ ДЕЛАЙТЕ ЖЕ ЗЛА, БРАТЬЯ МОИ! /8/ ВОТ У МЕНЯ ДВЕ ДОЧЕРИ, КОТОРЫЕ НЕ ПОЗНАЛИ МУЖА, ИХ Я ВЫВЕДУ К ВАМ, И ДЕЛАЙТЕ С НИМИ, КАК УГОДНО В ГЛАЗАХ ВАШИХ, ТОЛЬКО ЭТИМ ЛЮДЯМ НЕ ДЕЛАЙТЕ НИЧЕГО, ВЕДЬ НА ТО ОНИ ВОШЛИ ПОД СЕНЬ КРОВА МОЕГО!».

Тут вообще происходит история, которая для читателя выглядит ужасно.

Это очень трудно объяснить. Во-первых, дочери его – это его эгоистические состояния. Так же, как и его жена. Что из него, из эгоиста, может вырасти?

Он говорит: «Я отдам эти два эгоистических состояния».

Да, но для них они не представляют никакого вкуса и никакой угрозы.

Поэтому они говорят: «Не надо нам».

Они же действуют по своему закону. Им нельзя друг от друга ничего получать.

Это действия человека, когда каждое из них находится в абсолютно успокоенном состоянии. И не надо ничего, ни от кого, никак. Даже если возникает такое желание, то надо немедленно ограничить себя и удовлетвориться тем, что есть.

Поэтому когда Лот предлагает жителям Сдома: «Я вам дам. Взаимно начнем обогащаться», – то это хуже! Нет такого, чтобы брать у другого желания, какие-то его свойства, то есть начинать развиваться. Этим Лот себя компрометирует, показывает, что он не коренной «сдомец», а пришелец среди них.

Он не до конца понимает их природу.

Видно, что он не из тех желаний, которые называются «Сдом». Он в чем-то «какой ни есть, а все родня» Аврааму. Это желание включает в себя какое-то милосердие, росток вперед. И поэтому в Сдоме никому и никак не нужны ни его дочери, ни даже его жена. Она тоже не нужна – это желание, которое все-таки соприкасается с Лотом.

Тут нам говорят о многоплановом, многоступенчатом, постепенном развитии, как из земли прорастают растительные, животные, а потом и человеческие свойства.

Говорят, как дойти до уровня «человек». Сдомцу этого не надо, поэтому не нужны и эти эгоистические состояния.

Ни в коем случае!

Жители Сдома хотят в корне уничтожить то, что может уничтожить их?

То, что в их глазах надо сделать теперь, это просто похоронить всех под солью, чтобы все скрылось в соленой почве, чтобы ничего не было. То есть все желания должны снова снизойти до уровня, когда из них ничего вырасти не сможет. Ведь если что-то стремится расти, то сможет дойти до уровня «человек». А это противно всей философии, всему подходу к жизни в Сдоме. Поэтому если такие желания появляются, то Сдом защищается от них.

ГЛАВА «И ОТКРЫЛСЯ»

Что сделал с ними Творец? Как Он помогает вырасти, выйти свойству «Авраам», свойству «Лот» из этого состояния? Он консервирует это состояние, весь город, то есть все эти желания. Они все остаются «в себе», хоронятся под землей.

Вы сейчас бросаете камень в сторону Гринпис – движения в защиту окружающей среды?

Нет. Эти движения действуют на житейском земном уровне, они пытаются как-то сбалансировать, смягчить то, что происходит. Так что в качестве компенсатора они что-то делают. Получится ли из этого что-нибудь? Ничего не получится!

Кроме одного – и это самое главное! Человек сделает выводы, увидев, что из их усилий ничего не может получиться. Это самое главное! Значит, человек будет вынужден искать другие решения, иначе на этой земле он не сможет существовать.

ПЕРЕНЕСИ МЕНЯ ЧЕРЕЗ СТЕНУ?

И снова мы говорим: «Главное – зайти в тупик». Зайти в тупик и понять, что это тупиковый путь. И потом опять зайти в тупик, и снова, и снова. До каких пор?

Пока не достигаешь…. Вот Творец говорит: «Ты видишь? Вот туда, туда! Смотри, смотри! Только тут выход. Рвись вперед!». Рвешься вперед, – и там тупик. И тут тупик!

Это как последний шанс. За тобой кто-то гонится с пистолетами и с ножами и вот-вот настигнет. А впереди спасение – тебе надо туда заскочить, там, за занавесочкой, должен быть проход, и ты спасешься. Ты эту занавеску открываешь… – а там стена.

Ну, это же ужас!

Вот тут-то и возникает спасение! В последний момент, когда ты сейчас проскочишь, ты знаешь, что вот он – проход! А там – стена!

Тут и возникает молитва «Перенеси меня через стену»…

Такое состояние необходимо. Потому что в нем возникает разрыв. Разрыв между нашим миром и духовным. Ты начинаешь ощущать, что он может разрешиться только через стену. А как? Непонятно! Но только таким образом он может разрешиться!

Продолжим наше чтение.

/9/ НО ОНИ СКАЗАЛИ (Лоту): «ПОЙДИ ПРОЧЬ!» И ЕЩЕ СКАЗАЛИ: «ЭТОТ ПРОЖИВАТЬ ПРИШЕЛ, А СУДИТЬ НАЧАЛ! ТЕПЕРЬ МЫ ХУЖЕ ПОСТУПИМ С ТОБОЮ, НЕЖЕЛИ С НИМИ». И НАСТУПИЛИ ОНИ…

Вместо того чтобы быть, как они, Лот начинает их судить: «Мы должны быть другими!». Эти желания человека не согласны идти вперед. Мне хорошо так: дом, семья, банки, больничные кассы, пенсия, отпуск, – все, что есть. Зачем мне расти куда-то? Мы должны существовать в рамках этого мира. Мы не должны позволять себе устремления выше и нереальные позывы; не давать свободу, не давать возможность расти. Потому что они неправильны.

Такое брежневское время в России мы называли периодом застоя.

Глава «И открылся»

Сегодня люди об этом времени вспоминают так, как жена Лота, с сожалением оглядываясь назад, на свой любимый город Сдом, откуда она уходит. Ей дороги те красивые состояния.

Зарплата была сто двадцать. Холодильник полон. Месяц отдыха в Ялте – пожалуйста! Пенсия есть. Есть «Солнцедар» и «Столичная». Есть спокойная уверенность, что я доживу до пенсии и буду спокойно копаться в садике. Что еще надо?! Почему это надо все разрушить?!

Мы еще не знаем – почему. До тех пор, пока из Авраама не разовьется следующее состояние (Ицхак), еще более эгоистическое и жесткое, потом Яаков, и только после этого можно будет видеть, к чему все это ведет. А пока мы не знаем, к чему.

Поэтому мы видим целый народ, кстати, с большой предрасположенностью к духовному развитию.

Российский народ?

Да. Поэтому-то мы так долго среди него и были. И в наше время, сегодня, этот народ проходит такое состояние, как жена Лота, которая оглядывается на свое прошлое и тоскует по нему.

То есть это не проклятье? Люди там говорят: «Почему над нами проводят эти опыты?». Значит, все наоборот. Выбирается народ, очень сильно расположенный к духовному развитию? И поэтому над ним все это проводится?

Да.

Интересно. Не знаю, успокаивает людей это или нет, но знать важно.

Посмотрим следующее состояние. Будем надеяться, что оно не обернется «соляным столбом». Вполне может быть и такое.

Может быть возвращение?

ТОЛЬКО ВПЕРЕД – ВОЗВРАТА НЕТ

Нет, назад пути нет. Жена Лота не может возвратиться обратно, в Сдом. В ее глазах Сдом должен полностью перевернуться. «*Афиха* Сдом» (переворот Сдома) ведет к росту.

К будущему росту. Но пока это неприятное состояние. И эти люди должны будут вымереть. Они должны будут просто сойти со сцены. Все желания в человеке вернуться в прошлое абсолютно пагубны. Они не ведут его вперед к цели творения и поэтому исчезают. Потом они снова проявляются для исправления, но только через много этапов развития.

Продолжим наше чтение.
И НАСТУПИЛИ ОНИ ЧРЕЗВЫЧАЙНО НА ЭТОГО ЧЕЛОВЕКА, НА ЛОТА, И ПОДОШЛИ ЛОМАТЬ ДВЕРЬ. /10/ НО ЛЮДИ ЭТИ (посланники, силы Творца) ПРОСТЕРЛИ РУКИ СВОИ И ВВЕЛИ ЛОТА К СЕБЕ В ДОМ, А ДВЕРЬ ЗАПЕРЛИ. /11/ А ЛЮДЕЙ, КОТОРЫЕ У ВХОДА В ДОМ, ПОРАЗИЛИ СЛЕПОТОЮ, ОТ ОТРОКА ДО СТАРЦА, ТАК ЧТО ОНИ ОТЧАЯЛИСЬ НАЙТИ ВХОД (в дом).

Что такое «поразить слепотой»?

Человек не может произвести анализ: что во мне плохо – что хорошо. Я не могу произвести анализ. Где такие желания, которые двигают меня и ведут вперед? Или где желания, с которыми я существую?

Я вижу себя, знаю себя, но зреет во мне что-то нехорошее. Как с этим справиться, как не дать возможность прорваться всем этим порывам, позывам? Они как-то подневольно, незаметно для меня начинают возбуждать во мне что-то неправильное – неправильное относительно Сдома. И я должен работать с ними. Но как, что делать с ними?

Он говорит: «Я слеп».

Да, да. Но эта слепота ему на пользу.

/12/ И СКАЗАЛИ ЛЮДИ ЭТИ ЛОТУ: «ЕЩЕ КТО У ТЕБЯ ЗДЕСЬ? ЗЯТЯ, СЫНОВ И ДОЧЕРЕЙ ТВОИХ – ВСЕ, ЧТО У ТЕБЯ В ГОРОДЕ, ВЫВЕДИ ИЗ ЭТОГО МЕСТА. /13/ ИБО МЫ УНИЧТОЖАЕМ МЕСТО ЭТО, ПОТОМУ ЧТО ВЕЛИК ВОПЛЬ ИХ ПЕРЕД ТВОРЦОМ, И ПОСЛАЛ НАС ТВОРЕЦ УНИЧТОЖИТЬ ЕГО».

То есть пришло решение. Следователи – две силы…

Два посланца Творца – два основных свойства человека, правое и левое, «хэсэд» и «гвура»: одно – милосердие, другое – сила, которая ведет вперед.

Лот должен выйти из этого уровня на следующую ступень. Потому эта ступень отпадает, отстреливается от него, и Лот идет вперед. Все его домочадцы, те, которые имеют отношение к свойству Авраам, имеют право на дальнейшее развитие, хотя бы частичное. Насколько мы можем исправить каждое свойство на нашем духовном пути и приподняться над ним, настолько мы должны его использовать.

Как Авраам потом ведет Лота, так и Лот выводит за собой тех, кто близок к нему. Потому что их можно еще исправить?

Да. Но мы видим потом, что это где-то заканчивается. Сейчас мы не разбираем глубоко все эти обстоятельства. Но все равно ничего хорошего с Лотом затем не происходит, да и с его домочадцами. Они все равно отстают, они все равно уходят в другие нехорошие желания. Но это развивается постепенно.

Потом они ждут своего часа? Потом снова эти желания как бы подтягиваются и исправляются?

ОСТАВИТЬ ВСЕ НАЖИТОЕ?! РАДИ СПАСЕНИЯ...

И снова из «Великого комментария»:

ПОСКОЛЬКУ У ЛОТА БЫЛИ ЧЕТЫРЕ ДОЧЕРИ, ДВЕ ИЗ КОТОРЫХ БЫЛИ ЗАМУЖЕМ, ОН ПОШЕЛ СООБЩИТЬ СВОИМ ЗЯТЬЯМ О НАВИСШЕЙ ГИБЕЛИ, УБЕЖДАЯ ИХ УЙТИ ИЗ ГОРОДА. НО ЗЯТЬЯ РАССМЕЯЛИСЬ В ОТВЕТ НА ЕГО СЛОВА: «В ГОРОДЕ МУЗЫКА И ВЕСЕЛЬЕ, – СКАЗАЛИ ОНИ, – А ТЫ ГОВОРИШЬ О ГИБЕЛИ». ВПРОЧЕМ, ЛОТ И САМ КОЛЕБАЛСЯ: «КАК МОГУ Я БРОСИТЬ СВОЕ БОГАТСТВО?

НАДО ПОДУМАТЬ, ЧТО СЛЕДУЕТ ЗАХВАТИТЬ С СОБОЙ».

ЗАБРЕЗЖИЛО УТРЕННЕЕ СОЛНЦЕ, А ЛОТ ВСЕ ЕЩЕ НЕ РЕШИЛ, С КАКИМИ ИЗ СВОИХ СОКРОВИЩ РАССТАТЬСЯ, А КАКИЕ ВЗЯТЬ С СОБОЙ.

Это все происходит внутри человека. Какая внутренняя трагедия! Свойства эти: дочери, зятья, нажитое богатство – как он может не управлять ими? Как он может оставить эти желания? Как он может над ними приподняться

Глава «И открылся»

в каком-то новом свойстве отдачи, любви к другим? Тут у него есть все. Забота о себе.

– ПОСПЕШИ, – ПОДГОНЯЛИ АНГЕЛЫ ЛОТА, – ИНАЧЕ ТЫ ПОГИБНЕШЬ ЗА ЧУЖИЕ ПРЕГРЕШЕНИЯ.

Тут, конечно, масса вопросов. На самом деле это бурлит в человеке: «Как я оставлю это место?» Вот этот покой…

Конечно. Или вперед, или назад?

И сразу у меня возникает ассоциация: в 33-м и в 36-м году в Германии, и в сталинской России так было…

Да нет. Так происходит с каждым человеком. Зачем нам брать целое общество?

Дай мне сотку земли и пару коров – никого не надо. Отключи меня от радио, телевидения, от этого мира. Где-нибудь в хорошем месте. Устрою себе нормальную жизнь. Ничего мне не надо.

Животный уровень – тихий, спокойный. Сколько надо – просуществую, не думая ни о сегодня, ни о завтра. Как будто в вечном покое.

Человеку надо на мгновение туда уйти, как в отпуск?

Это и есть состояние Лота. Все существует по железным законам природы. И я вписываюсь в эту природу: неживую, растительную и животную. Люди тоже могут в ней существовать, если находятся в животном состоянии и не выше его. Вот это и тянет нас обратно, очень тянет....

Родственники Лота говорят: «Здесь веселье, здесь хорошо, ничего не предвещает, что что-то случится с городом».

Любое движение вперед связано с риском. «А здесь так все надежно! Здесь так все хорошо! Тебе это надо?!».

Целая страна смотрит назад и говорит о перестройке: «Нам это надо было?».

Чего греха таить, и мы иногда оглядываемся, смотрим туда.

Вполне можем подписаться под воззванием сдомцев о том, что и Авраама, и всю его семейку надо быстренько «порешить».

Состояние мира такое – «в городе музыка и веселье»...

Мир еще не осознает. Мир еще думает об эгоистическом развитии.

Но мир дойдет до состояния, в котором сегодня находится Россия. Он будет вспоминать о прежних золотых временах, когда все было так хорошо. Как ты смотришь старые фильмы? Все так наивно, сладко, играючи, приятно. Люди веселые, с гармошками. Колхозы замечательные. Это даже не колхозы, а Голливуд. То же самое.

На самом деле ты не можешь вернуться туда.

Твои порывы вернуться направлены против движения вперед, и поэтому они должны перевернуться в тебе, измениться. Здесь ты должен прочувствовать свою внутреннюю революцию. Такая метаморфоза должна быть драматической…..

…перевернуть себя. Весь свой «мир»: прежние интересы, установки, ценности?

Да. И тогда ты пойдешь вперед.

КАК МУЗЫКАНТ ЧИТАЕТ НОТЫ

Прежде чем продолжить главу, я бы просил Вас прояснить один вопрос. Дело в том, что в интернете проявилась бурная реакция людей на утренний урок по Книге Зоар. Вы, рав Лайтман, на утренних уроках читаете Книгу Зоар, в которой раскрыт внутренний смысл Торы. Я понимаю, что Книга Зоар – это комментарий следующих за Моше каббалистов: рабби Акивы и его ученика рабби Шимона Бар Йохая.

Если Тора и Книга Зоар говорят об одном, то почему нашим слушателям Зоар воспринимать тяжелее, чем саму Тору?

Не потому ли, что Тору они читают, как беллетристику?

Вы имеете в виду, что Тору читают без внутреннего сопротивления, просто как свод законов, которые упорядочивают жизнь материального мира?

Такое восприятие Торы существует на уровне нашего мира.

Есть в этом какой-то парадокс: «Я не понимаю пояснений к тому, что я понимал раньше!».

Взгляд на Тору, как на нечто доступное обыденному пониманию показывает, что люди неправильно настроены на нее. Они не понимают, не постигают того, о чем там говорится.

На самом деле в Торе передается информация в виде знаков, в виде кода, заключенного в буквах. И хотя внешне это кажется исторически связанным рассказом, внутреннее содержание его остается под замком и неизвестно людям. Непонятна ни форма букв, ни их сочетания, комбинации, перестановки – от первой буквы до последней – мы вообще не знаем, что за ними стоит.

Мы оперируем буквами, из которых составляем слова. Складываем слова в предложения. Мы придаем этим предложениям смысл, который совпадает с явлениями нашего мира. И в этом мире мы можем так разложить буквы, что они дадут нам какое-то описание.

Поэтому есть иллюзия понимания?

Верно. А на самом деле, эта книга – совсем не об этом мире и совсем не о наших состояниях. Потому далеко не все способны ее читать.

Читать, как музыкант читает ноты, чувствуя мелодию? Или, например, как химик читает формулы, за которыми он видит разные процессы?

Да. Мы должны не просто вернуться к набору букв, мы должны смотреть на них другими глазами, зная их содержание. Тогда буквы «оживут», и форма каждой из них наполнится своим смыслом. И вся книга раскроет внутренний смысл.

В Торе отображены взаимосвязи между желаниями и тем, что их создает и заполняет: сосуды и света («келим» и «орот»). И нет здесь совершенно никаких образов нашего мира. Это – первая проблема.

Отсюда и возникает недоразумение: вроде бы Тора понятна, а почему же Зоар я не понимаю?

АППАРАТ, УПРАВЛЯЮЩИЙ НАМИ

Книга Зоар и предназначена служить адаптером между твоими представлениями об этом мире и тем, что тебе предстоит постичь. Что должно быть тобой понято, рассказано, увидено, прочувствовано, раскрыто. Это тот адаптер, который должен ввести тебя в новый мир.

Но этот новый мир ты еще не можешь ощущать, потому что для этого у тебя нет никаких органов восприятия, нет нужного чувства.

Что же осуществляет вся эта система, которая называется Тора, включая Книгу Зоар? Она вовлекает в свою орбиту тебя, не знающего и не понимающего, что ты из себя представляешь ...

И тянет обучаться и развиваться?

Да, как детей. Я приводил в пример своего внука Даниэля. Ему год и четыре месяца. Он любит телефоны, нажимает кнопки со страшной скоростью и случайно звонит куда-то. Я вижу – он набрал мой номер, совершенно не понимая этого.

Все время я привожу в пример детей, но люди почему-то с трудом воспринимают сопоставление с детьми.

Видимо, считают себя уже взрослыми.

А на самом деле, относительно духовного мира, мы еще и не дети даже.

Мы «как те, кто еще не родились», то есть те, в ком еще не проснулось желание стать Адамом. Чтобы обучаться и расти, нам и дана эта наука – каббала?

Вся информационная система, которая называется Тора и Зоар (свечение внутри нее), – это система адаптации нас к Высшему миру. Нам надо развивать свои чувства и способности его ощущать. А как?

Мне дали какой-то аппарат, и я пытаюсь им пользоваться, как ребенок, – нажимает, играя, и вдруг случайно попадает куда-то. Вот так и я нажимаю, не осознавая, наугад, и внезапно происходит контакт, неожиданно налаженная связь.

То есть однажды этот «звонок» обязательно случится?

«Звонок» обязательно получится.

Пример с телефоном и ребенком не является абсолютно идентичным нашему звонку. Звонок всегда получится потому, что система настроена так, что она принимает во внимание все мои сегодняшние состояния: структуру, внутреннее строение, ментальность – все. Что бы я ни делал, мое стремление к духовной цели (которую я тоже пока не осознаю) выведет меня к ней.

Мы имеем дело с системой, с огромной машиной, которая над нами работает. Это управляющий нами аппарат.

Высшее управление – «ашгаха ильона»? То, что ведет нас к цели творения?

Это система управления, она управляет нами, а не мы ею. Мы запускаем ее только своим непосредственным наивным желанием постичь, ощутить. Ничего большего мы не можем туда вложить: никаких чувств, никаких мыслей мы не можем туда внедрить. Мы с ней не сотрудничаем вообще. Это такой уровень, до которого нам не дотронуться, не дотянуться.

Когда кричит ребенок, вокруг него начинает крутиться весь мир, и поднимаются все его родные. Так и здесь: наше барахтанье – это наш непосредственный крик, который, в итоге, ведет к достижению результата.

ГЛАВА «И ОТКРЫЛСЯ»

ПОДЪЕМ В ГОРУ

Это и есть необходимый процесс продвижения к духовному, к подобию Высшему?

Именно так и должно быть! Более того, подниматься с любой ступени на следующий уровень можно только таким образом.

Вы снова сместили мои привычные представления о логике развития вещей. Правильно ли я понял Ваши слова: «То, что ты понимаешь, – это неправильно. То, что ты не понимаешь, – это хорошо»?

Да. Если я иду вперед с ощущением непонимания и принимаю это, и согласен с этим, значит, я уже чувствую, что Высший – Он – Высший и не воспринимаемый мною до тех пор, пока я не стану подобным Ему, равным Ему. Только тогда я смогу Его ощутить, а значит, потом и понять.

С этого объяснения мы можем продолжить читать Тору. Мы остановились на выходе Лота из Сдома. Вот что написано:

И ЛЮДИ ТЕ (посланники) ВЗЯЛИ ЗА РУКУ ЕГО (Лота) И ЗА РУКУ ЖЕНУ ЕГО, И ЗА РУКИ ДВУХ ДОЧЕРЕЙ ЕГО, ПО МИЛОСТИ ТВОРЦА К НЕМУ, И ВЫВЕЛИ ЕГО, И ОСТАВИЛИ ВНЕ ГОРОДА. /17/ И БЫЛО, КОГДА ВЫВЕЛИ ИХ ВОН, СКАЗАЛ ОДИН: «СПАСАЙСЯ РАДИ ЖИЗНИ ТВОЕЙ, НЕ ОГЛЯДЫВАЙСЯ НАЗАД И НЕ ОСТАНАВЛИВАЙСЯ ВО ВСЕЙ ОКРЕСТНОСТИ; В ГОРЫ СПАСАЙСЯ, ЧТОБЫ ТЫ НЕ ПОГИБ!».

Это очень интересно. Оторвись от своей прошлой жизни, ни в коем случае не оглядывайся на свои прошлые свойства и состояния. И именно – в горы! «Горы» – это сомнения, «горы» – это восхождение, восхождение всегда возможно только над препятствиями.

Препятствия – это наши посторонние мысли, наши тянущие назад философские мудрствования, заумный «здравый смысл».

Оковы привычек и обыденности, искривленные суждения…

Подъем – всегда восхождение от своего прежнего осознания вверх, в неуверенность: «Что это за гора там наверху?». Внизу в долине я твердо стою на ногах, а вот подъем – он всегда труден.

Лота ведут в горы сомнения?

Да, бесконечные сомнения и постоянно возникающий в человеке эгоизм, который тянет его назад. Он над ним возвышается и, таким образом, поднимается. «Гора» – это эгоистическое желание, над которым мы поднимаемся, превращая намерение получать в намерение отдавать.

Значит, из покоя города Сдом, где все было, как Вы говорили, по закону, мы выходим к сомнениям, Верно. И местность там так же устроена. Это же Мертвое море – самое низкое место.

Самое устойчивое, соленое состояние: ничего не растет, нет никаких изменений. И оттуда надо начинать подниматься куда-то в район Иерусалима. Не так далеко, это – 10-20 километров. И «нельзя оглядываться».

Психологи используют это правило: нельзя оглядываться назад – только вперед. Иначе можно впасть в бездеятельность, уныние.

НЕЛЬЗЯ ЗАСТЫТЬ. В ДВИЖЕНИИ – ЖИЗНЬ

Это правило годится, когда надо дать человеку какое-то временное убежище, когда человек находится в особом критическом состоянии, и ты должен его стабилизировать, чтобы после этого уже начинать с ним работать. Конечно, в наше время этот метод уже не работает. Эгоизм уже поднялся выше этого.

Разве сегодня мы сможем успокоиться самовнушением или советами типа: «Ты можешь. Ты все можешь. Ты достигнешь или удовлетворись тем, что есть»? Это все – теории, которые работали раньше, сегодня они не работают.

Человек не сможет просто успокоиться?

Ты же видишь, что происходит с Китаем, с Японией, с Индией. Поднимаются огромные массы. Когда-то им было достаточно стакана риса в день, сейчас – деньги, деньги, деньги. И ничего другого.

Мы увидим миллиарды людей (Китай вместе с Индией – это три миллиарда), чей эгоизм совершенно непредсказуемо выйдет из рамок животного желания к богатству. И мы обнаружим в человечестве огромные раскрытия потенциальных эгоистических залежей.

Вы считаете, что заканчивается время успокоительных практик?

Люди сами не смогут оставаться в этом состоянии. Ведь все теории построены на том, чтобы человека уравновесить, успокоить. Благодаря этому миллиарды людей существуют.

Миллиарды людей, существующих на одном клочке земли в относительно доброжелательном и терпимом отношении друг к другу, взорвутся за несколько месяцев в состояния, которые будут полны ненависти. Представь: три миллиарда человек, две сверхдержавы, напичканные огромным эгоизмом, владеющие атомом, ракетами…

Масса людей, которые вдруг оскалятся друг на друга?

Да. И Латинская Америка добавит масла в огонь! В итоге, мы получим мир, который не сможет дальше существовать, если не найдет методику взаимной связи. Эта методика – каббала. Только высший свет может нас исправить.

Вам нередко предъявляют претензии за то, что Вы постоянно произносите одну и ту же фразу: «Только каббала»…

А что же мне произносить? Я не могу кривить душой, когда говорится о главном. Только каббала – наука истины. Любая земная наука уже начала проявлять несостоятельность, несовершенство. В наше время ученые уже созрели до высказываний: «Наука так рассуждать не может. Мы должны признать, что есть ошибки и там, и здесь…». Априори признается, что это не наука, а набор наших ограниченных знаний о мире, о природе.

Да, но Вы припираете их к стенке, Вы им говорите: «На что вы потратили свою жизнь?». Их сопротивление естественно.

Для меня их сопротивление неважно. Я не могу притворяться красивым, только чтобы не было сопротивления. А что же тогда с теми мыслями, которые я хочу высказать?

ГЛАВА «И ОТКРЫЛСЯ»

Иногда меня дрожь пробирает, когда я слушаю Ваши ответы ученикам и еще больше – ученым. Зачем Вы им в лоб говорите такую жесткую правду?!

Сейчас объясню: например, я выступал в Москве в Ленинской библиотеке. Меня слушали в Большом зале две с половиной тысячи человек.

Кроме этого, в Москве у меня были беседы и с представителями церкви. Затем выступление перед учеными-физиками в МФТИ имени Баумана и в Московском университете на физическом факультете, в других аудиториях.

А потом состоялись очень серьезные дискуссии в международной организации «Совет мудрецов мира».

Верно. Если на всех этих площадках я не буду прямо высказывать свою точку зрения, у них вообще не останется никакого впечатления. Перед выступлением в Москве на физфаке МГУ я сомневался, я думал: «Если я не скажу им своей истины – истины каббалы, если буду соглашаться с их философией объективности науки и тому подобное, чего я, как каббалист, при этом достигну? Просто приятно поговорили и разошлись?

Если же я скажу им точку зрения каббалы, у них останется неприязнь, но это будет царапина, которая останется в них».

Как заноза она будет сидеть в тебе, ты будешь ее ненавидеть, но и возвращаться к ней, ты не сможешь ее забыть. Этого я должен достичь. Не ради боли, а ради того, чтобы когда-то, где-то она снова дала о себе знать. Иначе не будет продвижения.

То же самое происходило в Латинской Америке, где я выступал во многих университетах. Об Америке вообще говорить не приходится. С американскими учеными или с представителями американской общественности говорить нечего.

Люди должны знать, что думает каббала о мире: этот мир велик, когда ты им пользуешься правильно, – он ничтожен, когда ты им не пользуешься, и он делает ничтожество из тебя. Это то, что они должны знать!

Раз так важно знание истины, продолжим главу «И открылся». Мы уже на выходе из Сдома.

ВЫЙТИ ИЗ СВОЕГО ПРЕЖНЕГО ДОМА – СДОМА

Мы говорим о программе выхода из Сдома всего человечества.

А зачем вообще выходить оттуда. Куда ведет программа? Ведь ученые говорят: «Исследуй то, что есть»...

У меня проблема с учеными, которые говорят, что и наука, и ученые имеют право ошибаться. Но наука должна быть четко построена на экспериментальных данных. Я им объясняю, что есть мироздание, в котором ты находишься сегодня в своих определенных свойствах: зрение, слух, обоняние, осязание. Ты исследуешь с помощью этих чувств окружающую среду, тот фрагмент, который из нее можешь вобрать в себя, ощутить. Ты исследуешь его, «пробуя на язык». Так маленькие дети все тащат в рот, чтобы изучить, а ты это делаешь другими способами. Какая разница? Это – познание мира. Через себя. Другим путем, не через себя, ты не можешь познать его.

С ученым, постигающим этот мир, можно говорить о том, что ему раскрывается. Это – наука, потому что кто-то должен ощущать и измерять свои ощущения. Даже создание, якобы, объективных приборов, не может нам помочь, потому что мы не можем существовать в отрыве от нашего мира.

Но существует другой объем мироздания. Если у тебя уже созрел инструмент, воспринимающий более широкий объем, то ты будешь исследовать этот объем – высшую сферу. И тогда получишь науку каббала. Ничего другого нет.

Отношение к науке, как к исследованиям, не меняется. Ты используешь развитые в себе дополнительные свойства для экспериментального изучения окружающей природы.

Если человек настолько ограничен, что считает: «Такого не может быть, потому что не может быть никогда», – то он не в состоянии представить, что существует другое измерение, что ты это измерение можешь ощущать так же, как и наше, ибо все относительно.

Если бы физики не столкнулись лоб в лоб с интерференцией, не обнаружили бы корпускулярные и волновые свойства света; не раскрыли бы принцип неопределенности, они до сих пор существовали бы в прошлом, считая, что время абсолютно, а не относительно. Ну, что сделаешь?

Постепенно люди выходят к этому новому миру чисто теоретически, так как соответствующих органов чувств у них еще нет. Они занимаются наукой на грани нашего мира и духовного.

Это и есть программа – выйти из узости Сдома и двигаться вглубь мироздания через изменение своих свойств?

Пока не обретешь новые свойства и не начнешь ощущать Высший мир, ты не представишь себе, как можно его чувствовать, исследовать, воспринимать, записывать, общаться с ним, как с нашим миром.

Итак, семья Лота поднялась из Сдома, который находится на Мертвом море, на минус 400 метров от уровня моря. В то время все здесь было немножко по-другому, чем сегодня. Поднялись в горы.

И сказано: «По дороге в город не оборачивайтесь». /24/ И ТВОРЕЦ ДОЖДЕМ ПРОЛИЛ НА СДОМ И АМОРУ СЕРУ И ОГОНЬ ОТ ТВОРЦА, С НЕБА. /25/ И УНИЧТОЖИЛ ГОРОДА ЭТИ И ВСЮ ОКРЕСТНОСТЬ, ВМЕСТЕ С ЖИТЕЛЯМИ ГОРОДОВ И С РАСТИТЕЛЬНОСТЬЮ НА ЗЕМЛЕ. /26/ ЖЕНА ЖЕ ЕГО ОГЛЯНУЛАСЬ ПОЗАДИ ЕГО И СТАЛА СОЛЯНЫМ СТОЛБОМ.

Жена Лота все-таки оглядывается – ей было хорошо в Сдоме.

Это эгоизм, который был таким подходящим Сдому. Лот состоит из двух свойств: свойства своей жены, символизирующей желание с намерением ради себя в том виде, который существует в Сдоме, и духовной категории, уходящей с Авраамом.

Мы уже выяснили, что Сдом, по нашим понятиям, – не грешники, а абсолютнейшая справедливость: без всякого сочувствия, без всякого милосердия – это свойства Авраама. Если бы сегодня такое общество существовало, оно было бы счастливо.

Но, как мы уже говорили, такое состояние не может развиваться, так как в нем все замирает.

Поэтому «оглянуться назад» – значит, превратиться в соляной столб, в состояние, с которым невозможно продвигаться, не оставив весь свой эгоизм, все свои желания. Свойство, оставшееся от духовной категории, которая называется Лот, уходит дальше с Авраамом. Неспособная на продвижение часть остается на дороге.

Вы говорили: «Оглядываться назад, хотеть прежнего состояния в духовном движении нельзя – ни в коем случае и никогда!».

Человеку часто посылают такие состояния, когда он начинает вспоминать прошлое: «Как было хорошо когда-то, а сейчас мне тяжело». Он помнит, что 10-20 лет назад, даже пару лет назад, когда он еще не шел этой духовной дорогой, было все так тихо, удачно: мягкие тапочки, диван – все тепло и приятно, как принято. А сейчас – сомнения, рвение, беспокойство, и все это непонятно, во имя чего и ради чего.

Если он оглядывается, сожалеет о прошлом, то тем самым он подпитывает свои самые темные, самые жуткие стремления к мертвому состоянию.

Человек, идущий по пути истины, каббалист, не имеет права на это состояние?

Он обязан работать над собой. Например, я всегда спасался тем, что брал самую увлекательнейшую работу по распространению, по созданию чего-то нового. Беру какую-нибудь каббалистическую книгу и начинаю ее переписывать. Всегда должна быть цель, пусть даже механическая. Можно заставить себя, решив: «Вот то, что мне надо делать».

У меня был друг, который выбрал себе цель – заняться историей тридцатилетней войны.

Как это ему в голову пришло?

У него были небольшие проблемы, и чтобы успокоиться и как-то сорганизоваться, он принял такой совет: «Возьми отрывок "Истории тридцатилетней войны" и изучи о ней все, что только можно». В результате он стал специалистом в этом деле. Так человек себя организовал. Конечно, такая цель достаточно узкая.

В духовном – цель большая, высокая, вечная, совершенная. Именно на нее ты должен быть нацелен, чтобы не стать женой Лота.

НЕ БЫТЬ ЖЕНОЙ ЛОТА

Не быть женой Лота – это первый Ваш совет.

В «Великом комментарии» сказано, что город перевернулся от хлынувшей серы и огня. В каком смысле «перевернулся»?

Желание осталось то же, а намерение перевернулось. Желание – это материя, ничего с ним не сделаешь, но человек начинает менять намерение ради себя на намерение ради других. Этот «переворот» происходит не сразу, не в Сдоме. Позже эти желания проявятся, как готовые к использованию ради других, готовые к связи в глобальный мир. А пока отречение происходит насильно.

Сегодня во внутренней духовной работе человека есть осознание пагубности Сдома для человечества. В этом смысле Сдом «переворачивается»?

Переворот происходит после того, как к человеку приходит это понимание. Лот олицетворяет собой свойство, которое отрывается от своего Сдома. Сдом – это все его эгоистические желания. Ведь и его жена, и дети тоже могли бы оторваться с помощью посланцев – сил Творца. Но все они (и даже жена, застрявшая посреди выхода) – это свойства, которые в итоге должны обратиться в противоположные. И потом они постепенно прорастают.

Глава «И открылся»

Глава «И открылся» очень непроста для восприятия.
Нет в Торе простых глав.

В этой – огромное количество драматических ситуаций, чувств и желаний, происходящих внутри человека! Мы подошли к части главы, которая вызывает очень неоднозначные реакции при ее прочтении:

И ЖИЛ В ПЕЩЕРЕ ОН И ОБЕ ДОЧЕРИ ЕГО. /31/ И СКАЗАЛА СТАРШАЯ МЛАДШЕЙ: «ОТЕЦ НАШ СТАР И НЕТ В СТРАНЕ МУЖЧИНЫ, ЧТОБЫ ВОЙТИ К НАМ ПО ОБЫЧАЮ ВСЕЙ ЗЕМЛИ. /32/ ПОЙДЕМ, НАПОИМ ОТЦА НАШЕГО ВИНОМ И ЛЯЖЕМ С НИМ, И НАЖИВЕМ СЕБЕ ПОТОМСТВО ОТ ОТЦА НАШЕГО». /33/ И ОНИ НАПОИЛИ ОТЦА СВОЕГО ВИНОМ В ТУ ЖЕ НОЧЬ, И ПРИШЛА СТАРШАЯ, И ЛЕГЛА С ОТЦОМ СВОИМ, А ОН НЕ ЗНАЛ, КОГДА ОНА ЛЕГЛА И КОГДА ВСТАЛА. /34/ НА ДРУГОЙ ДЕНЬ СТАРШАЯ СКАЗАЛА МЛАДШЕЙ: «ВЕДЬ Я ЛЕЖАЛА ВЧЕРА С ОТЦОМ МОИМ;

Затем ложится с отцом младшая дочь.

И далее написано так:

/36/ И ЗАЧАЛИ ОБЕ ДОЧЕРИ ЛОТА ОТ ОТЦА СВОЕГО. /37/ И РОДИЛА СТАРШАЯ СЫНА, И НАРЕКЛА ЕМУ ИМЯ МОАВ; ОН РОДОНАЧАЛЬНИК МОАВИТЯН ДОНЫНЕ. /38/ А МЛАДШАЯ ТОЖЕ РОДИЛА СЫНА И НАРЕКЛА ЕМУ ИМЯ БЕН-АМИ; ОН РОДОНАЧАЛЬНИК СЫНОВ АМОНА ДОНЫНЕ.

Абсолютно нестандартная и для многих ненормальная ситуация.

Для нашего мира, для нашего времени она ненормальная. Хотя практикуется и сегодня у многих племен – и северных, и южных. И в России у народов Крайнего Севера.

Но тут, естественно, говорится не о том, что делается в нашем мире. Эти состояния, конечно, противоестественны относительно нашего сегодняшнего общества, нашей цивилизации. Здесь же говорится о том, что Лот – источник света знания.

«Ор хохма»?

Да. Вино – один из его символов. Когда оно принимается сверху вниз (в прямом виде – «ор яшар»), то оно опьяняет. Когда оно принимается снизу вверх (в виде «ор хозер»), т. е в рамках иного намерения, чем напиться, оно веселит.

Дочери Лота – это его еще неисправленные желания. Поэтому их использование вызывает всплеск эгоизма. Далее это приводит к состоянию, когда в нас раскрывается два огромных, основополагающих эгоистических желания, которые называются «Амон» и «Моав». Вот об этом и говорится в данной главе Торы.

Нас предупреждают, что если мы будем так поступать, то породим в себе такие эгоистические желания, которые потом необходимо исправлять. И действительно впоследствии то свойство во мне, которое называется «направленным к Творцу» – свойство «Исраэль» («исра» – прямо, к Творцу – «Эль»), должно будет справляться с этими свойствами и исправлять их очень жестким путем – уничтожением и войнами.

Исправлять насильственными действиями?

Именно так. Но с другой стороны, необходимо понимать: мы сейчас читаем о тех состояниях, которые обязаны пройти. Мы непременно должны выявить в себе этот эгоизм, который называется Амон и Моав.

Выявить эти два эгоистических свойства мы не сможем, если не пожелаем получить в них свет эгоистическим, античеловеческим, антидуховным путем, приняв в них эгоизм, то есть, желая ухватить духовное в наши эгоистические желания.

Хотя это абсолютно противоестественно.

Да. Впоследствии придется все эти желания исправлять. Но сначала, в данный момент, надо эти желания раскрыть. Затем они разовьются, из них произойдут два народа (огромные желания). И потом надо будет с ними воевать и исправлять их.

Благодаря этой борьбе и этому исправлению, существующее во мне маленькое желание, называемое Яаков и направленное на Творца, вберет в себя эти желания (Амон и Моав) в исправленном виде и, благодаря этому, продвинется вперед и станет большим – Исраэль.

Именно поэтому оно становится народом?

Да. Снова речь идет о том, что сами желания мы не можем ни уничтожить, ни развить. Мы можем только исправлять их намерения. В этом-то и заключается вся борьба.

НАМЕРЕНИЯ И ДЕЙСТВИЯ – ИХ НЕСОВПАДЕНИЕ

Опять кажется, что понимание невозможно. Если человек, читающий эту книгу, говорит: «Я понимаю», – он нарушает процесс своего постижения?

Нет, проблема в том, что мы не принимаем это повествование как описание существующего только внутри нас процесса. Я воспринимаю этот текст как человеческую комедию или трагедию. Мне кажется, что все это происходит в нашем мире: в одном месте остановились странники, в другом месте – дочки напоили отца. Зачем им надо было рожать? Им не хватало детей?

По этому поводу написаны целые трактаты, проводятся философские дискуссии. Люди бьются и говорят об аморальности произошедшего в Торе.

А это очень хорошо. Это необходимо для всех религий, которые, как и вся культура человечества, базируются на Торе! Это происходит для того, чтобы подготовить нас, в итоге, пусть даже таким «дремучим» способом, к тому, чтобы когда-нибудь мы начали это правильно воспринимать. Поэтому необходимо, чтобы человек прошел через все эти метаморфозы: и соляной столб, и Лот с его дочерями, так как это развитие его эгоистических желаний. Мы все должны пройти этот путь каждый в себе, а затем и в нашей внешней цивилизации.

В «Великом комментарии» написано:
ДВУМ ВЕЛИКИМ ЖЕНЩИНАМ СУЖДЕНО БЫЛО ПРОИЗОЙТИ ОТ ДОЧЕРЕЙ ЛОТА: ОДНА ИЗ НИХ – РУТ, МОАВИТЯНКА, РОДОНАЧАЛЬНИЦА ДИНАСТИИ ДАВИДА И, В КОНЕЧНОМ СЧЕТЕ, МАШИАХА; ДРУГАЯ – НААМА, АММОНИТЯНКА, СТАВШАЯ ЖЕНОЙ ЦАРЯ ШЛОМО И МАТЕРЬЮ ЦАРЯ РЕХАВАМА.

Получается, что из отрицательного проявления эгоизма, рождается такое позитивное будущее?

Не бывает никакого отрицательного эгоизма! При сопоставлении с нашей моралью и этическими установками мы ощущаем эти явления как отрицательные в наших свойствах и чувствах. Ничего отрицательного или положительного здесь нет.

Здесь есть необходимость раскрытия нашей природы, независимо от того, в каком виде она в данный момент раскрывается. Если я понимаю пользу от раскрытия чего-то отрицательного, то я рад этому раскрытию. Если я чувствовал себя плохо и не знал, в чем дело, и, наконец, поставлен диагноз, найдена причина болезни – произошло раскрытие, так я этому рад, я знаю, что мне теперь делать.

ЦЕЛЕНАПРАВЛЕННАЯ ДИАЛЕКТИКА ДУХОВНОГО РАЗВИТИЯ

Раскрытие огромных эгоистических желаний (Амона и Моава) вдруг рождает святые имена. Рут, мать Давида...

Не сразу – нет! Сначала происходят определенные исправления.

Сами желания остаются прежними, а намерения меняются. Из этого огромного желания выделяется новое намерение, которое использует желание в правильном направлении. И это влечет за собой появление целого царства. Давид олицетворяет собой царство отдачи, царство любви. Его «Восхваления» («Псалмы») читает весь мир. В них он выразил всю связь человека с Творцом. Давид появляется, несмотря на происхождение его матери.

Его мать родом от Рут-моавитянки (свойства *малхут*), принявшей на себя законы своей свекрови (свойства *бины*).

Но снова: нельзя забывать, что мы говорим о внутреннем мире человека. Мы говорим о том, как самые низменные, самые эгоистические, самые, в прошлом, грязные, непонятные, странные с точки зрения человеческой морали поступки могут привести к исправлению и затем – к таким возвышенным состояниям.

Невозможно предсказать заранее, как в будущем может измениться любое наше свойство. Тьма, чернота и грязь оборачивается сияющим, сверкающим и святым.

Например, сидящий в человеке «убийца» – убийца возможности стать человеком, желание плюнуть на все и всех, на себя самого – сможет обратиться в человека, ответственного за судьбу человечества, желающего выявить благо Творца?

Да, мы должны понимать, что нет ничего отрицательного в нашем мире, как во внутреннем, духовном, так и во внешнем. Все зависит только от того, как мы применяем те или иные свойства.

Так все зависит от намерения? А наука каббала учит, как получить свойство отдачи? Учит тех, кто захочет научиться.

Каббала только к таким людям и обращается, а остальных совершенно не стоит трогать. Я иногда разговариваю с человеком и чувствую – есть в нем это стремление, а потом – стоп, перекрылось. Приходится свернуть беседу: «Все. Будь здоров. До свидания. Было очень приятно».

Но книги Вы пишете для всех. Вы как бы перед каждым кладете книгу?

Захочешь – откроешь, не захочешь – не откроешь. Ваша политика – «пусть стоит на полке»? Это для Вас – распространение?

Да. Как в театральных декорациях: висит ружье на стене….

До момента, когда оно понадобится и выстрелит. Вы знаете об этом. Но никакого насилия?

Сами должны раскрыть книгу.

Вернемся к Вечной Книге, к главе «И открылся». После спасения Лота возвращаемся к Саре.

Как в увлекательном художественном произведении! Меняются сцены!

/2/ САРА ЗАЧАЛА И РОДИЛА АВРААМУ СЫНА В СТАРОСТИ ЕГО, К ТОМУ ВРЕМЕНИ, О КОТОРОМ ГОВОРИЛ ВСЕСИЛЬНЫЙ. /3/ И НАЗВАЛ АВРААМ СЫНА СВОЕГО, РОДИВШЕГОСЯ У НЕГО, КОТОРОГО РОДИЛА ЕМУ САРА, ИМЕНЕМ ИЦХАК. /4/ И ОБРЕЗАЛ АВРААМ ИЦХАКА, СЫНА СВОЕГО, НА ВОСЬМОЙ ДЕНЬ, КАК ПОВЕЛЕЛ ЕМУ ВСЕСИЛЬНЫЙ.

Речь идет о рождении Ицхака[13], нового свойства.

МИЛОСЕРДИЕ – СТРОГОСТЬ И ИХ СОЧЕТАНИЯ

Свойство Ицхак – это строгость, ограничение – *«гвура»* на иврите.

Во мне рождается это свойство?

Да. Свойство, противоположное Аврааму. Свойство суда, свойство строгости, из которого исходят все остальные: и хорошие, и плохие свойства. Абсолютно все.

---

13   Ицхак (ивр.) – соответствует русскому Исаак – в Библии сын Авраама и Сары.

Это – следующая за Авраамом ступень развития. Авраам – просто свойство отдачи, хэсэд.

Это слабая ступень?

Это серьезная сила. Но нуждается в дополнении.

Дальнейшее развитие этой силы приводит ее к свойству Ицхак. Это тот же Авраам, только на своей следующей эгоистической ступени развития, когда эгоизм его развился, подрос и стал более многогранным.

Из одностороннего свойства безграничной отдачи, веры проявляется новое, противоположное свойство – желание получать, знать?

Из этого делаем вывод: ступени, следующие друг за другом, рождаются одна из другой и являются противоположными друг другу. Закон «отрицание отрицания», если помнишь.

Так и должно быть в природе. Поэтому нечего удивляться, что дети противоположны нам, а внуки – им. Мы видим из этого примера, как ступени рождаются друг из друга. При изучении каббалы мы тоже наблюдаем эту последовательность: *малхут* (желание) высшего рождает *кетэр* (самое тонкое) низшего, то есть переворотом.

Ребенок тоже рождается, перевернувшись вниз головой. И в каббале мы изучаем, что рождение новых свойств, желаний (*сфирот*) происходит именно так.

Я хочу этим сказать, что Ицхак противоположен Аврааму. И это необходимо для достижения цели. Потому что Авраам – это свойство, утоляющее, как вода: все для всех.

Ицхак – противоположное свойство, готовое на все ради движения вперед. Но при этом оно абсолютно прямолинейно: четко режет тебя, как нож.

Затем происходит необходимое сочетание этих двух свойств. Поэтому Яаков состоит уже из правильного их сочетания. И он является финальным, совершенным результатом этих противоположностей.

Поэтому именно Яаков считается родоначальником народа Израиля как носителя средней линии? А эти две предыдущие линии – в чем их роль?

И Авраам, и Ицхак существуют для того, чтобы родился Яаков.

Который после борьбы с посланником Эсава станет называться Исраэль?

Ну, это все впереди. А пока про Ицхака особенно много говорить нельзя, потому что сейчас он не может проявляться сам по себе, и Авраам начинает его исправлять относительно себя. Он подводит его к тому, чтобы из него можно было родить следующее свойство – Яакова.

Ицхак, сам по себе, – трудное состояние.

Вы сказали: «Следующая ступень всегда обратная, резко противоположная».

Да. Из нее затем происходят все отрицательные свойства и качества.

Можно ли провести параллель с восприятием нами своих детей: нам они кажутся гиперактивными. И потому мы склонны принять рекомендацию врачей давать им успокоительные таблетки?

Нет. Мы находимся совсем на другом уровне развития эгоизма по сравнению с ними. Во всех поколениях каждое следующее поколение было в чем-то обратно (но не назад, а вперед), в чем-то отлично от предыдущего. И поскольку мир развивается по экспоненте, то в наше время разница между поколениями огромная. Следующее поколение создаст еще более страшный разрыв.

Мы не понимаем детей – они не понимают нас. Мы просто принимаем как рок, что они – вот такие.

Диалог современных родителей о детях звучит приблизительно так:

– Ну, как дети?
– Все. Ушли из дому.
– А сколько им лет?

Оказывается, что одному – 15-16, другому – 17-20. Ушли из дому.

– И где они?
– Живут там-то, снимают квартиру.

Перевернутый мир, да?

Да. А вот характерный ответ более старшего поколения:

– Все нормально, дети с нами живут.
– Почему?
– А им уже к 40, они уже вернулись обратно.

Вот таким непонятным стал наш мир. Я был недавно в Риме на конгрессе, в нашей итальянской группе (это – прекрасная группа). Они считают, что просто эпидемия какая-то: в 15 – 17 лет дети уходят из дому и живут одни. Затем женятся, рожают детей и… возвращаются к маме! И мужчины, и женщины – к маме. Все возвращаются обратно к 40 годам. Вот такая интересная тенденция (и не только в Италии).

ГЛАВА «И ОТКРЫЛСЯ»

СОРЕВНОВАНИЕ И РАЗБОРКИ: КТО – КОГО

Продолжим чтение. Мы помним, что у Авраама до Ицхака родился Ишмаэль – сын от Сариной наложницы. Вот о нем пойдет речь.

/9/ И УВИДЕЛА САРА, ЧТО СЫН АГАРЬ-ЕГИПТЯНКИ, КОТОРОГО ТА РОДИЛА АВРААМУ, НАСМЕХАЕТСЯ. /10/ И СКАЗАЛА ОНА АВРААМУ: «ПРОГОНИ СЛУЖАНКУ ЭТУ И СЫНА ЕЕ»;

Я пропускаю внутреннее возражение Авраама, с которым он не смог совладать, так как все-таки это его сын. И дальше идет такая фраза:

/12/ И СКАЗАЛ ВСЕСИЛЬНЫЙ АВРААМУ: «ПУСТЬ НЕ ПОКАЖЕТСЯ ТЕБЕ ЭТО ПРИСКОРБНЫМ; ВСЕ, ЧТО САРА ТЕБЕ СКАЖЕТ, СЛУШАЙСЯ ГОЛОСА ЕЕ, ИБО В ИЦХАКЕ НАРЕЧЕТСЯ ТЕБЕ РОД. /13/ НО И ОТ СЫНА СЛУЖАНКИ – НАРОД ПРОИЗВЕДУ Я ИЗ НЕГО, ИБО ОН ПОТОМОК ТВОЙ».

Начинаются серьезные семейные разборки, которые, как говорят на наших симпозиумах и встречах, и привели весь мир к раздору и борьбе между исламом, христианством и иудаизмом.

С одной стороны, может быть и так, но я думаю, что дело в религиях, которые развились от скрытия Творца.

До тех пор, пока внутри народа Израиля (это группа, вышедшая из Авраама, Ицхака, Яакова) существовало духовное постижение, и была духовная сила, проблемы у людей возникали только тогда, когда они окунались в эгоизм. А когда поднимались из эгоизма, проблем не было ни с кем и ни с чем. Общим законом природы все были уравновешены с Творцом.

И потому, естественно, не было никаких проблем ни с Ишмаэлем, ни с тем народом, который произошел от него (я говорю на уровне нашего мира). Но если мы говорим о внутреннем состоянии человека, эти желания должны развиться в нашей душе.

Это как бы два народа?

Да. Для того чтобы стать подобными Творцу, нам надо максимально развить и соединить в общей гармонии те желания, которые свет создал своим отпечатком, своим отображением.

В течение тысячелетий рост, как человеческого общества, так и рост души внутри каждого из нас, подобен росту человеческого зародыша в утробе матери, когда растут различные органы, противоположные друг другу.

Все построено на противоположности: органы поглощают или уничтожают, вбирают в себя или выталкивают из себя. Процесс роста всегда состоит из различных этапов: впитывания, поглощения, выделения. Вся жизнь построена на двух противоположных свойствах получения и отдачи. Существует бесконечное количество их всевозможных, разнообразных комбинаций между собой. Они постоянно создают различные клетки и органы, взаимодействуют между собой, формируют новые события.

Поэтому, чтобы достичь общего подобия Творцу, слияния с Ним (уровня АДАМ, к которому мы должны прийти), нам необходимо полностью развить в себе все свойства, которые свет изначально создал в нас.

Творец оставил свой отпечаток в материале – в желании получать. Если в этом желании возникает свойство, которое называется Авраам, Ицхак, Яаков, Ишмаэль, Эсав, Моав, Амон, фараон, Аман – неважно кто, то ему надо дать максимальное развитие.

ГЛАВА «И ОТКРЫЛСЯ»

Необходимо дать возможность развиваться каждому свойству?

Именно! И только в правильном сочетании всех свойств между собой мы уподобимся Творцу.

Свойство Авраам, хэсэд, – основополагающее в движении к Творцу, но его одного не достаточно для самого этого движения.

Авраам не понимает Сару: почему она боится за Ицхака и требует отослать Ишмаэля.

Да. Хотя именно она сделала ему «обрезание» – исправление на его эгоистическое желание.

Сара – ступень более развитая?

Да. И она же говорит ему, что ни в коем случае он не может дальше продвигаться с этим желанием в себе. Если ты хочешь, чтобы родилось из тебя – именно из твоего свойства – следующее свойство, то оно может родиться только при условии, что свойство Ишмаэль будет работать самостоятельно – в правой линии. Это «клипат ямин» – еще более правая линия, чем Авраам.

Дело в том, что Авраам в себе уравновешен. Свойство милосердия, свойство отдачи, свойство воды, оно уравновешено. А Ишмаэль – крайне правое свойство («*клипат ямин*»). И в этом проявляется его неравновесие. Но он уравновешивается Эсавом – крайне левым свойством («*клипат смоль*»).

Крайность – то, что в нашем мире называется фанатизмом?

Отчасти мы это и видим. Это тоже отражение определенного свойства.

Именно поэтому Сара, гораздо более продвинутое желание внутри нас, говорит: «Дай ему развиться самому, отправь его».

У свойства Авраам есть несколько желаний: это Агарь, это Сара, наложницы (Ктура, например), которые родили ему еще многих детей, и которым он передал общую идею развития и тоже отправил от себя.

Различные восточные философии и верования – это все идет из одного центра – из свойства хэсэд, Авраам?
Верно.

И все признают это?
Я не спрашиваю их о признании и понимании, потому что это не имеет никакого значения.

МНОЖЕСТВЕННАЯ РЕАЛЬНОСТЬ

Главное для вас – раскрывая каббалу, показать внутреннюю подкладку этих «историй», описанных в Торе. Но это нелегко – ведь каждое слово несет много смысловых нагрузок. А сочетания слов! Кажется, этому нет конца.
Да. Эта Книга – бесконечная.

Получается, что, как в капле воды раскрывается все море, так в одной строчке – вся Тора.
Каббала говорит: «В каждой точке мироздания существует все мироздание».

Как в голографической картинке. Потому что все состоит из всего. Мы в нашем мире только сейчас начинаем это понимать, хотя до сих пор не осознаем всей глубины этого состояния – как такое может быть? Но когда существует совершенство, то каждая его часть должна быть совершенна. Как она может быть не совершенна, если она должна быть равна, подобна и абсолютно во всем повторять целое?

Поэтому получается, что и целое, и часть – равноценны. Каждый человек и весь мир – абсолютно равноценны.

Всегда спрашивают как из совершенного, бесконечного Творца создалось нечто несовершенное, преходящее? Это так?

Нет. Он создал не из Себя, Он создал из ничего.

Из ничего?

Желание насладиться является Его отпечатком.

И создалось все-таки что-то совершенное? Мы совершенны?

Нет. Нет, пока что мы абсолютно противоположны Ему. Наше конечное состояние равно Ему и совершенно. Но этого состояния мы должны достичь сами.

Мы как бы скатываем дорожку, возвращаемся? И становимся все более и более совершенными? Это и описывает Тора и все книги каббалы?

Да.

Чем более стремимся к совершенству, тем больше страдаем – в результате, создается именно такое ощущение.

Страдаешь больше, да... Так происходит с родителями: с маленькими детьми меньше проблем, с взрослыми – больше.

На уроке Вы приводили яркий пример того, как Творец нас слышит.

Вопрос был о том, как мы, такие маленькие, можем «двигать миры»? Вы сказали: «Когда младенец издаст лишь писк – к нему тут же бежит мама и дает еду. Когда приходит десятилетний ребенок и просит поесть – мама отвечает: "Иди на кухню, я тебе все приготовила"».

Наш писк – он самый сильный.

Он самый сильный? От нас, самых низших, которые еще только начинают свое движение?

Да. Но начинают! Желают войти в контакт. Да, он самый сильный.

Тот, кто издает этот писк, он понимает, что происходит?

Нет, не понимает, как и ребенок в люльке, который кричит. Он не понимает, что происходит. Он даже, может быть, не осознает, что кричит. Просто ему больно, и это естественный крик. Он не задумывается, что таким образом может позвать мать, и она придет и что-то ему даст. У него нет понимания всей цепочки действий, которые он вызывает. Он просто кричит, что является естественной реакцией животного на то, что происходит в нем.

А тот, кто начинает читать Тору и другие книги каббалистов, он учится понимать, что ему необходимо?

Да, конечно. Но для этого надо не просто так читать. Чтение Торы как беллетристики тут не поможет. Необходима Книга Зоар, чтобы начать понимать хоть в какой-то мере внутренний смысл Торы.

Глава «И ОТКРЫЛСЯ»

Но я и имею в виду не внешний, а внутренний подход к чтению, который направлен на поиск себя, на то, что это есть во мне.

Кроме того, необходим еще и свет – помощь Творца. Книга Зоар быстрее способна вызвать этот свет. По сравнению с Зоаром, особенно с комментариями Бааль Сулама, другие книги более закрыты.

Ваш совет – слушать, читать, даже и не понимая пока?

Да, мой совет, потому что я проходил это с моим Учителем – сыном Бааль Сулама – РАБАШем. Мой совет, потому что это так. Это просто – так.

Я рассказывал, что у нас Зоар изучался всего полчаса в день, вечером перед сном.

Просто чтение без всяких пояснений?

Просто чтение Зоара с комментариями Бааль Сулама – без дополнительных пояснений. Сидел рав Барух Ашлаг, возле него десятка два человек, и все читали по очереди: один, второй, третий. Просто прочитывали страницу или две – и все, шли домой. Этим заканчивался день.

Но когда РАБАШ занимался со мной индивидуально в наших совместных поездках, во всех личных разговорах или учебе – там было другое отношение.

Мы приходили в парк, ходили пешком. Потом РАБАШ садился на скамью, я доставал книжку, и он занимался со мной – по книге или без нее. Иногда более двух часов мы разговаривали. Затем – еще один круг пешком и – домой. И так в течение 12 лет.

УЧИТЕЛЬ ВЫБИРАЕТ УЧЕНИКА?

Вы задавали вопросы? Требовали от него ответа?

Нет. Дело в том, что есть времена, когда ученик не понимает вопроса или в нем нет вопроса, в нем нет требования. Это постепенный процесс.

Ответ не идет сразу, а лишь на созревший до конца вопрос. Как в математике: понять вопрос – это половина ответа.

Иногда бывает, что проходят месяцы или даже годы, пока в ученике возникает вопрос, требование к Творцу через учителя.

Есть много вопросов, которые ученик не может выразить. Есть такое, что иногда в нас будто что-то стоит, а выразить это не получается.

Есть много таких состояний, когда в ученике остаются вопросы, и он не хочет задавать их. Что-то сдерживает его задавать эти вопросы учителю.

Мне знакомо такое состояние.

Есть много состояний, когда к Творцу нет обращения. Что-то скрывается как бы от Него. Какая-то защита, дистанция, и никак нельзя ее пробить. Как бы изоляция, расхождение. В таких состояниях ученик может оставаться годами.

Учитель тем временем может уйти в мир иной. Вопросы остаются. Зависит уже от ученика, как потом он сможет подать их Творцу. Конечно, ежедневные серьезные занятия подготавливают ученика к тому, чтобы самостоятельно двигаться и выявлять эти вопросы уже без учителя.

РАБАШ чувствовал, когда он должен Вам ответить, а когда – нет? Вы это ощущали?

Конечно! Он был откровенен. Он не просто давал или не давал ответ, он хотел объяснить – дает или не дает ответ.

Потому что этим ты обучаешь, готовишь методиста, будущего преподавателя. Ты ему объясняешь: и ответы, и вопросы, и как отвечать, и как надо спрашивать. В этом заключается искусство общения учителя с учеником: учитель должен научить учеников, как спрашивать, чтобы была какая-то коммуникация.

РАБАШ знал, что готовит из Вас методиста?

Это, по-моему, знают все. Мы недавно были с Дороном Гольдиным у моего товарища из прошлого – Джереми Л., его жена скончалась довольно молодой... Я еще помню, как у себя в Реховоте, в пентхаузе, мы делали им «шева брахот» – специальную трапезу после свадьбы.

Сидим мы у Джереми, и он говорит: «Я теперь вспоминаю, как один раз вместо тебя я поехал с РАБАШем на море, потому что ты не хотел ехать. Было такое состояние – ты не хотел ехать, не мог ехать. И РАБАШ сказал: "Давай позвоним Михаэлю". Я позвонил и говорю тебе: "Рав хочет с тобой разговаривать". А ты отвечаешь: "А я с ним разговаривать не хочу!". Я сказал об этом РАБАШу и спросил: "Как же такое может быть?!". РАБАШ говорит: "Вы не знаете, что там у него за состояние..."».

К чему я это говорю? Что он, конечно, готовил меня.

Как учитель выбирает ученика?

Это не зависит от человека. Это не зависит ни от кого, и от меня в том числе. Это просто находится в общей системе.

Приходите Вы, с двумя высшими образованиями к старику, который в университетах не учился...

Нет. Это совершенно не имеет значения.

Вы – из России. Он – из Польши.

Кстати говоря, у нас с ним была общая ментальность. Я родился в Витебске, он – в Варшаве. В свое время Витебск входил в состав Польши. У моего отца было польское подданство.

Потом перед войной что-то разделили, соединили. РАБАШ работал учителем в тех местах. Даже названия еды, питья, домашних предметов, утвари – все это было ему близко, понятно. Ему очень нравилась еда, которую готовила моя жена. Мы очень понимали друг друга! Ментальность была очень похожа. Я не знаю, как с Бааль Суламом – это совсем иной духовный уровень, но на уровне физическом, я уверен, было бы то же самое. И это помогает.

Все-таки для ученика, который находится на маленьком уровне, общая ментальность действительно очень существенна.

«ЗАПЛАКАЛ РАББИ ШИМОН»

Как Вы чувствуете этот клик, понимаете, что это Ваше – сразу или нет? Как это происходит?

Это невозможно описать, я не знаю. Я вижу, что люди, которые находятся с тобой рядом, тоже начинают входить в такое же состояние.

Потому что испытывают воздействие Высшего света. И когда он действует на еще не полностью раскрытое кли, он вызывает в нем состояние растроганности, повышенной чувствительности, такое, что называется, маленькое состояние. В нас в таком случае происходит то же самое,

ГЛАВА «И ОТКРЫЛСЯ»

что и в ребенке, который начинает плакать потому, что не может осознать свое состояние или вместить в себя то, что должно в нем произойти.

Возникает такое ощущение, что в будущем это произойдет здесь? И с этим учителем, и на этом месте? Есть такое?

Конечно, да.

Вдруг приходит такое состояние, как будто будущий свет так действует на человека, что держись!

Конечно! Ор макиф. Действует окружающий свет – свет будущего состояния. Потому он и окружающий, что пока не может войти в тебя. Ты еще слишком маленький, поэтому чувствуешь себя относительно него – что-то нашел! А что – не знаешь.

Он как бы говорит: «Держись за него, здесь что-то будет», – да?

Конечно. И понятно, что при этом человек уже не может пропасть, исчезнуть – уже невозможно оторваться от этого источника.

В моей программе «Портреты» гости передачи рассказывают, как они пришли в каббалу, как вдруг что-то ощутили, как прошли через все страдания. Все находятся в такой сумасшедшей растроганности. Эта передача – самая востребованная зрителями. Они видят: сидят двое, беседуют. Но вдруг... невозможно всего этого до конца объяснить. Вдруг плачет человек и не стесняется своих слез, говорит, и приходит в такое состояние...

Потому что окружающий свет больше, чем наш духовный сосуд. Свет светит, а войти ему не во что, т.е. нечем его постичь. Вот тогда и возникает это состояние: слезы – они капают как «сдача», от излишка.

В духовном тоже есть такой процесс: слезы – «*дмаот*» на иврите. Они также выделяются наружу. Почему? Потому что ты не можешь вместить в себя это ощущение, потрясение. Избыток и выделяется в виде слез.

Слезы на иврите – «*дмаот*», а кровь – «*дам*». Есть общее?

Да, и кровь, и слезы – виды духовных состояний.

Слезы – переполнение, ощущение, что перед тобой нечто такое огромное, что оно переполняет. И так происходит на всех ступенях! «Заплакал рабби Шимон», – в Зоаре часто так написано.

Почему говорится, что слезы – это малое состояние?

Малое, потому что нет сосуда. Как состояние ребенка!

Малое состояние – ты не можешь вместить в себя всего огромного света, который стоит перед тобой. Слезы выделяются из-за незавершенности твоего сосуда. Ты не можешь иначе ответить на это огромное влияние на тебя.

РАДИ УЧЕНИКА СУЩЕСТВУЕТ УЧИТЕЛЬ

Я хотел бы поговорить о каббалисте – учителе и его ученике. Как происходит передача информация, чувственная передача. Когда-то в фильме «Диалоги о каббале» Вы сказали, что в определенный момент ученик и учитель – это как один кровеносный сосуд, одна

кровеносная система. Все пропускается, все проходит через учителя…

Учитель, в принципе, существует ради ученика. Это однозначно.

Для чего существуют родители? Они рождают, воспитывают и умирают. Следующее поколение рождает, воспитывает и умирает. Все существует для какой-то определенной цели.

На уровне нашего мира осознания этой цели нет?

Цель – выше нашего мира, в душах.

В духовном мире никогда никакая ступень не существует сама по себе, вне связи с общим – ради себя. Все существует только ради достижения конечного состояния, конечной цели – слияния с Творцом всех душ вместе взятых.

Поэтому учитель, все его существование, направлено только на подготовку ученика. Сделать ученика таким, чтобы он, соответственно, подготовил своих учеников.

То есть учитель ждет своего ученика? Это его жизнь?

Да, конечно!

Он готовит себя к приходу ученика?

Так Бааль Сулам и пишет!

Когда я занимался с РАБАШем, мне было абсолютно понятно, что я должен готовиться к тому, чтобы преподавать.

Я сразу же начал записывать уроки на магнитофон. Я начал сразу же чертить. Я начал сразу же вести все записи – все, что только можно. Записывать все, что он мне говорил во время учебы, прогулок, поездок. Записывал все его высказывания и пояснения во время изучения ТЭС и статей. Затем я начал систематизировать эти материалы, приводить их в порядок.

Это потому, что у Вас характер такой академический?

Создан я, наверное, и с таким характером. Но дело в том, что я точно знал: все, что я возьму от учителя, надо будет передавать дальше. У меня было абсолютно четкое ощущение, что я существую для того, чтобы получить от него все, что смогу

РАБАШу было тогда 74 года. Я не знал, сколько лет пробуду рядом с ним, но был уверен – после всех моих мытарств и поисков, и смены учителей, я знал, что именно от него я должен получать.

А РАБАШ – и по духу, и по подходу, и по источнику, и по своему характеру, и по своему желанию, и по готовности момента – был полностью на это направлен: передать все для всех. Ведь десятилетиями РАБАШ писал статьи к Зоару и Торе, раскрывающие внутренний смысл этих книг. И поэтому и он, и я знали, что я буду должен передать все полученное мною.

Даже свой архив передал вам…

И сразу после ухода РАБАШа от нас, я постепенно начал издавать материалы архива. Сразу раскрыл его всем моим товарищам, всем его ученикам, дал переснять все оригиналы. И все они сняли копии с оригинальных источников. Только пользуйтесь – я все отдал, чтобы все кассеты с записями уроков, статьи, заметки, комментарии были у каждого.

И Вы успокоились: это не лежит в столе у вас, а находится у всех?

Да. Я сделал то, что должен был сделать.

Ваше отношение к РАБАШу – как сына к отцу? Ученика – к учителю? Чего больше? Сына к отцу или ученика к учителю?

Ну, конечно, сына. Это сын и отец. Но и не совсем, не существует таких особенных состояний между сыном и отцом. Здесь ощущение родства. Очень серьезное, очень явное.

Это была очень близкая связь?

Да. Когда я пришел к РАБАШу, я услышал нечто. И потом долгое время не понимал, что значат эти слова. Помню, что еще в первую неделю, когда я «крутился» вечерами там, где он преподавал, я видел, что среди учеников «ходит» какое-то письмо.

Передают друг другу копию письма Бааль Сулама «Рэмэз кинот». Потом оно вошло в книгу «Услышанное» («Шамати») вместе с другими записями бесед РАБАШа с его отцом-каббалистом Бааль Суламом.

И я у РАБАШа спросил: «А как же мне это взять? Как мне это понять?». РАБАШ сказал: «Самое главное для тебя – это достичь учебы *«пэ эль пэ»* – из уст в уста.

Что это значит? Я не понимал тогда, то есть я слышал когда-то, что есть передача через написанное, через услышанное, а есть прямая «уст в уста», если буквально перевести.

И РАБАШ так сразу и заявил мне: «Если хочешь прочесть, что там написано, возьми. Но чтобы получить (*лекабель*), воспринять внутреннее, для тебя самое главное – учеба *«пэ эль пэ»*.

Что это такое?

«ПЭ ЭЛЬ ПЭ» – В ЕДИНЕНИИ ДУХОМ

Это когда ученик подстраивается под учителя во всем.

Устраняет свое я – прежние представления и понимание?

Это трудно, мягко говоря. Потому что существуют огромные силы противодействия. Это не просто, как мы в спокойной обстановке вместе занимаемся. Единение «пэ эль пэ» стоит против огромных помех.

Как Вы находили силы для этого?

Не думаю, что я был самым удачливым или сильным. У меня были очень большие срывы. Идешь, идешь вместе, и вдруг ты срываешься. И ты ничего не можешь сделать, и возникает противоречие: «Ну, как же может быть?! Не так он делает! Не так он думает! Не так поступает! Я должен по-другому! Я… Я… Я…!».

И это невозможно исправить. Наверное, надо пройти свой путь и таким образом. О том, что было, мы должны сказать: «Это все так и должно было случиться».

Но надо пытаться, конечно, сделать так, чтобы все происходило в абсолютном внутреннем слиянии. Это и называется *«пэ эль пэ»* – «дух к духу».

Вы рассказываете о тех отношениях, которых сегодня нет между учеником и учителем.

Во-первых, со стороны учеников я не вижу, чтобы это было возможным между мной и кем-то из них. Во-вторых, та глобальная волна, которая сегодня поднимается, не направлена на то, чтобы соединиться, слиться с учителем и, таким образом, «пэ эль пэ» воспринять от него духовное. Ее предназначение – найти духовное между собой и другими, скрупулезно выполняя все указания преподавателя.

Тогда учитель становится ученикам не как отец и Учитель с большой буквы, а является их руководителем, инструктором в пути, то есть направляет, показывает, сопровождает группу учеников.

Так мы, ваши ученики, в каком состоянии находимся?

Мы находимся в таком состоянии, что являемся первопроходцами. Так что трудно сказать, на самом деле, как должно быть.

Уже после меня ученики, сегодня они молодые, раскроют в себе то, что в них заложено, и увидят, как дальше себя вести. Но все равно, то, что сейчас происходит, будет в них говорить и ими двигать.

Почему Вы так в этом уверены? РАБАШ ведь тоже начал с того, что стал писать статьи для создания группы. Через какое-то время он почувствовал, что не удастся создать такую группу и перешел на индивидуальное общение с Вами – его учеником.

Занятия со мной были еще до группы. Я пришел к нему за несколько лет до того, как привел остальных учеников.

А сейчас – хоть стреляй в Вас, хоть убивай – Вы все равно возвращаетесь к своей фразе: «Только соединение между учениками, только это приведет к прорыву».

Мне кажется, сегодня не может быть иной возможности выйти в духовный мир. По-другому не получается.

Почему? Почему снова не может быть выбора ученика и индивидуальной работы с одним учеником, который после Вас остается и ведет других за собой?

Ни я, ни один из моих учеников не настроены – нет установки на то, чтобы начинать такую личную работу.

А РАБАШ был настроен на это?

У него не было выхода, так же, как и у меня. Я абсолютно точно говорю.

Кроме того, были предпосылки, я действительно очень хотел, хотя абсолютно не подходил под это по своему характеру

Я человек, который создает, командует, видит вперед – ошибочно или нет – это другое дело. Но я тот, кто хочет реализовывать, кто хочет рожать из себя, порождать что-то новое. Я не тот ученик, который подстраивается под учителя и, как маленькая рыбка, плывет рядом с большой рыбой – нет. Но все равно так получилось. Свыше.

Думаю, что сегодня из-за глобального духовного подъема в человечестве, такое индивидуальное единение с Учителем просто невозможно.

Сегодня возможно только совместное усилие учеников в совместной работе, нескольких десятков из сегодняшних моих учеников. По совместному управлению, по совместному обучению человечества. Это принесет еще большие плоды, чем один я, если они смогут между собой так работать. Они более-менее известны. Каждый из них по отдельности не сможет вести за собой, все вместе – да.

Еще такой вопрос. Вдова РАБАШа Фейга в беседе со мной высказала такое мнение: «РАБАШ, который хотел передать самое нужное – внутреннюю часть каббалы – искал человека, подходящего для этого и «притянул» Вас, готового получить и отдать».

Да.

Но РАБАШ не так активно занимался распространением каббалы, как его отец Бааль Сулам?

ГЛАВА «И ОТКРЫЛСЯ»

РАБАШ не мог этого делать.

ЭТО БЫЛА РЕВОЛЮЦИЯ?

Вдруг Вы приходите и приводите еще 30 молодых людей – и тут начинается… революция.

По моей просьбе РАБАШ стал печатать еженедельные статьи. Хотя и раньше он писал пояснения – в плане внутренней работы – к Зоар и другим источникам каббалы.

Почему он согласился?

Потому что я привел учеников. Он говорит: «Ну, а теперь преподавай. Раз в неделю собирайтесь, – расскажи им, как надо организовываться вместе».

Я говорю: «А я не знаю ни одного слова. Что значит – "организовываться вместе"? Я разве этому обучался? Я не знаю. Мы с тобой вместе ездим в парк, разговариваем. Я знаю личную духовную работу, то, что я прошел, или то, что я немножко слышал теоретически дальше. Но как организовывать духовную группу, как у рабби Шимона, из десяти человек?» …

Я говорю: «Рав, мне нужны тезисы. И я буду говорить по готовому». Дал ему обертку из-под пачки сигарет, эту фольгу алюминиевую, на обратной стороне она белая. Подложил под нее книжку (всегда я ходил с чем-то, что хотел у него спросить). И все. И он написал заметки к первой статье о группе: «Мы собрались здесь для того, чтобы заложить основу для нашего нового общества, которое будет двигаться к Творцу по системе Бааль Сулама… – и не оставаться на уровне животного, а подняться до уровня человек».

Собрались ребята. Я зачитал то, что было записано – прямо с этой обертки. Рассказал то, что можно было еще дополнить. Они поговорили между собой, я – с ними, и так далее. Вот, в общем, и все.

Что дальше? Через неделю снова надо собираться. Я снова спрашиваю: «Ну, а о чем на этой неделе я буду с ними говорить?» РАБАШ отвечает: «Надо подумать». И снова написал на листочке. Так и пошло.

Потом дальше. Что писать от руки, на листочке? Я говорю: «Мы купим машинку». Начали искать печатную машинку. Пока нашли… Тогда уже переходили на электрические машинки. Он не мог с ними. Сначала – такую, потом – другую. В общем, ничего, приспособился, стирал сам ошибки. И начали складываться статьи: по пять-восемь страниц, а некоторые до 12-18.

Каждую статью я брал утром в четверг, шел ее размножать. Копировал 40 – 50 экземпляров. Раздавали эти листочки вечером.

И на еженедельных собраниях мы уже читали статью.

Собрался пятитомник?

Да. «Китвей РАБАШ» – Написанное РАБАШем. Записки РАБАШа.

Кроме того, у меня есть еще много других записей РАБАША, из них собираются книги, «Шамати», например. Это то, что он слышал от отца. Есть еще всевозможные наброски, отдельные заготовки статей и так далее.

До этого РАБАШ писал мало?

Были письма. Всякие заметки. Много писал на полях книг – Зоара и ТЭС.

Но не для того, чтобы это передать дальше? А здесь у

него была точная мысль, что это пошло, да?

РАБАШ считал, что просто некому передавать. Такое состояние человека трудно объяснить. До 75 лет, пока я к нему не пришел, он практически не издал ничего, не написал ничего. Он не позволял своим ученикам ничего записывать. Не позволял!

Когда я к нему пришел – как только я начинал что-то записывать, он умолкал. Это просто ужас! А я говорю: «Я студент (этим я его купил): если я не пишу, то я и не слышу. Я должен вот так – от уха к перу».

Мы ему объяснили, что в университете занимаются таким образом: профессор говорит с кафедры, а ты сидишь и пишешь конспект, иначе не занимаются люди. Потому что книг есть тысяча, а тебе надо именно то, что рассказывает этот преподаватель. «Со скрипом», но РАБАШ согласился.

Потом я его потихоньку убедил, что надо записываться на магнитофон. О! Это была проблема!

Революция?

Да, это была революция. «Это я расскажу что-то, что будет записано моим голосом?! То, что ты пишешь, – это я сказал – не сказал: это ты записал. А моим голосом чтобы было записано?! Чтобы ты потом… Не знаю: куда это может деться и кто как этим воспользуется!».

Что это за страх был у РАБАШа?

Не знаю. Это переход из состояния изгнания, галута, к состоянию раскрытия.

Я видел, как это постепенно в нем рождается, как он переходит этот Рубикон. Это просто ужас! Отказаться от этого галутного состояния…

Но, в результате, РАБАШ позволил записывать все уроки

на магнитофон. Даже Ваши индивидуальные занятия с ним – все записано.

Затем я начал делать чертежи и записи, магнитофонные и простые. Начал собираться материал. Все же не просто. Сегодня знаешь так, а завтра понимаешь по-другому. Сегодня записал так, а завтра ты не понимаешь, что записал. Начал накапливаться очень серьезный материал. И я был абсолютно уверен в том, что собираю его не для себя.

Человеку для себя, когда он развивается, этого не надо. Мы никогда не смотрим в прошлый материал. Нам надо следующее, будущее. Хотя, если посмотришь назад, ты увидишь, сколько там раскрываешь. Но так устроена жизнь, что каждый день должен быть все-таки новым, несмотря на то, что из вчерашнего ты можешь взять намного больше. Так складывается начало и конец пути.

Итак, РАБАШ совершил переворот: принял учеников – нерелигиозных, абсолютно чуждых ему по ментальности?

ПРИХОДЯТ К ТЕБЕ СОРОК УЧЕНИКОВ

Да. Вдруг приходят к тебе сорок учеников: абсолютно неверующих, из Тель-Авива, такие странные для всей твоей общины, для той среды, в которой ты находишься более полувека. И ты их принимаешь. И начинаешь обращать внимание на них! И ты начинаешь отдавать им все свое сердце. Это, конечно, поступок! И все происходит в Бней-Браке в закрытой общине!

Когда на него смотрят тысячи глаз людей религиозных.

Конечно! Это было что-то непонятное, ужас какой-то был! Никто не понимал: «Что? Ашлаг начал обучать неверующих, тель-авивцев, пацанов?! Молодых, не женатых?! Пришли к нему и начали заниматься! Как это может быть?!».

Все привыкли трактовать буквально сказанное, что можно заниматься каббалой только после сорокалетнего возраста. А я привел к РАБАШу двадцатипятилетних! Все привыкли к утверждению, что каббала только для тех, кто уже знает Талмуд и все прочее. А я привел к нему ребят, которые вообще ни разу не раскрывали эти книги. Даже презирали их! Ты понимаешь? Они покрывали голову – надевали кипу – разве что на похоронах или когда что-то случалось, и больше никогда – только по принуждению.

Таких людей РАБАШ принял заниматься каббалой против всех закоснелых установок! Не достигших сорока лет, не женатых, не «наполнивших себя» предыдущими знаниями Торы. Как такое может быть?! И мой Учитель пошел на это.

Откуда у него смелость на это? Этим РАБАШ доказывал, что пришло время для нового, настоящего, раскрытия каббалы в массы?

Я думаю, что он увидел возможность следующего шага и не мог удержаться. То есть он совершил духовную революцию.

Конечно, Бааль Сулам мог бы сделать то же самое. Он пошел бы на все! Это был человек, готовый ломать все рамки. А РАБАШ не мог себе этого позволить. Он не чувствовал себя на такой высоте. Он всегда чувствовал себя под своим отцом.

Даже на фотографиях: Бааль Сулам стоит – у него взгляд направлен вверх. РАБАШ рядом с ним – взгляд вниз. Это выглядит очень символично.

И все-таки РАБАШ согласился, чтобы Вы привели новых учеников.

И откуда?! От доктора Берга, которого все религиозные ругали, проклинали! Из того самого «Центра каббалы». Я пришел туда и предложил бесплатно преподавать – и не тем, кто приходит на лекции, а именно преподавательскому составу. Доктор Берг согласился.

Это тоже поступок. Берг согласился, хотя, наверное, понимал…

Я тебе скажу: «Он понимал». Да-да-да. Берг сам – но не его сыновья впоследствии. Я их знал с шестилетнего возраста. Они у меня в доме бывали и с моим сыном играли – они одногодки. Сам Берг понимал.

Что тоже похоже на какую-то революцию?

Он понимал, что таким образом он дает им шанс. Поэтому, когда я сказал Бергу, что могу им преподавать «Введение в каббалу», «Введение в Книгу Зоар» – основополагающие статьи, он не мог не согласиться. Хотя, может быть, он и мог предположить, что это вызовет в них какие-то движения от него, но точка правды в его сердце была. Это несомненно! Зачатки этого в нем были очень сильны.

Просто потом, когда пошли деньги и всякая «американщина», он уехал туда, и все это его, конечно, похоронило под собой – вся эта блажь: святая вода, красные нитки…

Мы с ним разговаривали много. Это был человек с очень хорошими задатками, который изначально стремился к духовному. Но вот – судьба.

И я должен сказать, что то, что он разрешил мне преподавать, действительно исходило из этой истинной точки в его сердце.

ГЛАВА «И ОТКРЫЛСЯ»

Наверное, невозможно понять, как трудно для раввина, всю жизнь прожившего в религиозном окружении, – я говорю о РАБАШе – вдруг решиться и принять тех, кто к религии вообще не имеет отношения.

СЛИВАЮТСЯ ВМЕСТЕ СТРАХ И СИЛА

И да, и нет. Объясню – почему. Духовный путь ставит человека, с одной стороны, в состояние постоянного страха: ты – как зайчик под кустом, потому что опускает тебя до самого низа. И с другой стороны, одновременно поднимает тебя вверх – до самого верха.

Ты находишься между этими двумя полюсами, и у тебя не остается выхода. С одной стороны, чувствуешь: «Как же это возможно?!», – и буквально трясешься от каждой пылинки, от каждого упавшего листика, как тот зайчик. С другой стороны, понимаешь, что выхода нет – я обязан.

Я это почувствовал потом. Думаю, что и мои ученики постепенно начинают понимать этот разрыв, который существует в подходе к миру в каждой душе.

Есть два вида страха: просто страх («ира») перед Высшим и страх, трепет, от видения величия и силы Творца. Эти две противоположности должны быть в каждом из нас. Чем больше они отделены друг от друга, тем человек мощнее. Он всегда будет бояться, даже непонятно, чего (есть разные страхи, тревоги и прочее) – испытывать ощущение величия, силы. То есть ощущение, что тебя ничто не останавливает.

В РАБАШе был этот высший страх, происходящий от видения Высшего?

Конечно, как у великого каббалиста, у него был и нижний, и высший страх.

Это чувствуется как какой-то момент?

Не просто момент. Это постоянно сопровождает тебя, ты не можешь от этого уйти. Это состояние, в котором сливаются вместе страх и сила. Это дает тебе возможность идти вперед, постоянно сомневаясь, и все равно идти, реализуя себя. Поэтому РАБАШ на это пошел.

Были страшнейшие проблемы с его родными. Мы должны понять: в религиозном обществе самое главное – удачно женить или выдать замуж детей и внуков, обеспечить им нормальное существование и хорошее окружение. А если наш дедушка – АдМоР (Адонейну (господин), Морейну (учитель), Рабейну (рав) – унизил себя связью с какими-то там неверующими, тель-авивцами, непонятно с кем…

Кто захочет свататься к его внукам и внучкам?

Да! Что вообще было! Притом война между ашкеназскими и восточными евреями. Пренебрежение со стороны ашкеназских евреев к выходцам с востока.

А тут я привел к нему такой набор из тех и других. Всю общину, окружавшую РАБАШа, это поначалу повергло в шок. Такого не было никогда! Появляются 40 парней, молодых, из кибуцев, родители которых – выходцы из разных стран. У них нет общего ничего ни между собой, ни между ними и хасидами – ничего, кроме того, что хотят изучать каббалу.

Надо было срочно менять обстановку, приводить все к общему знаменателю. Здесь нужна была большая работа.

Поначалу я отдавал этому много времени и сил, а потом потихонечку отошел, потому что понял, если я в этом увязну, то мне не видать себя. Я сказал себе: «Все. Я не могу быть в этом». И поэтому стал просто исполнять распоряжения РАБАШа: «Иди к ним, скажи то-то делать, так-то выполнять», – чтобы привести их в какой-то порядок, чтобы не так выделялись. Распорядок дня составили. Переженить их надо было. Сколько мне это стоило, пока мы нашли им невест! Каждую неделю было по две свадьбы.

Но опять я как-то быстро отошел в сторону. РАБАШ не прекращал индивидуальных занятий со мной. Мы по-прежнему выезжали в Тверию, ездили каждый день в парк или на море. На занятиях в три часа ночи присутствовали уже не 5-6 человек, а больше 40.

Я хочу задать вопрос. Так или иначе, он был уже старый человек. Вы знали, что он оставит вас. Вы готовили себя к этому?

Мне было совершенно ясно, что в том окружении, в котором он находится, я даже на один день никогда не останусь после того, как его там не будет. Я существую в этом месте и с этими людьми только ради него. Только из-за него! Как только его не будет – не будет там и меня.

РАБАШ УШЕЛ

РАБАШ ушел. И я помню, как он умер у меня на руках в больнице. Никого из родных и учеников не было – только я один рядом с ним. Была пятница... Я позвал врачей, они пытались реанимировать его. Он умер, а я позвонил, плача, сообщить всем, что у нас нет уже нашего Учителя.

В тот же день были похороны, часов в 11 утра. Поехали в Иерусалим... Это все я помню как во сне. Много людей, телеграммы от видных раввинов. Потом были статьи в религиозных газетах.

И я все-таки подумал тогда, что мне нельзя так вот просто отрываться. Хотя я предполагал, что должен буду это сделать. Но я думал: «Нет, надо как-то реорганизоваться все-таки в той же системе, в том же обществе. Ведь все говорится об окружении, все говорится о группе – надо что-то делать». И я пытался. В итоге получил отторжение от них, они – от меня. И все раскололось на много частей.

Есть группа, которая осталась в Бней-Браке, занимается в синагоге. Есть еще малые группы по всей стране. Все люди разбросаны...

Но я считаю: наверное, как должно было произойти, так и произошло.

То есть Вы прокручивали для себя этот фильм?

Да. Абсолютно точно. Да!

Думали, что будет после смерти РАБАШа?

Да. Нет сомнений. Да. Я и с ним, примерно, намеками даже говорил об этом. А почему не говорить?

Сегодня я могу говорить о том, что будет завтра, то есть после того, как меня не будет. Я говорю, что должна быть группа, такая же, как сейчас. Ядро группы – это те люди, на которых я и сегодня могу положиться. Я могу назвать их имена. Эти люди совместно могут правильно вести группу и ни в коем случае не поддаваться никаким другим мнениям, которые тут же могут выскакивать, потому что меня нет рядом...

Что случилось после смерти РАБАШа? Сразу же появились выскочки: каждый – умный. При Учителе он сидел где-то в углу, а сейчас, понимаешь ли, почувствовал, что все равны.

Ничего подобного! Никаких равных нет. Есть люди, которые, действительно, по своей внутренней подготовке, по связи со мной чувствуют, у них есть внутренняя самодисциплина, они могут вести это дело дальше. А есть такие, которые не могут, не в состоянии, не понимают, не осознают, еще недоразвиты внутренне для того, чтобы быть внутри этой системы управления, ядра. Поэтому, я думаю, так оно и сорганизуется.

Я знаю, что характер РАБАШа был покруче Вашего. Как Вы с Вашим характером умели совладать с его характером.

РАБАШ справлялся со своим характером, я – со своим. С трудом...

ПРЕДАННАЯ УЧЕНИЦА. И ОНА ХОЧЕТ СЛУЖИТЬ МНЕ

Расскажите еще об одном факте из жизни РАБАШа: после того, как скончалась его жена, рабанит Йохевед, РАБАШ снова стоял под хупой – в 84 года женился. Как это было?

Было так. После семи дней траура происходит посещение могилы. Мы возвращались с посещения могилы его первой жены. Помню, от кладбища подъезжаем к основной дороге в Иерусалим, возле Садов Сахарова поворачиваем налево, и на этом спуске он мне сказал: «Ты обязан найти мне жену».

Я не знаю, что делать. Я знал, что он этого захочет! Я знал, что РАБАШу как каббалисту это необходимо. И предполагал, что это будет Фейга.

44-летняя Фейга, которая три года ухаживала за парализованной рабанит Йохевед. Которая оставила

Иерусалим, работу врача и переехала в Бней-Брак, чтобы учиться у РАБАШа по статьям, книгам, участвуя в собраниях женщин – жен его учеников...

Тогда я сказал ему: «Вот, предлагают пожилых религиозных женщин. А что – Фейга? РАБАШ говорит: «Это – преданная ученица. И она хочет служить мне. И если она очень хочет, вряд ли нам удастся найти какую-то другую, потому что ее молитва-желание сильнее всего остального». Но надо поступать, как водится: «Продолжай подыскивать»...

Подбирать женщину, которая согласилась бы на брак с 84-летним человеком. К тому же РАБАШ был скромен и малоизвестен – ведь он каббалист.

Да. Хотя им сулили золотые горы, мол, «будешь на всем готовом» – никто не согласился. Это удивительно – женщины, вдовы, лет шестидесяти-семидесяти говорят: «Я не хочу. Мне не надо. Я занимаюсь своими внуками, и мне хорошо. То, что у меня нет мужа, мне только помогает. Мне не скучно». Так и вышло – согласна была лишь Фейга.

Хотя ей точно не было скучно. Она снова начала работать врачом, сыну 8 лет и двое внуков от дочери, которую Вы сосватали за ученика РАБАШа. Фейга рассказывала мне, что она написала письмо РАБАШу – так было принято – просила посоветовать, что ей делать: она прошла конкурс на работу психиатром, могла открыть частную клинику...

РАБАШ ответил таким образом: пришел в мой дом, пригласили Фейгу. И через три месяца была «хупа» – свадебный обряд.

Для обычного человека, не каббалиста, выглядит странным, что надо так торопиться...

Тем более, что РАБАШ очень любил свою первую жену, с которой прожил почти 70 лет. Он женился в 17 лет. Прожита жизнь в тяжелых условиях! Разве можно рассказать всю эту историю, то, что происходило с ними?! Это отдельная беседа.

Покойная рабанит Йохевед обладала сильным характером, собственным настроем на жизнь, на цель. Она не соглашалась с РАБАШем и в то же время понимала его. Существовало между ними разделение. Они хорошо друг друга дополняли. Она была красивой и такой... внутренне – аристократкой.

Как обычный человек, он мог обойтись без жены?

В плане обыденном абсолютно все у него было. Он очень любил еду, которую моя жена готовила ему: польско-белорусские простые блюда. Он писал ей записки: побольше положить в суп того или этого. Она бережет эти записки. Уборка, стирка – все было налажено. Кроме того, РАБАШ был самостоятелен и за шесть лет, что жена была парализована, привык себя обслуживать. Наоборот, для него было трудно – попросить.

Но должен был жениться снова... Если не из обыденно житейских соображений, то почему?

Настоящий каббалист должен быть женат, согласно соответствию духовных корней с ветвями. И поэтому РАБАШ как каббалист...

...стремился соблюдать соответствие ветви корню даже в обыденности?

Да. Известно, что его отец Бааль Сулам – не принял РАБАШа в ученики, пока он не женился.

Мы сделали большое отступление на тему: ученик и учитель. Я думаю, теперь у нас еще больше сил продолжить каббалистический комментарий Торы.

ВСЕ СЛОВА ТОРЫ – ОДНО ИМЯ ТВОРЦА

У меня вопрос: оказывается, Тора, Пятикнижие, была написана без делений на слова – все буквы вместе, как одно слово. Затем записали Тору квадратным шрифтом и разделили на отрезки. Но чем дальше удалялись от времени Моше, тем мельче рубили начальный текст на большое количество отрезков – глав.

И приписывали к ним всякие комментарии.

Происходило отдаление от внутреннего содержания – духовного?

Да, конечно. Потому что свет, который можно постичь через Тору, он на самом деле – свет. Когда ты накладываешь на него всякие границы: трафареты, фигуры – образуются буквы, сочетания букв. Таким образом, происходит передача информации, но уже на более грубой основе, на основе, все более удаленной от света.

Но сами буквы были все время, как я понимаю? Буквы – знаки, обозначающие память, – решимо от взаимосвязи желаний со светом?

Да. Без букв мы не можем понять, что такое свет.

Но когда это просто буквы, то мы проходим, чувствуем на себе их сочетание. Каждая буква выражает собой определенное состояние, как иероглиф. И мы идем вперед по буквам, по этим состояниям.

Когда мы складываем из букв слова, то удаляемся от этого состояния и переходим к смысловому значению. Это уже совсем иной уровень восприятия – не непосредственный, чувственный, который в нас образуется, а более удаленный и, я бы сказал, разумный. Он складывается с участием разума.

Затем мы еще дальше удаляемся – строим из слов определенные предложения, абзацы, создаем из этого главы, даем всевозможные названия.

Мы тем самым упрощаем усвоение материала?

По мере нашего огрубления, отдаления от возможности быть ближе к свету и ощущать его своими внутренними качествами в мере подобия ему, мы удаляемся от свойств света, свойства отдачи. Эгоизм растет в нас, и поэтому мы вынуждены строить дополнительные буферы, соединения как бы, которые бы держали связь между нами и светом, – хотя бы самую минимальную связь.

И поэтому каждое поколение создает для себя новые комментарии, новую оболочку на этот свет?

Да. Она облекается в форму, все более доступную для восприятия. И только таким образом каждое поколение может ее воспринимать.

Это положительное явление, с одной стороны, потому что иначе мы утеряли бы связь. А так у нас хотя бы какая-то связь, пусть отдаленная, но она есть.

С другой стороны, это отрицательное явление, потому что мы отдалились и продолжаем отдаляться. Мы сегодня связаны со светом через множество всевозможных завес, уменьшений, искажений.

Но дело в том, что теперь существует и обратная возможность: из самой удаленной точки постепенно «распускать клубок» в обратном направлении – идти к свету.

С какого времени человечество стало видеть в Торе лишь сборник историй?

Со времен разрушения Второго Храма, с семидесятого года нашей эры. До этого основная часть населения Израиля была в духовном постижении, ощущала Творца, потому что была связана между собой братскими узами. Как только упали с уровня братской любви в беспричинную ненависть, тут же потеряли ощущение духовного, потому что духовное – это и есть ощущение отдачи, любви, взаимной связи, единства. Сразу же начали комментировать Тору совершенно по-другому – в соответствии со своими разрозненными свойствами.

И чем дальше, тем пространнее становились комментарии?

Да.

Иудаизм все более становится религией. Внутренняя часть Торы – под запретом. А у народов мира начался расцвет всяких философий…

Продолжим читать Тору. Итак, Сара упросила мужа, Авраама, удалить из дома Агарь, служанку Сары, вместе с сыном.

/14/ И ВСТАЛ АВРААМ РАНО УТРОМ, И ВЗЯЛ ХЛЕБ И МЕХ ВОДЫ, И ДАЛ АГАРИ, ПОЛОЖИВ ЕЙ НА ПЛЕЧО; ТАКЖЕ И РЕБЕНКА, И ОТОСЛАЛ ЕЕ; И ПОШЛА ОНА, И БЛУЖДАЛА ПО ПУСТЫНЕ БЕЭР-ШЕВА. /15/ И ИССЯКЛА ВОДА В МЕХЕ, И ОНА ОСТАВИЛА РЕБЕНКА ПОД ОДНИМ ИЗ КУСТОВ. /16/ И ПОШЛА, И СЕЛА СЕБЕ

ПООДАЛЬ НА РАССТОЯНИИ ВЫСТРЕЛА ИЗ ЛУКА, ИБО СКАЗАЛА: «ПУСТЬ НЕ УВИЖУ Я СМЕРТИ РЕБЕНКА»; И СЕЛА ПООДАЛЬ, И ПОДНЯЛА ГОЛОС СВОЙ, И ПЛАКАЛА.

АГАРЬ И ЕЕ СЫН – НА ВОЛЮ ТВОРЦА...

На каком уровне мы будем объяснять этот рассказ? Если мы говорим о внутреннем – каббале, то это не Авраам и не Агарь, и не пустыня, и не Ишмаэль, а свойства, которые находятся внутри человека.

Это значит – человек исследует свои внутренние свойства. Он понимает, что – за свойством Авраам и только с этим свойством он может идти вперед. И надо из него породить нечто особое, способное через свойство, которое называется Сара – малхут – родить новую линию, расположенную ближе к Творцу, хотя и противоположную Аврааму.

Рождение – всегда противоположно. Каждая следующая ступень обратна предыдущей. И так они, взаимно переворачиваясь, рождают друг друга.

Малхут, Сара, которая должна «родить» следующую ступень, говорит, что со свойством Агарь и рожденным ею свойством Ишмаэль этого быть не может. Человек, который идет вперед, начинает ощущать, что лишь от этого исправленного желания – свойства Сара – будет продолжение рода Авраама. И при условии, что мы выберем из этого свойства все побочные.

Очистим?

Да. И поэтому Авраам удаляет эти свойства.

В принципе, Агарь – свойство хорошее, но слишком правое, оно означает абсолютно полное отдаление от устремления вперед. Это и есть пустыня, это – сын пустыни, это – сидение на одном месте в шатрах, не продвигаясь, не развиваясь.

Застывшее правое состояние?

Да. Как и застывшее левое.

Оба фанатичны и поэтому называются шелуха («клипа»), которая необходима вначале, но затем начинает ограничивать рост.

Каждый из них не может продвигаться, ибо не соединяются одно с другим. Это проявляется как антагонизм между свойством арабским, идущим от Ишмаэля, и свойством европейским – от Эсава.

Они – два противоположных свойства. И эти свойства несовместимы, хотя кажется, что где-то они приходят в соприкосновение.

Против народа Яакова они готовы объединиться между собой – временно.

Но если говорить о нашем мире, они друг друга не ощущают. Они не смогут смешаться и сблизиться никогда.

СРЕДНЯЯ ЛИНИЯ – ПУТЬ К МИРУ

Для чего же тогда нужна эта тенденция к объединению?

Для того чтобы выяснить, что им необходима средняя линия, которая называется «Исраэль».

Глава «И открылся»

Они еще обнаружат свое абсолютное противостояние. Впереди огромные проблемы. В итоге, они будут вынуждены принять среднюю линию как ведущую к примирению противоречий, к миру.

То есть выходцы из Пакистана или из Турции, например, никогда не станут немцами в Германии или англичанами в Англии?

Нет. Их внутренняя основа абсолютно противоположна. Причем, крайне противоположна! А народ Израиля, происходящий от Якова, включившего в себя и свойства Авраам и Ицхак, мог быть и с одной стороной, и с другой. Потому что он идет из средней линии. А эти две противоположные не в состоянии смешаться.

А что такое Америка тогда – «Вавилонская башня»?

Америка – да. В общем-то, нет такого понятия – Америка. Это то, что создали беженцы, переселенцы из Европы.

Мы еще придем к этому. Я продолжу читать.

/19/ И ОТКРЫЛ ЕЙ (Агари) ВСЕСИЛЬНЫЙ ГЛАЗА, И УВИДЕЛА ОНА КОЛОДЕЦ ВОДЫ, И ПОШЛА ОНА, И НАПОЛНИЛА МЕХ ВОДОЙ, И НАПОИЛА РЕБЕНКА. /20/ И БЫЛ ВСЕСИЛЬНЫЙ С ОТРОКОМ, И ОН ВЫРОС, И ПОСЕЛИЛСЯ ОН В ПУСТЫНЕ, И СДЕЛАЛСЯ СТРЕЛКОМ ИЗ ЛУКА. /21/ И ПОСЕЛИЛСЯ ОН В ПУСТЫНЕ ПАРАН, И МАТЬ ЕГО ВЗЯЛА ЕМУ ЖЕНУ ИЗ СТРАНЫ ЕГИПЕТСКОЙ.

Как Вы и сказали, все действие происходит в пустыне. Жена – из страны египетской. Никакого смешения не происходит. Что такое «пустыня» в данном случае?

Эти свойства способны жить в пустыне, потому что они исходят из крайней правой линии.

Правая линия – это милосердие, когда ничего не желаешь для себя. Агарь через Ишмаэля – крайне правая линия. То есть, якобы, милосердие, но на самом деле, это большой эгоизм. Но он очень приниженный. Это особые свойства. Я не думаю, что нам стоит в него особенно входить, потому что оно не предрасположено к развитию. Как крайне левое свойство предрасположено к развитию только в очень узком диапазоне разума, так и правое – в очень узком диапазоне чувств.

Мы сейчас затронули наш мир, говорили о европейской и арабской ментальности. Чтобы понять современные проблемы, связанные с этим, нужно просто нырнуть в корень и понять, от чего что идет?

Когда человек, если мы говорим о человеке, идет вперед, то не важно, кто он по происхождению. Он может быть любой расы и народности.

Если он продвигается, то отсеивает от себя крайне правые и крайне левые части. Он выбирает из себя то, что может присоединить к средней линии, и ею устремляется вперед к Творцу.

СТАНОВИТСЯ «ВЫШЕ ЗВЕЗД»?

Такой человек, как Вы говорите, становится «выше звезд»?

Да, конечно. Он не обращает внимания на земные условия. Для того, кто устремлен вперед, главное – проявление в нем желания к духовному, желания к Творцу. И ему нужен свет – сила, которая будет устремлять его вперед.

Глава «И открылся»

Для Вас не существует такого понятия, как национальность в нашем земном понимании?

Существует в том смысле, что те, кто происходит из народа Израиля, они обязаны освоить каббалу, хотя бы в минимальной мере, потому что они уже были в разбиении, потому что они уже были в духовном осознании. У них остались воспоминания, внутренние записи («решимот», так называемые) – информационные гены. Они обязаны развить, исправить их и работать с ними относительно всего другого мира, передать всему миру методику исправления.

Они обязаны! И поэтому к ним я отношусь особенно. Я обязан объяснить им, каким-то образом проникнуть в их сознание, чтобы они осознали свое предназначение.

Остальные народы мира не обязаны выполнять эту миссию. Относительно них я ощущаю свою обязанность – преподнести им методику исправления.

Ответственность?

Да, ответственность. И по мере того, как они возбуждаются и приходят в каббалу, я принимаю их с любовью и с ощущением абсолютной связи. Даже более того. Потому что, чем из большего «далека» приходит человек, тем ближе ты его должен принять. У меня к народам мира, к тем, которые возбуждается к исправлению, существуют огромные теплые чувства.

И, наоборот, к народу Израиля – не настолько, потому что в них уже есть зачаток, есть как бы основа для этого возбуждения. А из народов мира особая воля Творца делает такие личности...

Тогда у меня еще вопрос. Вы говорили, что десять колен исчезли.

Да. При разрушении Первого Храма.

Эти десять колен растворились в народах мира. И может быть, те ребята, которые сейчас проявляются своим стремлением к каббале…

Я совершенно не хочу вникать в это. Просто не хочу этим заниматься. Меня интересует одно: есть ли в человеке желание подняться над этим миром, к Творцу. Если он хочет выполнить в программе творения свою часть, то в этом я ему должен помочь.

Кроме того, пишет Бааль Сулам, распространение каббалы среди народов мира, среди всего человечества является «трубным гласом Машиаха», проявлением особого света, когда собираются все народы и поднимаются с уровня «наш мир» до уровня духовных миров.

И если это настолько важно, если настолько необходимо, так зачем мне делать какие-то расчеты?! Великий каббалист пишет: среди всех надо распространить, вообще без всяких границ. Значит, так и надо делать.

Поэтому, если люди приходят к нам, в группу, я только рад. Неважно, кто и откуда. И, действительно, я не вижу разницы. У меня уже лет десять учатся ученики из Японии, Китая, из Южной Америки. И очень много из России.

Получается, что я даже не вижу отличия в ментальности, вот что интересно. Китайцы начинают говорить, и индейцы начинают говорить, и сибиряки, и германцы – ты закрываешь глаза и слышишь одно и то же, чувствуешь одно и то же.

Это потрясающе! Это особенно на наших съездах, на конгрессах ощущается.

Да-да.

Глава «И открылся»

Значит, нет ментальности в нашем деле?

Нет. В этом – нет. В земном – да, конечно, есть отличия. Одни любят кушать собак. Другие – улиток. А эти предпочитают венский шницель. Сибиряки – свои пельмени. Но в итоге, над всем земным – абсолютно однородная масса.

Вы можете так сказать, даже распространяя один и тот же материал на все народы мира?

Да.

Это можно делать, поскольку не существует ментальности в духовном?

Да. Они могут понимать одинаково. Могут воспринимать одинаково.

Языки, конечно, достались нам от вавилонского смешения. Язык – также народ. Но вся наша внутренняя информация переводится с одного языка – языка святости. Допустим, я преподаю на иврите, после этого идет перевод, скажем, на 30 языков.

Может, недаром Вам дали русский язык? Я все время задумываюсь об этом. Ведь столько людей пробудилось в России! Вот и мы с Вами сейчас говорим на русском. Может, недаром Вам дали этот язык?

С одной стороны, да, конечно. У нас много ребят из России, которые с большим устремлением движутся вперед и хорошо продвигаются, понимают. У них хорошее сочетание сердца и разума, то есть чувств и мыслей. Но почему это так дано?

И мне дано, чтобы, может быть, именно через посторонний язык я смог передать. Не знаю. Я же ушел, можно сказать, из русского. Хотя на нем я правильнее выражаю то, что хочу передать, ярче, чем на иврите, если мне надо описать какие-то тонкости.

У Вас богатый русский язык, хорошая дикция.

Но дело в том, что в духовных категориях я думаю на иврите. Уже десяток лет я не пишу на русском языке. Все идет через иврит.

НА ГОРЕ МОРИА ПРИНЕСТИ В ЖЕРТВУ СЫНА

Продолжим дальше.
Дальше вдруг происходит скачок, как будто бы в другую историю. Мы оставляем в стороне Агарь и ее сына. Там все нормально – Творец ими занялся.
И теперь Он занимается Авраамом и его сыном Ицхаком. Начинается история, которая вызывает у многих слезы – такая драматическая ситуация.

/1/ И БЫЛО: ПОСЛЕ ЭТИХ СОБЫТИЙ, ВСЕСИЛЬНЫЙ ИСПЫТАЛ АВРААМА, И СКАЗАЛ ЕМУ: «АВРААМ!». И ОН СКАЗАЛ: «ВОТ Я!». /2/ И ОН СКАЗАЛ: «ВОЗЬМИ СЫНА ТВОЕГО, ЕДИНСТВЕННОГО ТВОЕГО, КОТОРОГО ТЫ ЛЮБИШЬ, ИЦХАКА, И ПОЙДИ В СТРАНУ МОРИЯ, И ПРИНЕСИ ЕГО ТАМ ВО ВСЕСОЖЖЕНИЕ НА ОДНОЙ ИЗ ГОР, О КОТОРОЙ СКАЖУ ТЕБЕ».

Мы говорим, конечно, о внутреннем состоянии человека, это происходит внутри – обращение как бы к нашему чувству «Авраам», к чувству милосердия.

Из него рождается следующее свойство – Ицхак, противоположная ему левая линия.

Эта левая линия тоже не может быть в союзе с Авраамом. Она не может продвигаться сама по себе. Движение вперед возможно только при условии, что свойства Авраама и Ицхака – эти два противоположных свойства – придут к чему-то среднему, если Авраам своим свойством милосердия ограничит свойство Ицхака.

Ицхак – это свойство *«гвура»*, сила и строгость. Они не могут быть вместе. А вот когда он связывает его! Что значит, «он связывает» сына своего, готов положить его на костер?

Сначала он получает указание взять его и принести в жертву. И Авраам соглашается. Свойство милосердия соглашается на свойство суда, так получается?

Авраам готов принести в жертву свойство гвура, чтобы подтвердить, что свойство *хэсэд*, на котором стоит связь с Творцом, – главное.

Мы уже говорили *«курбан»* – от слова «каров» – близкий. Принести *«курбан»* – пожертвовать от себя ради сближения с Творцом.

Как осуществляется это сближение человеком в его духовной работе?

С помощью жесткого внутреннего анализа своих состояний, своих ощущений и, главное, своих свойств: из них надо постоянно отсекать те, с которыми ты не можешь идти вперед. Ты должен их сжимать, сжигать, связывать – ты должен их каким-то образом ограничивать. Потом ты будешь их использовать. А пока для продвижения на следующую ступень они тебе вредны.

Когда человек идет вперед, он постоянно в каждом состоянии должен выбирать, что ему необходимо для следующей ступени, а что на этом этапе является балластом.

В данном случае свойство Авраам (правая линия) должна взять левую линию (Ицхака) и каким-то образом «подмять» под себя, именно под себя. Авраам делает это, потому что он является родоначальником всей этой линии.

Правая линия всегда командует, всегда довлеет. Даже средняя линия тяготеет больше к правой (до завершения исправления).

Поэтому Авраам каким-то образом должен властвовать над следующим своим состоянием, которое называется Ицхак.

По сути дела, отец и сын здесь и, вообще, в каббале – это два состояния, когда одно постепенно переходит в другое. Мое сегодняшнее состояние называется «отец», следующее, которое родится из него, будет называться «сын».

Вот что происходит дальше:

/6/ И ВЗЯЛ АВРААМ ДРОВА ДЛЯ ЖЕРТВЫ ВСЕСОЖЖЕНИЯ, И ПОЛОЖИЛ НА ИЦХАКА, СЫНА СВОЕГО, А В РУКУ ВЗЯЛ ОГОНЬ И НОЖ, И ПОШЛИ ОБА ВМЕСТЕ. /7/ И СКАЗАЛ ИЦХАК АВРААМУ, ОТЦУ СВОЕМУ, ГОВОРЯ: «ОТЕЦ МОЙ!». И СКАЗАЛ ТОТ: «ВОТ Я, СЫН МОЙ!». И СКАЗАЛ ОН: «ВОТ ОГОНЬ И ДРОВА, ГДЕ ЖЕ АГНЕЦ ДЛЯ ЖЕРТВЫ ВСЕСОЖЖЕНИЯ?». /8/ И СКАЗАЛ АВРААМ: «ВСЕСИЛЬНЫЙ УСМОТРИТ СЕБЕ АГНЦА ДЛЯ ЖЕРТВЫ ВСЕСОЖЖЕНИЯ, СЫН МОЙ». И ПОШЛИ ОБА ВМЕСТЕ. /9/ И ПРИШЛИ НА МЕСТО, О КОТОРОМ СКАЗАЛ ЕМУ ВСЕСИЛЬНЫЙ.

И СНОВА – ПОСЛАННИКИ ТВОРЦА

И ПОСТРОИЛ ТАМ АВРААМ ЖЕРТВЕННИК, И РАЗЛОЖИЛ ДРОВА, И СВЯЗАЛ ИЦХАКА, СЫНА СВОЕГО,

И ПОЛОЖИЛ ЕГО НА ЖЕРТВЕННИК, ПОВЕРХ ДРОВ. /10/ И ПРОСТЕР АВРААМ РУКУ СВОЮ, И ВЗЯЛ НОЖ, ЧТОБЫ ЗАРЕЗАТЬ СЫНА СВОЕГО. /11/ НО ПОСЛАНИК ТВОРЦА ВОЗЗВАЛ К НЕМУ С НЕБА И СКАЗАЛ: «АВРААМ! АВРААМ!». И ОН СКАЗАЛ: «ВОТ Я!». /12/ И СКАЗАЛ ТОТ: «НЕ ЗАНОСИ РУКИ ТВОЕЙ НА ОТРОКА И НЕ ДЕЛАЙ ЕМУ НИЧЕГО; ИБО УЗНАЛ УЖЕ Я ТЕПЕРЬ, ЧТО ТЫ БОИШЬСЯ ВСЕСИЛЬНОГО, КОГДА ТЫ НЕ ЩАДИЛ ТВОЕГО СЫНА, ТВОЕГО ЕДИНСТВЕННОГО, РАДИ МЕНЯ».

Здесь снова говорится о внутренних свойствах человека. Когда свойство Авраам действительно желает развиваться, человек осознает, что с этим свойством невозможно оставаться. Он должен развиваться в соединении со свойством строгости, суда, силы, ограничения, которое есть у левой линии – у Ицхака. Но каким образом это сделать?

Зоар много пишет об этом. Вся сцена жертвоприношения говорит о том, каким образом человек должен сопоставить в себе правую и левую линии, чтобы продвигаться дальше.

Ограничения, действительно, очень серьезные.

Что такое «он связывает его»?

Он связывает его, то есть ограничивает. Он считает, что с помощью левой линии, в таком виде, как она есть, он не может работать со своими силовыми качествами. Он должен их связать внутри себя, ограничить, подмять под себя, под свойство Авраама и идти вперед только этим свойством.

Только после того, как он сделает все эти исправления, он сможет работать с левой линией (со свойством Ицхак).

Поэтому Авраам связывает Ицхака?

Да. И поэтому свойство Авраам проделывает такую операцию над своим эгоистическим желанием, которое в нем проявляется со всеми своими свойствами: строгости, ограничения, суда. При этом он поднимается на следующую линию.

И сказано: «Теперь я знаю, что у тебя есть вера в Меня», – то есть ты поднялся на следующий этап. Ты уже не просто Авраам, у которого было очень маленькое эгоистическое желание, ты дошел до того, что используешь следующую ступень эгоистического желания в себе – Ицхака. То есть Авраам как бы приподнял себя на следующий уровень.

Можно сказать, в этот момент начинается другой этап в жизни Авраама?

Абсолютно новый этап. И мы уже говорим не об Аврааме, а об Ицхаке.

Добавлена еще одна эгоистическая ступень? Произошел эгоистический скачок?

Да. Теперь Авраам плавно переходит в стадию, которая называется Ицхак.

/13/ И ПОДНЯЛ АВРААМ ГЛАЗА СВОИ, И УВИДЕЛ – ВОТ БАРАН, ЗАЦЕПИВШИЙСЯ СЗАДИ РОГАМИ СВОИМИ В ЧАЩЕ; И ПОШЕЛ АВРААМ, И ВЗЯЛ БАРАНА, И ПРИНЕС ЕГО В ЖЕРТВУ ВСЕСОЖЖЕНИЯ ВМЕСТО СЫНА СВОЕГО.

Зачем нужны эти детали?

Говорится о внутреннем измерении человеком своих желаний, своих ощущений. Он производит сейчас исправление на животном уровне.

ГЛАВА «И ОТКРЫЛСЯ»

Поэтому он берет животную составляющую своего эгоизма. Эгоизм включает в себя неживую, растительную, животную и человеческую составляющие. Авраам берет вместо человеческой составляющей животную. Человеческую составляющую он исправил тем, что связал ее, тем, что решил убивать ее в себе. Но затем, когда он готов к этому, ему сказано: «Не надо убивать в себе человеческое желание. Ты лишь ограничиваешь левое человеческое желание, подсоединяешь к себе – правому – и можешь идти дальше. А вот животное желание, которое ниже уровнем, тоже относящееся к Ицхаку, ты должен принести в жертву. Именно на нем ты и приближаешься. Его можно приблизить к Творцу только таким образом – тем, что ты его убиваешь».

Поэтому Авраам и видит этого барана? Он видит это животное желание в себе и приносит его в жертву?

Да. Причем, не просто баран, который в кустах запутался. Это животный уровень, который соединился с растительным.

Какая глубина здесь все-таки! Так человек сам себя и проверяет?

Да. Он видит насквозь все свои свойства и понимает, что происходит с каждым из них, как он должен работать для того, чтобы подняться на следующую ступень. Ицхак – это уже совсем другая ступень.

Переход от стадии «Авраам» к стадии «Ицхак» очень важный – это отработка целой системы взаимоотношений между творением и Творцом. Потому что человеку невозможно работать с Творцом, сближаться с Ним из одного только свойства, исходя только из свойства «Авраам».

Здесь, соединяя себя со следующим, с противоположным своим свойством, он делает явный подъем. То есть это первая ступень, которую мы проходим в процессе духовного развития.

Мы подходим уже к концу главы «И открылся». Я прочитаю короткую фразу:

/14/ И НАРЕК АВРААМ ИМЯ МЕСТУ ТОМУ: «ТВОРЕЦ УСМОТРИТ»; А НЫНЕ О НЕМ ГОВОРЯТ: «НА ЭТОЙ ГОРЕ ОТКРЫВАЕТСЯ ТВОРЕЦ».

ГОРА, НА КОТОРОЙ ОТКРЫВАЕТСЯ ТВОРЕЦ

Сомнения, «ирурим» – горы, которые Авраам преодолел?

Все это есть в человеке. Человеку говорят: «То, что у тебя есть, все, с чем ты можешь продвигаться, твои силы, знания, умение анализировать – все, что относится к левой линии, весь свой ум ты должен не использовать, а принести в жертву». Это невозможно принять!

Когда человек начинает понимать, соглашаться, приносить это в жертву, что называется «жертвоприношением Ицхака», только тогда у него и проявляются сомнения: правилен ли этот путь, как я могу идти с закрытыми глазами?!

Творец мне говорит, каким образом двигаться. Он говорит мне: «Уничтожь все, что у тебя есть от себя самого, и только так продвинешься вперед». Это символ жертвоприношения Ицхака. Но как можно это сделать?!

С одной стороны, говорится, что именно в Ицхаке твое будущее. С другой стороны, приказано: «Убей его!».

Глава «И открылся»

Как я убью свое будущее и одновременно приду к нему?! Говорится, что произойдут от тебя большие народы, то есть ты разрастешься, достигнешь духовного, поднимешься, продвинешься вперед. Это называется – следующие ступени и большие ступени. И тут же указано: сила, с помощью которой ты поднимаешься вперед, – это сила твоего эгоизма, правильно оформленная. Но убей ее, зарежь, уничтожь. Значит, убив, я остаюсь на том же минимальном уровне, на котором нахожусь сегодня? Разве этого я ждал, разве это было обещано?!

Когда человек умеет победить в себе состояние «жертвоприношение Ицхака», тогда он действительно преодолевает сомнения, восходит на гору, поднимается над сомнениями.

И тогда он постигает первую ступень сближения с Творцом. Это и есть Ар Мориа (гора Мориа).

Мы закончили главу «И открылся». У нас впереди еще долгий путь в Эрец Исраэль.

ГЛАВА
«И БЫЛО ЖИЗНИ САРЫ»

НЕТ НИКАКИХ ТАЙН

Мы продолжаем разговор о внутреннем постижении Вечной книги, которая называется Пятикнижие, или Тора.

Действительно, тайна этой Книги заключается именно во внутреннем постижении. Иной тайны нет.

Каждый, кто читает Книгу, может толковать ее в рамках своего понимания. Существуют тысячи комментариев. Их слушают, объясняют, пишут диссертации. Нет в ней никаких тайн.

Тайное проявляется только тогда, когда ты начинаешь чувствовать, что ее настоящее содержание скрыто от тебя. И ты хочешь его раскрыть.

Написано: «Моше поднялся на гору Синай… и говорил с Ним…». С кем говорил? Как говорил? У одних возникает желание узнать, что кроется за этим набором слов. У других – сразу отторжение: «Какая-то ерунда». А большинство просто читают и понимают написанное буквально.

Восприятие Торы зависит от степени развитости желаний человека, его эго?

Да. Постепенно развиваясь, мы достигаем такого уровня, что не можем просто читать, а хотим узнать, что именно хочет сказать эта Книга, ее автор.

Мы становимся взрослее, с большими желаниями?

Да. Поэтому нам уже недостаточно видеть лишь поверхностный слой. Мы хотим узнать внутренний смысл слов и их сочетаний. Что означает «поднялся»? Зачем поднялся? Почему обязательно надо подняться на высоту?

ГЛАВА «И БЫЛО ЖИЗНИ САРЫ»

Что там на высоте? Ветер шумит? Только там слышен голос Творца?

И там была вручена Книга. Она упала свыше – с небес?

Да, прямо из небесной типографии вышла…

И поначалу это была не книга, а скрижали – «лухот брит», запись союза.

Так что же, там работали каменотесы, вырезали из камня книгу?

Говорят, что было много всяких чудес, что круглая буква «самэх» стояла внутри, и не на что ей было опереться. Много всего интересного рассказывают… Ну и что? А если человек не может верить этим буквальным трактовкам?

Все-таки главным словом является «вера»?

Вера в ее обыденном смысле, когда человек принимает услышанное, как истину, без проверки? Ну, как так можно?!

Чем дальше, тем отчетливее у человека возникает желание знать, о чем там говорится на самом деле.

Да. Но смотри, сколько появляется всяких «пророков», которые пытаются зачать новые верования. «Мне голос был» – и начинается… Многие прислушиваются, людям хочется верить во что-то. Им нужна надежда на перемены к лучшему. И все это в пассивной форме, без необходимости изменяться самому.

«Людям хочется верить там, где нужно знать, и хочется знать там, где нужно верить». Это слова Бааль Сулама. А каббала? Она предостерегает человека от пустых

верований и предлагает: «Проверь сам, попробуй и убедись».

Да, но только если человек готов к этому.

Сегодня мы преподаем науку каббала – истинный смысл Торы – абсолютно открыто, делаем ее доступной для всех во всем мире. Книги, статьи, первоисточники выкладываем в интернет, выносим наружу все обсуждения, лекции, уроки.

Тайн никаких здесь нет. Тайна – для того, кто еще не может раскрыть себя, не в состоянии захотеть, стать способным понять.

ЖИЗНЬ НАЧИНАЕТСЯ СО СМЕРТИ

Глава, которую мы начинаем обсуждать сегодня, называется «Жизнь Сары». Начинается она с рассказа о смерти Сары.

Настоящая жизнь Сары началась после того, как она умерла.

Как сказано, «праведник в смерти более жив, чем в жизни»? Непонятно…

Если комментарий идет из истинного источника, от каббалистов, но записан языком сказаний, аллегорий, нравственных поучений, то написанное будет казаться непонятным или даже нелепым.

В Торе речь идет не о физических телах.

Жизнь в духовном аспекте начинается после того, как человек умерщвляет свой эгоизм – не пользуется им. Тогда он становится свободным от «силы смерти». То, что для эгоизма называется смертью, для человека, поднявшегося над ним, называется жизнью.

Если ты смог подняться над эгоистическим телом – эгоистическими желаниями своего «я», то оно не умирает. Ты можешь им управлять свыше, с помощью какой-то новой идеи.

Это значит, что прежняя сила эгоизма – любовь к своему «я», его власть, умерла?

Да.

У меня это вызывает воодушевление, несмотря на то, что говорится о смерти. Вы сказали, что смерть – это подъем над эгоизмом. Интересно, у каждого человека это должно вызывать состояние воодушевления?

Да, хотя, конечно, это сложно и непонятно. Но человек слышит о том, что есть нечто большее: можно куда-то идти и там что-то раскрывается. Это человеку всегда приятно. И даже если он сам не идет к этому, как остальные, но ведь и он тоже причастен. Приобщение к чему-то большому, великому дает человеку некое наполнение, «свечение» издали.

23 (1) И БЫЛО ЖИЗНИ САРЫ СТО ЛЕТ И ДВАДЦАТЬ ЛЕТ И СЕМЬ ЛЕТ – ЭТО ГОДЫ ЖИЗНИ САРЫ.(2) И УМЕРЛА САРА В КИРЬЯТ-АРБЕ, ОН ЖЕ ХЕВРОН, В СТРАНЕ КНААН[14]; (3) И ПРИШЕЛ АВРААМ СКОРБЕТЬ ПО САРЕ И ОПЛАКИВАТЬ ЕЕ.

Так начинается глава.

Дальше я заглянул в Книгу Зоар, там написано, что в Торе ни об одной женщине, кроме Сары, не говорится о днях ее жизни и о месте ее погребения.

---

14   Кнаан (ивр.) – соответствует русскому Ханаан – в Библии земля Ханаанская.

Саре посвящена целая глава. Ведь Сара олицетворяет собой общее желание – *малхут*.

Кстати говоря, самое распространенное в мире женское имя – Сара.

Читаем:

ОБО ВСЕХ НИХ НЕ НАПИСАНО ТАК, КАК НАПИСАНО О САРЕ: «И БЫЛО ЖИЗНИ САРЫ СТО ЛЕТ, И ДВАДЦАТЬ ЛЕТ, И СЕМЬ ЛЕТ – ГОДЫ ЖИЗНИ САРЫ». ВСЕМ ИМ НЕ НАСЧИТЫВАЛИСЬ ДНИ И ГОДЫ ТАК, КАК САРЕ, ОБО ВСЕХ НИХ НЕ НАПИСАНА ОСОБАЯ ГЛАВА КАК О САРЕ, ИБО ОНА – ТА СТУПЕНЬ, ОТ КОТОРОЙ ЗАВИСЯТ ВСЕ ДНИ И ГОДЫ ЧЕЛОВЕКА.

«ГОДЫ ЖИЗНИ САРЫ» — СВЕТ ЗНАНИЯ

Дальше следует непонятная фраза. Может быть, Вы ее объясните?

...ОТ ЭТИХ «МОХИН», ЯВЛЯЮЩИХСЯ ЖИЗНЬЮ САРЫ, ПОДРАЗУМЕВАЕМЫХ В ЧИСЛАХ СТО ЛЕТ, И ДВАДЦАТЬ ЛЕТ, И СЕМЬ ЛЕТ – ПРОИСТЕКАЕТ ЖИЗНЬ ЧЕЛОВЕКА.

Это – соединение малхут с биной. Поэтому Сара – дающая всем жизнь. Но и все остальные, за ней идущие, это та же малхут – Сара, ее развитие. В Торе вообще не говорится о каком-то конкретном образе. Говорится о ступенях, которые мы все должны пройти.

Из духовной ступени Авраам рождается следующая – Ицхак, затем ступень – Яков. От Якова – 12 сыновей. Затем следующие ступени: Моше, Аарон, Йосеф, Давид и так далее. Тот же процесс происходит с нуквой – женской частью ступени.

Здесь написано: «Зависят все дни и годы человека…», проистекает жизнь человека…».

Да, имеется в виду «*малхут*» – свойство, которое олицетворяет собой нашу душу.

(4) И ПОДНЯЛСЯ АВРААМ ОТ ЛИЦА УМЕРШЕЙ СВОЕЙ, И ГОВОРИЛ СЫНАМ ХЕТА ТАК:

Он обратился к тем людям, которые жили в Хевроне вокруг пещеры, называемой «двойной» – «*Меарат а-махпела*».

(4) «ПРИШЕЛЕЦ И ОСЕДЛЫЙ Я У ВАС, (5) ДАЙТЕ МНЕ УЧАСТОК ДЛЯ ПОГРЕБЕНИЯ У ВАС, И ПОХОРОНЮ Я УМЕРШУЮ МОЮ». И ОТВЕЧАЛИ СЫНЫ ХЕТА АВРААМУ, (6) ГОВОРЯ ЕМУ: «ВЫСЛУШАЙ НАС, ГОСПОДИН НАШ! ВОЖДЬ ВСЕСИЛЬНОГО ТЫ СРЕДИ НАС В ЛУЧШЕЙ ИЗ ГРОБНИЦ НАШИХ ПОХОРОНИ УМЕРШУЮ ТВОЮ! НИКТО ИЗ НАС НЕ ОТКАЖЕТ ТЕБЕ В СВОЕЙ ГРОБНИЦЕ ДЛЯ ПОГРЕБЕНИЯ УМЕРШЕЙ ТВОЕЙ».

Хеты говорили: «Ты можешь выбрать любое место погребения. Мы с удовольствием предоставим его. Рядом с костями наших умерших пусть будут кости твоей Сары». Авраам считался «князем», большим человеком – не просто мудрецом, а еще и богатым, и властительным.

Недаром они говорят: «Вождь Всесильного ты среди нас».

Да, да. «Вождь Всесильного» – имеется в виду, что он – представитель Творца. Его принимали, как служителя, коэна, как жреца. Но он не хотел этого.

Мы говорим о духовных процессах. Не о земном уровне.

Почему Авраам просит особое место, какую-то особую пещеру?

На иврите «*меарат а-махпела*» – двойная пещера. Говорится о сочетании свойства бины и малхут (отдача и получение).

ЧТО ЗНАЧИТ «МЕАРАТ А-МАХПЕЛА»

Что значит «*меарат а-махпела*»? Когда человек поднимается выше своего эгоистического желания, отмирает его эгоизм, он может соединиться со следующей более высокой ступенью. Вот тогда бина и малхут соединяются вместе.

Две пещеры вместе – малхут и бина. Их соединение называется «*меарат а-махпела*». Именно в таком месте погребены первый человек и Хава[15], и все праотцы, и еще «*рош* (голова) Эсава» – верхняя часть духовного парцуфа. И три праматери: Сара, Ривка[16], Лея.

Вторая нуква Якова – Рахель[17] погребена по дороге из Хеврона в Иерусалим, по дороге из той же Меарат а-махпела в Иерусалим.

Мы говорим не о костях, мы говорим о соединении малхут и бина.

Мы говорим о духовных ступенях, поэтому неважно, как мы будем говорить: как о ступени, или как о месте. Места и ступени – это одно и то же.

---

15 Хава (ивр.) – соответствует русскому Ева – в Библии жена первого человека Адама.

16 Ривка (ивр.) – соответствует русскому Ревекка – в Библии сестра Лавана и жена Исаака.

17 Рахель (ивр.) – соответствует русскому Рахиль – одна из двух жен патриарха Иакова, младшая дочь Лавана, сестра Лии, мать Иосифа и Вениамина.

ГЛАВА «И БЫЛО ЖИЗНИ САРЫ»

Почему Авраам просит, чтобы некий Эфрон[18] не просто подарил ему это место, – он хочет купить его?
(9) ЧТОБЫ ОТДАЛ МНЕ ПЕЩЕРУ МАХПЕЛА… КОТОРАЯ НА КОНЦЕ ПОЛЯ ЕГО: (10) ЗА ПОЛНУЮ ПЛАТУ ПУСТЬ ОТДАСТ ЕЕ МНЕ ПЕРЕД ВАМИ В СОБСТВЕННОСТЬ ДЛЯ ПОГРЕБЕНИЯ.

КУПИТЬ – ЗАРАБОТАТЬ МЕСТО, ОТКУДА ВОЗРОДИШЬСЯ

Покупка означает, что у меня есть экран, намерение отдачи, на это эгоистическое желание. Деньги – *кесэф* – имеется в виду «*кисуф*» («*мехсэ*», «*мехасэ*» – покрытие, «*масах*» – экран). Авраам говорит: «Я желаю заплатить». И заплатить сполна – четыреста шекелей серебряных денег.

Это значит, что я хочу это эгоистическое желание, эту двойную малхут, свойство получения, полностью покрыть свойством отдачи с помощью экрана. И тогда я обрету эту ступень. И тогда мы действительно войдем в «будущий мир» – уровень бины.

Такое восприятие гораздо красивее…
Люди должны все же понять, что от нашего физического тела ничего не остается. Единственное, что человек может достичь в этой жизни, в этом мире – раскрыть Высший мир. Наше физическое тело не имеет тут никакого значения. Только наше неисправленное желание мешает нам ощутить Высший мир.

---

18 Эфрон (ивр.) – соответствует русскому Ефрону – в Библии Хетенянин, у которого Авраам выкупил поле при Махпеле, против Мамре.

(16) …И ОТВЕСИЛ АВРААМ ЭФРОНУ СЕРЕБРО, О КОТОРОМ ГОВОРИЛ ТОТ ПЕРЕД ХЕТАМИ, ЧЕТЫРЕСТА ШЕКЕЛЕЙ СЕРЕБРА, ПРИНИМАЕМЫХ ТОРГОВЦАМИ. (17) И СТАЛО ПОЛЕ ЭФРОНА, ЧТО В МАХПЕЛЕ, ПРОТИВ МАМРЭ, – ПОЛЕ И ПЕЩЕРА В НЕМ, И ВСЕ ДЕРЕВЬЯ В ПОЛЕ, ВО ВСЕМ ЕГО ПРЕДЕЛЕ ВОКРУГ (18) ЗА АВРААМОМ, КАК ПОКУПКА В ГЛАЗАХ ХЕТОВ, (19) ПЕРЕД ВСЕМИ ВХОДЯЩИМИ ВО ВРАТА ГОРОДА ЕГО.

А ПОСЛЕ ЭТОГО АВРААМ ПОХОРОНИЛ САРУ, ЖЕНУ СВОЮ, В ПЕЩЕРЕ ПОЛЯ МАХПЕЛЫ, ПРОТИВ МАМРЭ, ОН ЖЕ ХЕВРОН, В СТРАНЕ КНААН. (20) И СТАЛО ПОЛЕ И ПЕЩЕРА, КОТОРАЯ В НЕМ, СОБСТВЕННОСТЬЮ АВРААМА ….

То есть он приобрел этот экран. Он поднялся над этим эгоизмом.

Я бы подумал: «Ну, и нормально, что купил». Прочитал бы я это и продолжил бы дальше. Но вдруг я нахожу в Книге Зоар очень много упоминаний о пещере Махпела.

Потому что она олицетворяет собой следующую ступень.

И о четырехстах шекелях и обо всем этом событии. Простой читатель и не обратил бы внимания на эти детали…

А юристы что сделали из этого! Первый юридический акт – покупка и продажа, закрепленная юридически, с печатью: «Вот тебе мой залог. Вот тебе наш документ». На этом действии основаны очень многие юридические ссылки. Но, конечно, все это имеет иной смысл.

Истинный смысл таков – человек связывает свой эгоизм со свойством бины. И это двойное свойство – малхут и бина, свойство эгоизма и полученное свыше свойство отдачи – помогает мне умертвить мой эгоизм, чтобы затем возродиться, то есть суметь использовать свои желания, но уже с намерением отдачи.

Поэтому глава «Жизнь Сары» – переход в такое состояние? И эта пещера…

Эта пещера – вход в Высший мир. Это состояние, это уровень, когда соединяются малхут с биной – двойное состояние, называемое двойной пещерой («меарат а-махпела») – вход на следующую ступень Высшего мира.

Вот, что говорит об этом Книга Зоар, в отрывке «Пещера Махпела».

«ВСТРЕЧИ» (СОВПАДЕНИЕ СВОЙСТВ) В ПЕЩЕРЕ

Аврааму были известны признаки той самой пещеры Махпела. И сердце, и желание его пребывали там, потому что раньше, когда вошел он туда, то обнаружил там Адама и Хаву. Откуда же он знал, что именно они были там, ведь прежде не знаком был с ними? Однако он видел образ Адама и созерцал его. И открылся перед ним один из входов райского сада, и понял он, что этот образ Адама находится у него, ибо понял, в силу того, что при жизни своей находился в райском саду, удостоился приблизиться после кончины своей к входу райского сада.

Если читать буквально, как это можно понять?! Иносказательно? Мистически?

В беседе о главе «В НАЧАЛЕ» вы объяснили, что означает понятие «райский сад» («*ган эден*»).

Дальше написано так:

КАЖДЫЙ, КТО СОЗЕРЦАЛ ОБРАЗ АДАМА, НИКАК НЕ СМОЖЕТ СПАСТИСЬ ОТ СМЕРТИ И ДОЛЖЕН УМЕРЕТЬ НЕМЕДЛЕННО, ПОТОМУ ЧТО В ТОТ ЧАС, КОГДА ЧЕЛОВЕК УХОДИТ ИЗ МИРА, ОН ВИДИТ АДАМА РИШОН, ТО ЕСТЬ ПЕРВОГО ЧЕЛОВЕКА, – И В ТОТ ЖЕ МОМЕНТ УМИРАЕТ.

НО АВРААМ СОЗЕРЦАЛ ЕГО И ВИДЕЛ ОБРАЗ ЕГО, И ОСТАЛСЯ В ЖИВЫХ. И ВИДЕЛ СВЕТ, СВЕТЯЩИЙСЯ В ПЕЩЕРЕ, И ОДНУ ГОРЯЩУЮ СВЕЧУ. И ТОГДА ПОНРАВИЛОСЬ АВРААМУ ЭТО МЕСТО, ЧТОБЫ ПОКОИТЬСЯ В НЕМ. И СЕРДЦЕ ЕГО, И ЖЕЛАНИЯ ВСЕГДА ПРЕБЫВАЛИ В ЭТОЙ ПЕЩЕРЕ.

Да. Думал только о смерти, о том, как его захоронили бы там.

Но как это понять, что он в пещере увидел образ первого человека?

Авраам поднялся до этого уровня.

До уровня первого человека – Адам Ришон на иврите?

Да. До уровня «пещеры» – малхут в бине. И он увидел, что с этого уровня начинается следующая исправленная ступень. Райский сад – уровень Адама до его прегрешения, падения. И эта ступень стала для него целью, которую надо достичь.

Он желал умертвить свой эгоизм, приподняться над ним и достичь такого состояния. Это естественно. А Сара – часть души Авраама, но получающая, тогда как он сам – отдающая часть. Они – левая и правая стороны души. Авраам только и думал, как подняться на следующую ступень.

ГЛАВА «И БЫЛО ЖИЗНИ САРЫ»

Когда говорится: «И видел свет, светящийся в пещере, и одну горящую свечу», – что это олицетворяет?

«Свет в пещере» – малхут с помощью свойства бины становится получающей ради отдачи, и в ней светит свет хохма. «Одна горящая свеча» – говорится об источнике, который там проявляется. Это еще более высокая ступень, как бы вход в райский сад. Из этой пещеры, из этого состояния бины, видно состояние Аба вэ-Има, Арих Анпин, Атик, то есть там видны все источники света свыше…

Действительно, ты прав, в Зоаре много говорится об этой пещере, потому что это тот уровень, откуда мы получаем всю нашу силу, управление – все нисходит оттуда.

Написано в Книге Зоар.
КОГДА АВРААМ ВПЕРВЫЕ ВОШЕЛ В ПЕЩЕРУ, ОН УВИДЕЛ ТАМ СВЕТ, И РАССТУПИЛСЯ ПЕРЕД НИМ ПРАХ, И РАСКРЫЛИСЬ ЕМУ ДВЕ МОГИЛЫ. МЕЖДУ ТЕМ, ВСТАЛ ИЗ СВОЕЙ МОГИЛЫ АДАМ В ОБРАЗЕ СВОЕМ, И УВИДЕЛ АВРААМА И ОБРАДОВАЛСЯ. ОТСЮДА СТАЛО ЯСНО АВРААМУ, ЧТО В БУДУЩЕМ БУДЕТ ПОХОРОНЕН ТАМ.

ЧТОБЫ ВОССТАТЬ ИЗ МЕРТВЫХ

И дальше:
СКАЗАЛ ЕМУ АВРААМ: «ПОЖАЛУЙСТА, СКАЖИ, РАЗВЕ ПРИСТАНИЩЕ ЭТО НЕ ПОКРЫТО?».

Иными словами, он был удивлен, потому что пещера Махпела – это пещера внутри пещеры, и в ней должен быть абсолютный мрак. Однако он увидел там свет, словно в доме с открытым верхом без крыши. Сказал

ему Адам: «Творец скрыл меня здесь, с того времени до сих пор скрываюсь я». Пока не пришел Авраам, Адам и мир были лишены совершенства, и потому он должен был скрываться, чтобы не удержались в нем клипот. Но когда пришел в мир Авраам, он исправил его и мир. И Адам уже не должен скрывать себя.

Да. Потому что он достиг уровня Адам, который есть в нем, в Аврааме.

Мы говорим о том, что существует последовательность исправлений: Адам, затем Авраам. Авраам является тем же Адамом, но только на следующем уровне. Авраам, поднявшись, обнаруживает, что он уже подходит к такому состоянию. Он обнаруживает все тело, то есть все желания Адама, как уже прошедшие, – он их исправил. Авраам видит, что Адам встает в нем в уже исправленном образе, и проходит дальше.

Поэтому Авраам знает, что если он закончил эту ступень, на которой сейчас находится и которая называется Авраам, то новая ступень тоже скоро закончится. Он будет на следующей ступени. Следующая ступень – Ицхак, а он на этой же ступени будет погребен. То есть каждый проходит свои следующие духовные состояния одно за другим, пока не поднимается до мира бесконечности.

Каждый проходит через эту двойную пещеру?

Абсолютно все! Без этого свойства, когда соединяются свойства бины и малхут вместе, невозможно идти дальше. Поэтому каждый человек проходит через свойства Сары и через свойства Авраама.

Почему только праотцы там похоронены?

Потому что они – основа. Они являются основополагающей системой, которая называется «меркава», ядро всего мироздания.

Здесь интересная фраза:

КОГДА АВРААМ ВПЕРВЫЕ ВОШЕЛ В ПЕЩЕРУ, ОН УВИДЕЛ ТАМ СВЕТ, И РАССТУПИЛСЯ ПЕРЕД НИМ ПРАХ, И РАСКРЫЛИСЬ ЕМУ ДВЕ МОГИЛЫ. МЕЖДУ ТЕМ ВСТАЛ ИЗ МОГИЛЫ АДАМ В ОБРАЗЕ СВОЕМ И УВИДЕЛ АВРААМА И ОБРАДОВАЛСЯ.

Что значит – прах, раскрывшиеся могилы, о которых пишет Зоар?

Эгоистическое желание человека, которое, в конечном итоге, исправляется. И над ним встает уже следующая ступень. Ты переживаешь это внутри себя, возможно, спокойно сидя со стаканом чая в кресле.

БУКВАЛЬНОЕ ПОНИМАНИЕ – МРАК. ИСТИННЫЙ СМЫСЛ – СВЕТ

Обычно человек страшится этого, знаете, как в фильме «Вий», где раскрывались могилы, летали гробы. А тут он воспринимает со счастьем эти раскрывшиеся могилы, поднявшегося Адама внутри человека.

Потому что ему раскрывается следующее состояние, раскрывается свет. Озарение. Будущее. Во всех этих сказаниях очень сильный мрак. Тора всегда говорит о развитии.

Если ее читаешь правильно, то она полна света?

А это наше будущее. Желаем мы или не желаем – к этому нас приведут. Палкой к счастью, что называется.

Несмотря на огромное количество драматических ситуаций?

Без этого невозможно. Ведь мы сами не в состоянии себя заставить. Нас можно заставить, только вызывая в нас драматические состояния. Действительно, драматические.

Продолжим читать дальше.

24 (1) АВРААМ СТАЛ СТАР И В ЛЕТАХ ПРЕКЛОННЫХ, А ТВОРЕЦ БЛАГОСЛОВИЛ АВРААМА ВСЕМ.(2) И СКАЗАЛ АВРААМ СВОЕМУ СЛУГЕ СТАРШЕМУ В ДОМЕ ЕГО, УПРАВЛЯВШЕМУ ВСЕМ, ЧТО У НЕГО: «ПОЛОЖИ РУКУ ТВОЮ ПОД БЕДРО МОЕ, (3) И Я ЗАКЛЯНУ ТЕБЯ ТВОРЦОМ ГОСПОДИНОМ НЕБЕС И ГОСПОДИНОМ ЗЕМЛИ, ЧТО ТЫ НЕ ВОЗЬМЕШЬ СЫНУ МОЕМУ ЖЕНЫ ИЗ ДОЧЕРЕЙ КНААНА, СРЕДИ КОТОРОГО Я ЖИВУ,(4) НО В МОЮ СТРАНУ И НА МОЮ РОДИНУ ПОЙДЕШЬ И ВОЗЬМЕШЬ ЖЕНУ СЫНУ МОЕМУ, ИЦХАКУ».

Он живет уже в этой стране. Его почитают, его любят. И все равно он не хочет смешиваться с ними?

ЖЕНА ДЛЯ СЫНА – НОВАЯ СТУПЕНЬ

А что это за страна? Эгоистические желания, которые раскрылись на следующей ступени. Кнаан. Он должен их исправлять, он должен с ними работать. Но как, с какими силами? Он должен взять силы с той ступени, откуда он сам.

Ему же сказали: «Иди из страны этой» в Арам – наараим, в город Нахора, из той страны, откуда вышел. Сейчас он посылает туда...

Слугу своего. И тот выбирает для Ицхака жену – Ривку.

Она дочь Бетуэля[19] – родственника Авраама, и у нее есть брат – Лаван.

Дело в том, что ступень Ицхак – это кардинально новая ступень. И для нее необходимо исконное желание, которое исходит из света. Неважно, каким оно будет: неисправленным или исправленным, но оно должно снизойти оттуда. И если Авраам сейчас поднимается к тому прошлому состоянию, то он берет из прошлого состояния правильное женское желание.

Желание, которое когда-то он оставил там, чтобы вернуться и забрать его? Когда он уходил из страны, понятно было, что он будет туда возвращаться и оттуда черпать оставленные там желания?

Да.

Вот так все и происходит внутри человека. Так это все и надо читать и видеть за этой книгой то, что во мне, то, что в человеке...

Дорогие друзья (я уже обращаюсь к читателям), далее вы увидите, что есть некие повторы в моих вопросах, но я оставляю их, – уж очень жаль пропускать объяснения Михаэля Лайтмана. Вы увидите, как на одно и то же выражение из Торы всякий раз возникает более глубокое объяснение.

Написано:

24(1) АВРААМ БЫЛ СТАР, ПРИШЕЛ В ЛЕТА.

---

[19] Бетуэль (ивр.) – соответствует русскому Вафуил – в Библии отец Ревекки.

СТАРОСТЬ ИЛИ ДУХОВНАЯ ЗРЕЛОСТЬ?

Мы говорим о любом человеке, который желает раскрыть Творца. Только об этом и говорится. И нечего больше делать человеку. Во всем остальном в этом мире мы животные, пасемся в этой плоскости, живем и умираем. Я говорю кратко, надеясь, что мои оценки правильно понимаются. Все мы таковы в нашем животном теле. А человек, который желает достичь Творца, должен подниматься, изменять себя.

Первое его кардинальное изменение – это обретение свойства полной отдачи, называемого Авраам. Это свойство хасадим, полностью раскрытое на отдачу. Милосердие. Когда совершенно пропадает забота о самом себе

О своем эгоизме?

Да. Когда все его мысли, все его чувства, чаяния, устремления – все они – направлены вне своего «я», наружу.

Для этого нам надо измениться – стать подобными Творцу?

Если мы правильно изучаем внутреннее содержание Торы, каббалу, то ее свечение начинает воздействовать на нас. И мы поднимаемся до уровня бины – чистая отдача, хэсэд, имуна. Такое состояние можно обрести только под воздействием высшего света. Оно называется Авраам. В таком состоянии человек ощущает себя в совершенстве.

Совершенство в том, что для себя – мне ничего не надо. Я вообще не беспокоюсь о себе. Я вижу благо во всем, что бы ни происходило. Свет так воздействует на человека, что аннулирует все его личные желания, внутренние пустоты, страдания. Есть лишь ощущение того, что ты плывешь в вечном высшем течении.

Можно позавидовать. Я бы сейчас все отдал, чтобы находиться в этом состоянии.

Ну, пожалуйста, отдай.

Отдам. Только скажите, что отдать, – все отдам...

Это состояние – оно, с одной стороны, вроде бы высшее, совершенное, правильное, а с другой – оно очень ограничивает человека, потому что человек находится под влиянием света. Свет воздействует на него, и человек на этот свет реагирует. Он желает уподобиться свету, быть полностью в отдаче.

А как развиваться дальше? Этот свет отдачи, милосердия не позволяет, потому что создает чувство совершенства, самодостаточности, ощущение подъема над своим эгоизмом, над своими прошлыми страданиями. Все исчезает, уходит куда-то, улетает – чувство настолько захватывает человека, что он ощущает себя вечным, совершенным, плывущим в вечном течении природы, и ему ничего не надо. И здесь под воздействием света постепенно проявляется следующая ступень, которая называется «старость Авраама».

Старость. Поэтому вы меня остановили на первом предложении – «Авраам был стар, пришел в лета»?

Да, поэтому я тебя остановил. Вот тут появляется у него мудрость.

Старость – это мудрость?

Да. Что же следует на этой ступени? Неужели я останусь только в этом пассивном состоянии, движущимся в потоке вечной природы? Или есть более серьезное высшее предназначение? Если оно есть, то в чем оно?

Здесь начинает развиваться следующая ступень. В каждом из нас, кто достиг ступени Авраама, происходит переход от молодого Авраама, постигшего каббалу, занимающегося ею с учениками, активно распространяющего ее, – то есть он работал со всеми своими свойствами, адаптировал себя к каббале, учебой вызывая на себя высший свет.

Что происходит дальше? Приходит старость. Что же дальше, в конце концов? Будет ли что-то лично из меня? Где мое личное «я»? Растворенное во всем? Вот здесь и появляется следующая ступень: Авраам порождает ступень Ицхака.

Он дальше двигается, не просто порождает?
Да.

Я хочу спросить: «Так что же, нет покоя у занимающегося продвижением? Нет покоя совсем? Человек все-таки ищет покоя...».

Покоя нет никогда. Человек уже не ищет его. Когда он находится в страданиях, то ищет покоя от страданий. Но он всегда ищет наполнения. Наполнение ощущается нами, как отсутствие страданий, но на деле это – наполнение. А покой – это мертвое состояние, неизменное, не изменяемое. В нем нет ничего великого, важного.

То есть счастье не в покое? Счастье в движении?
24(1) АВРААМ БЫЛ СТАР, ПРИШЕЛ В ЛЕТА, А ТВОРЕЦ БЛАГОСЛОВИЛ АВРААМА ВСЕМ...

У тебя все есть. Дальше что? Что из тебя получается дальше, следующее состояние – жизнь, рост?

(2) И СКАЗАЛ АВРААМ СВОЕМУ РАБУ, СТАРШЕМУ В ДОМЕ ЕГО, УПРАВЛЯВШЕМУ ВСЕМ, ЧТО У НЕГО: «ПОЛОЖИ РУКУ ТВОЮ ПОД БЕДРО МОЕ».

Написано в Зоаре по поводу «положи руку твою под бедро мое», что человек не понимает, почему под бедро, почему руку?

Написано так:

И НЕОБХОДИМО ВЫЯСНИТЬ ДОЛЖНЫМ ОБРАЗОМ, ЧТО ПРЕДСТАВЛЯЕТ СОБОЙ ЭТОТ КОСТЯК, КОТОРЫЙ ОСТАЕТСЯ В МОГИЛЕ И НЕ СГНИВАЕТ, О КОТОРОМ СКАЗАНО ЗДЕСЬ, ЧТО АНГЕЛ МАТАТ ДЕЛАЕТ ЕГО ЗАКВАСКОЙ ДЛЯ ПОСТРОЕНИЯ ТЕЛА. ЭТОТ КОСТЯК НАЗЫВАЕТСЯ «ЛУЗ», И ОН НЕ НАСЛАЖДАЕТСЯ ОТ ЕДЫ И ПИТЬЯ, КОТОРЫЕ ЕСТ И ПЬЕТ ЧЕЛОВЕК. ПОТОМУ ОН НЕ РАЗЛАГАЕТСЯ В МОГИЛЕ, КАК ОСТАЛЬНЫЕ КОСТИ. И ИЗ НЕЕ ПОВТОРНО СТРОИТСЯ ТЕЛО ЧЕЛОВЕКА, ГОТОВЯЩЕГОСЯ К ВОЗРОЖДЕНИЮ ИЗ МЕРТВЫХ.

ЛУЗ – СУТЬ НАША

По-моему, вся каббала здесь, в этой кости. Это какая-то часть нашего тела?

Тело в каббале – это все наши духовные желания.

И есть среди них одно, никогда не получающее удовлетворения?

Которое не может насладиться. Поэтому и не разлагается в могиле.

Это надо понимать так: у человека есть желание, которое не реагирует совершенно ни на что, вечное желание, которое только в будущем достигнет своей реализации.

Что такое «не разлагается в могиле»? Разложение наших желаний под воздействием высшего света – положительное явление, когда человек начинает понимать, что те эгоистические желания, с которыми он работает, мертвы.

Эти желания лишь приводят его к отрыву от жизни и их участь – сгнить?

Да. Это как зерно, которое, чтобы дать побег, должно сгнить в земле – среде, из которой затем оно возьмет силы роста. Зерно (прежнее состояние) полностью сгнивает, но его внутренняя (информационная) суть остается. Из того, что в нем остается, из этой маленькой энергии (когда материальная оболочка, вся материя полностью сгнивает, обращается в прах) и вырастает новый побег.

Как бы из ничего? Для глаза – из ничего?

Да. Для глаза – из ничего.

А для ощущений?

Нам кажется, что все-таки существует еще какая-то материя, но ведь она полностью сгнила, она совершенно уже не имеет никакого отношения к новому.

Новое получается из энергии, которая осталась от предыдущей формы, и которая переходит в новую форму. Есть предыдущая форма, есть новая форма, а между ними – переходная стадия в виде энергии и информации – суть жизни.

Так же происходит в нашем духовном развитии: есть один *парцуф*, затем он исчезает и исчезает, уходит свет, и этот *парцуф*, эта душа, полностью сжимается до точки – и проявляется новое ее рождение.

***Парцуф* – это что такое?**

Парцуф – это состояние души. То же самое происходит в наших чувственных состояниях: мы находимся в каком-то состоянии, затем оно исчезает, и тогда появляется знание. Знание перетекает в чувство. Чувство перетекает в знание. Таким образом, осуществляется вечное движение.

Предыдущая форма желания исчезает и переходит в новую форму желания?

Да. Остается только «*эцем луз*»: «*эцем*» приводится как суть или кость. Это та особая часть желания, которая не исчезает и получает свое исправление только в самом конце. А пока на ее основе начинается возрождение новых и новых ступеней. Она остается под ними.

Луз – тот корень, тот зачаток, то начало творения, которое было создано еще в мире бесконечности.

Можно сказать, что это часть Творца внутри человека? Искра Творца?

Это искра Творца, но обратная – это темная искра, не светлая.

Эта кость – суть, основа всего скелета наших желаний, всей нашей системы. И она становится основой, над которой все остальное постоянно меняется, в то время как она остается неизменной.

Почему Авраам просил, чтобы раб «подложил руку под бедро» и поклялся?

О! Это очень сложная система.

Рабом называются те исправления в человеке, которые, с одной стороны, уже достигли высших свойств и уже полностью подчиняются Аврааму. С другой стороны, они являются внешними относительно него. То есть человек разделяется на много оболочек, как луковица, и одна из них называется «рабом».

Свойства, которые я исправил, находятся в абсолютном подчинении относительно меня, они называются моим рабом. Но не моим личным! Не моими личными свойствами....

Это различные силы? То, что вы сейчас пытаетесь мне объяснить, это силы?

Да. Силы – наши внутренние свойства.

Исправленное свойство уже не мое?

Нет, оно мое. Я им управляю.

Нет ничего не моего! Даже Творец – это я! Это я в исправленном состоянии. И обнаруживаю себя таким. Всякие имена, которые мы даем: ангелы, ведьмы, рабы, господа – это все мои свойства. Это находится во мне, это части моей души, которые представляются мне как силы, существующие вне меня.

Авраам, в котором были исправлены его определенные свойства, называемые относительно его внутренних свойств «рабом», сейчас начинает работать с ними таким образом, чтобы подсоединиться к следующей своей ступени.

К Ицхаку.

К Ицхаку. Это его следующая ступень.

Он рождает из себя эту следующую ступень. И далее на этой следующей ступени ему необходимо сформировать ее из мужской и женской части: из намерения, которое называется Ицхак, и из его тела, из его жены. Поэтому он посылает своего раба – то внешнее, что он может оторвать от своей ступени и с этим работать. Потому что он сам остается на прежней ступени. Он не может сам подняться на следующую ступень к Ицхаку.

Вот что далее написано в Зоаре, о чем мы с Вами говорили.

Написано так:

ПОД ИМЕНЕМ «АВРААМ» ПОДРАЗУМЕВАЕТСЯ ДУША. ОТСЮДА ПОНЯТНО, ЧТО ДУША СКАЗАЛА АНГЕЛУ МАТАТУ: «ПОСКОЛЬКУ ТЫ ОТПРАВЛЯЕШЬСЯ С ЭТОЙ МИССИЕЙ ОЖИВИТЬ МЕРТВЫХ, НЕ БЕРИ ЖЕНЫ СЫНУ МОЕМУ, НЕ БЕРИ ТЕЛА СЫНУ МОЕМУ, ПОСКОЛЬКУ ТЕЛО ПО ОТНОШЕНИЮ К ДУШЕ НАЗЫВАЕТСЯ "ЖЕНА". И ОСТЕРЕГАЙСЯ ВОЙТИ В ДРУГОЕ ТЕЛО, ЧУЖОЕ, КОТОРОЕ НЕ ДОСТОЙНО ЕГО, НО ИМЕННО В НУЖНОЕ ТЕЛО, УБЕДИВШИСЬ, ЧТО ЭТО МОЕ ТЕЛО, ИМЕННО ТО, ИЗ КОТОРОГО Я ВЫШЛА, – ГОВОРИТ ДУША. – НА РОДИНУ МОЮ ПОЙДЕШЬ, ТО ЕСТЬ К ТЕЛУ МОЕМУ, КОТОРОЕ ОСТАЛОСЬ В ТОЙ КОСТИ ЛУЗ...».

Из которого я уже взял часть свойств и исправил, а остальные свойства сейчас должен взять и исправить до следующей ступени.

«И ЧТОБЫ ЭТО БЫЛО ИМЕННО ТО ТЕЛО, ИЗ КОТОРОГО Я ВЫШЛА. И ОНО ДОСТОЙНО ВОЗРОЖДЕНИЯ ИЗ МЕРТВЫХ. И ПОСЛЕ ТОГО, КАК ИСЦЕЛИТСЯ ОТ ПОРОКА СВОЕГО, БУДЕТ ДОСТОЙНЫМ ОБЛАЧЕНИЕМ ДУШИ НАВЕКИ».

Какая закрутка идет!

Да-да. Постепенно таким вот образом исправляется часть, еще одна, еще часть этой вечной единой души.

Когда-то наше желание с намерением «Авраам» уже выходило из страны, где зародилось. Авраам выходил с теми желаниями, которые можно исправить. А все остальное оставил в той стране. Сейчас он посылает туда посланника...

Чтобы извлечь оттуда еще и еще желания.

То есть он поднялся на ступень и говорит: «Сейчас я могу уже подтянуть эти желания»?

Конечно. Он должен брать оттуда новые, все новые и новые свойства, которые раньше не мог исправить, а теперь на новой ступени уже может исправить.

Так мы, каббалисты, всегда действуем. Так мы «копаем» себя глубже, еще глубже, вытаскиваем на свет все более глубокие, более неисправные, пораженные эгоизмом желания, свойства, мысли и, начиная исправлять их, поднимаемся выше.

Это называется «оживление мертвых»?

Да, конечно. Они же были мертвыми, без исправления нельзя было ими пользоваться.

Люди понимают «оживление мертвых» совсем по-другому.

Ничего другого не может быть!

Поэтому в Иерусалиме есть кладбище на Ар Азейтим (Масличная гора). Маслина – символ обновления. Многие имущие люди хотят купить место для захоронения там. Они верят, что «когда придет Спаситель (Машиах[20]), тогда восстанут мертвые».

---

20 Машиах (ивр.) – соответствует русскому Мессия.

Ну да, за деньги они купят место ближе к Богу.

Так они понимают – буквально. На самом деле, как я Вас понял, «оживление мертвых» – это использование всех моих желаний, но уже не с эгоистическим намерением, а ради отдачи – после завершения исправления?

ОЖИВЛЕНИЕ ЖЕЛАНИЙ, А НЕ ФИЗИЧЕСКИХ ТЕЛ

Конечно, речь идет о сути, желаниях, душе. Не о теле, животном, физиологическом. Каббалист Бааль Сулам говорил: «Мне абсолютно не важно, куда бросят мешок с моими костями».

Наши обычаи: как хороним, ставим камень, приходим молиться – это ветви от духовных корней. В духовном – это определенные исправления эгоистических желаний.

В духовном действуют так: желания надо вернуть земле, над ними произнести особые молитвы. Раз в год надо возвращаться к ним, чтобы возобновлять с ними контакт, поднимать их и еще больше исправлять на каждой новой ступени. Потому что за год мы вырастаем на следующий уровень, и так далее.

К нашим физическим костям, конечно, это не имеет никакого отношения. Раньше захоронение умерших совершалось иначе, чем сейчас: тело клали в пещеру, мясо истлевало, оставшиеся кости складывали в сосуд. Сосуд закрывали и ставили рядом с другими сосудами.

Но никогда не сжигали?

Нет, нет.

Сейчас сжигают, чтобы проще было. Компактнее. Много

людей. Кремация, тем не менее, считается варварским обычаем. Это имеет какие-то духовные корни?

Дело в том, что все наши проблемы будут решены, только когда мы достигнем духовного видения. Когда мы, находясь на духовной ступени, поймем, что же такое – эта наша ступень. И тогда у нас будет нормальное отношение к нашему миру.

И к смерти?

И к рождению, и к смерти, и ко всему остальному.

Сейчас говорить об этом людям пока нельзя. Они будут слишком разочарованы. И у человека не останется никакого ощущения важности этого мира, как мира исчезающего, как мира, в котором нет ничего, кроме необходимого для существования, чтобы подняться на следующую ступень, новый уровень

Новый уровень прежней жизни или уровень новой жизни?

Вся наша культура, наука; все, что мы делаем, производим; наши обычаи, воспитание; все, что мы передаем из поколения в поколение – наши человеческие ценности – это ноль, абсолютная пустота. Человечество сотворило все вокруг себя для того, чтобы заняться, обустроить себя.

В итоге, сегодня мы приходим к состоянию, когда начинаем видеть, что все это нам ничего не дает, ни от чего не спасает. Зачем, для чего все? Держимся последними усилиями. Возрождаем силой, искусственно, религиозные обычаи. На самом деле, мир уже другой, и мы уже другие. Просто мы пытаемся каким-то образом удержать себя, так как без предыдущей подложки, базиса, не раскрыв еще Высшее, мы не понимаем, где мы и кто мы?

Вы сейчас не хотите продолжать, идти до конца, чтоб не рушить старый фундамент?

Нельзя. Раньше времени нельзя ни в коем случае.

Вы сейчас говорите, что все романы, все фильмы – все, чем мы восторгаемся: Достоевский, Толстой, Пушкин, Лермонтов, – вся великая литература… Значимость всего этого исчезает в тот момент, когда человек вдруг понимает, перед, чем он стоит, для чего он рожден? И все это было только в помощь ему в этом мире, чтобы как-то существовать?

Чтобы достичь состояния, из которого человек начинает расти. И тогда всего своего предыдущего он просто не замечает, он его перерастает.

Оно служило нам для того, чтобы развить нас до тех пор, пока не увидим настоящую цель и не «выберем жизнь»?

Да. Нам надо было пройти все эти состояния «культурного» роста. Это необходимо. Это закон природы. Мы должны завершить развитие на предыдущем уровне, чтобы выйти на следующий.

Это переворот, на самом деле. Для человека простого…

Нет! Сегодня люди все это проходят на практике. Нам не надо ничего рассказывать им! Пусть они посмотрят, что происходит с культурой, литературой, историей.

Сегодня мы живем уже в совершенно новом обществе: новая культура, новое отношение к жизни – все другое. Уйдет наше поколение, еще, допустим, пройдет лет 20, и жизнь будет совершенно другой. Даже без каббалы, я имею в виду. Она просто будет другая! Новые оценки, отношение к жизни, новые методы общения сменят все предыдущее.

Я не говорю об улучшении, я говорю, что все изменится.

А может, сейчас идет, как вы сказали, гниение? Именно тот этап, который вдруг исчезает в земле?

Он должен еще пройти.

Между ступенями?

Да.

И когда вдруг все это исчезнет? Как сказано в Торе, «войдут в страну те, кто не знал рабства», умрет то поколение, начнет вставать качественно иная ступень. Мы находимся сейчас в этой стадии? В стадии умирания последнего поколения?

Да. Это абсолютно точно! Каббалисты так пишут.

И дальше начнется подъем?

БУДУТ ХОДИТЬ ПО УЛИЦАМ В ПИЖАМЕ

Мы пришли к состоянию, когда человечество должно начать подниматься вверх. И поэтому на горизонтальном уровне развития больше ничего не будет.

Мы поневоле начнем сворачивать промышленность – она будет не нужна людям. Уже говорят: «Перепроизводство, не надо ничего». Американцы сворачивают космические исследования. Постепенно закрываются предприятия. Людям этого просто не надо! Люди будут чувствовать, что это все их только отягощает. Нет смысла идти в магазины все накупать. Нет смысла как-то особенно одеваться, хвалиться….

К этому придет человек?

Да, конечно. Придет к тому, что будет ходить по улицам в пижаме, и ничего ему будет не надо.

Из-за пресыщенности?

Нет. Из-за того, что в нем начнет проявляться желание качественно нового уровня. Проявляться так, что все остальное потеряет прежнюю значимость.

Материальное изобилие потеряет важность?

Конечно. Как сказано в Торе, вместе с горшками с мясом в Египте вдруг появляется следующий уровень желания. Не покупать Роллс Ройсы, яхты и все прочее и хвалиться ими… – нет! Тебе достаточно того, что необходимо для элементарного существования. Но тогда, чем наслаждаться?

Появляются желания совершенно другого уровня. Как их наполнить? Это неизвестно. Нет магазинов, нет таких заправочных станций, чтобы открыть кран и наполниться.

Тут возникает пустота, тоска? Состояния депрессии…

Да. Это самое главное! Непонятно, к чему пустота. Где я могу найти источник наполнения? Чего именно я хочу? Вот что непонятно.

Знаете, так определяется в кино, что такое драматическая ситуация? Вы сейчас как раз говорите о создании драматической ситуации. Что означает: человек находится в драматической ситуации? Существуют два параметра: первое, человек не знает, что делать; второе

состояние – он ищет выход.

Мы уже, по-моему, отходим от поисков выхода. Я это вижу по конечным состояниям науки, техники, искусства, литературы…

Что нет поиска?

Да. Уже отмирает заинтересованность найти новые формы. Они не дадут нам наполнения! Мы уже заранее автоматически понимаем: что бы мы ни развивали, это ничего не даст.

Состояние «нет поиска» – это тоже поиск? Это же хорошо, на самом деле.

Это состояние, когда мы находимся в процессе формирования в себе четкого внутреннего запроса к следующему уровню. Вот он и должен проявиться.

К пониманию, что в этой плоскости я уже ничего не найду? Но для этого он должен пройти всю эту плоскость?

Да. И что интересно, мы пережили такой научно-технический прогресс, думали покорить природу, властвовать над всем, чувствовать себя хозяевами. И вдруг снова вернулись к вере в какие-то высшие силы, в судьбу и случай, гороскопы, предсказания. Смотри телевидение – везде показывают одно и то же: или предсказания, или как готовить еду. Практически ничего другого нет. Развлекательные программы – пустые.

После всех древних верований мы пережили период развития знаний, технический прогресс и вернулись к слепой примитивной вере. Но уже осознаем, что мы не властвуем над природой. И это хорошо.

Я в Москве жил у знакомых: он профессор философии,

она профессор математики. Они просто истерически занимаются астрологическими науками. Они знают свои знаки, свои характеристики – все знают...

Они ищут в этом закономерность. Они считают, что все-таки смогут найти, каким образом можно управлять своим будущим.

И не находят. Или находят всего на мгновение.

Да, по всяким корреляциям они находят иногда.

Но что это дает? Человек смертен? Да. А если есть смерть, какое значение имеет все остальное?! Главное – как-то просуществовать. Все равно потом все умираем, конец один.

Сегодня общество уже не оценивает человека по его особым достижениям.

Вы считаете, что в основе всего лежит страх смерти?

Естественно. Да. Если есть конец нашей жизни, то вся жизнь измеряется относительно этого конца. И абсолютно точно. И когда человек начинает видеть, что ему в этой жизни не заиграть себя, не наполнить, тогда этот конец, этот итог раскрывается перед ним очень явно своей темнотой, чернотой, пропастью.

И оттуда весь страх?

И оттуда идет такой темный, глубинный, как из страшного подвала, не только страх, а безысходность, разочарование, которое опустошает и обессиливает.

А что там за этой чернотой?

Ничего. «В прах должен ты возвратиться». И все. Что еще есть? Ничего другого, если ты в течение этой жизни не достиг более высокого уровня, души....

НЕДЕЛЬНАЯ ГЛАВА «И БЫЛО ЖИЗНИ САРЫ»

Итак, в начале главы «И было жизни Сары» ее хоронят.

Это и называется «жизнь». Глава называется так, потому что Сара умирает в своем эгоизме. Она покончила со своим эгоизмом. И после смерти ее эгоизма все огромное желание, вся огромная малхут – царство желания – начинает работать на отдачу.

Так же и у человека, когда он умерщвляет свой эгоизм, хоронит его, закапывает в землю (на самом деле возникает такое ощущение) и поднимается над ним, то начинается его новая жизнь, жизнь в другом измерении – в духовном.

«Предать тело земле» – это принизить значимость эгоизма?

Эгоистическое тело погружается в землю, и над ним начинает развиваться альтруистическое тело.

Настоящая жизнь.

Да.

Как все перевернуто.

В этом новом теле ощущается Творец, вечная жизнь, совершенство.

Человек, когда приходит на кладбище, почему-то чувствует себя хорошо. У него внутри как-то все

успокаивается...

Потому что там все спокойны. И он чувствует себя более активным, чем остальные.

Он видит, как тленна жизнь. Все они куда-то рвались, бежали. И вот все закончилось...

Вообще-то каббалисты не смотрят на это таким образом, ведь физическое тело к нашему желанию не имеет никакого отношения. Оно просто само по себе функционирует, подобно тому, как рядом со мной живет мое домашнее животное.

Но говорят же, что в нем есть искра Божья.

Совершенно не в этом теле! Телом в каббале называется наше желание.

А животное (физическое) тело просто представляет собой белковое состояние, которое существует рядом со мной. И отождествлять себя со своим физическим телом просто глупо.

Причем, я ведь даже не являюсь хозяином этого тела. С какими физическими данными родиться – над этим человек совершенно не властен. Надо лишь заботиться о его нормальном функционировании.

Параллельно за время его существования ты делаешь с его помощью определенную работу, используешь его, как домашнее животное, например, как осла, корову, лошадь и так далее.

Но, не унижая его, а наоборот, зная, что благодаря ему я могу произвести большую человеческую работу. При условии, что я стою над этим телом. Как, допустим, человек садится на коня.

Вы говорите: «Если я живу не для тела»?

Да, при условии, что я живу не для тела, а тело дано для того, чтобы помочь мне возвыситься.

Притом важно, какая ставится цель?

Да. И тогда тело оправдывает свое существование.

В этой жизни у нас есть уникальная возможность выйти за пределы смерти. Иначе, если моя жизнь заключается только в рамках этого тела, я живу до тех пор, пока этот белок существует в своем животном виде, и пока он снова не падает до неживого уровня.

Но я могу приподняться над животным уровнем на уровень «человек». Человек – это дух. Человек – это мысли, желания, это то, что не имеет прямого отношения к телу. И поэтому у меня есть уникальная возможность приподняться над телом в течение его жизни. Для того и дана нам каббала.

Говорится, что Тора, каббала – это средство освобождения от «силы смерти».

С помощью каббалы я могу приподняться над телом и уже сейчас начать ощущать жизнь в той области, где тела нет. Эта информация оторвана от тела. Это – желание, мысли, не относящиеся к телу.

Интересно, что бывают такие проблески перед кончиной. Говорят, Александр Македонский, умирая, сказал: «Когда будете нести меня после моей смерти, разверните мои руки вверх, чтобы все видели, что я завоевал полмира, а в моих руках ничего нет».

Ну, это красивая метафора. Он, конечно, особый человек, и были у него связи с каббалистами. Настолько, насколько он мог вобрать в себя эти идеи.

Нам понятно, что люди уходят из мира с пустыми руками. Но ведь, как правило, человеку так не кажется, он думает, что оставляет в этом мире память о себе. И эта память, его «я», ему очень дороги.

Многие готовы тяжело работать всю жизнь для того, чтобы заслужить пышные похороны – особые похороны, когда о них будут говорить, когда по ним будут плакать, сожалеть, когда после них останутся книги, воспоминания. Очень горько, что человек ошибается и думает, что именно таким образом он увековечивает свое «я».

Я умру, и ко мне на похороны придет мэр города, президент страны...

Но ведь это все равно не вечное. Такое представление живет в людях нашего мира, и насколько бы это ни было для них приятным эгоистическим наполнением, все равно существовать ради этого и для того, чтобы обслуживать других, живущих только на этом уровне... Не знаю... Конечно, за неимением другого... Так принято, нас воспитывают уважать этих людей, их жизнь.

Жизнь замечательных людей. Интересно, что среди этих «замечательных людей» нет ни одного каббалиста. Ни одного, кто тихо занимается вечным, главным.

Мы читали в Книге Зоар о земном шаре. Это поразительно! Две тысячи лет назад каббалисты описывали, как земной шар крутится вокруг своей оси и подставляет себя под солнце; и там, где падают солнечные лучи, – день, а с обратной стороны – ночь. Ты представляешь?! Понятно, что это – каббала. Но непонятно, откуда потом люди взяли эти сведения, как у них возникло такое представление о мире (пусть намного позже): в науках нашего мира начали раскрывать это знание только через полторы тысячи лет.

И пошли на костер за это! Джордано Бруно, Галилео

Галилей…

Да. А в Зоаре свободно пишут в двух-трех строчках, совершенно не обращая внимания на то, кто и что думает об этом.

Но продолжим говорить о Вечной книге. Мы приближаемся к выбору жены для Ицхака. Прежде я хочу задать еще один вопрос, касающийся Вас. Мы говорим о выборе жены для Ицхака. А когда Вы женились, Ваши родители ставили вам какие-то условия? Какую жену они хотели видеть?

Я ставил условия.

Тогда какую жену Вы хотели себе?

Вообще-то я не хотел жениться. Я думал уехать из России. Я понял, что дальше развития не будет: ни моего, ни страны, ни моего развития в стране, и поэтому надо оттуда уезжать. Начал к этому серьезно готовиться. Переехал в маленький городок Пабраде под Вильнюсом для того, чтобы оттуда выбраться в Израиль, потому что меня ни из Ленинграда, ни из Витебска не выпускали. Но потом в Прибалтике я договорился, заплатил, и меня спокойно отпустили. Держали всего лишь полгода. До этого четыре года я не получал разрешения на выезд.

Родители, узнав о моих планах, сказали, что если уж ты едешь, то отправляйся с семьей. Хотя они понимали, что я глупостями заниматься не буду. Я и в Ленинград самостоятельно уехал, поступил в институт и никогда в жизни не делал никаких глупостей: просто был нормальным человеком. Но все равно родители настояли, чтобы я женился. Моим единственным условием к жене было ее согласие ехать в Израиль. Со своей будущей женой я познакомился на работе.

В Прибалтике?

Нет. В Витебске. Я переехал из Ленинграда в Витебск. Думал, что оттуда смогу уехать быстрее. В Витебске работал инженером на приборостроительном заводе, он назывался ВЗЭП – «Витебский завод электроизмерительных приборов». Большой завод. Там же в конструкторском отделе, рядом с нами, работала моя будущая жена. Я давал задание, она выполняла. Ей было 18 лет. После работы она училась в технологическом институте.

Все началось с того, что мы вместе удрали с первомайской демонстрации. Как-то вдруг обнаружили, что вдвоем нам легче вырваться из колонны. Тогда заставляли участвовать в демонстрациях. Мы вместе выскочили и, подталкивая друг дружку, вбежали в какую-то подворотню. И решили, что, поскольку мы оторвались, то пойдем гулять. Праздничный день, все открыто. Купили себе эскимо, сидим на лавочке, разговариваем. Я рассказал ей о своих планах, она – о своих, и начали общаться.

Но если бы родители меня не толкали, я бы не женился. Я, конечно, не хочу сказать ничего плохого. Я счастлив, что у меня эта жена. Мы с нею прожили уже около 40 лет. Но тогда у меня не было на это настроя. У меня было желание только уехать и начать себя строить в том месте, где я могу себя найти.

После той демонстрации мы пришли к нам домой, и я сел за пианино, начал играть. Она стояла рядом. Дома никого не было, я играл. И тут зашли родители. И потом они мне рассказывали, что они зашли и сразу увидели, что мы – пара.

Я совершенно не был настроен на брак. У меня была другая цель! Дело не в том, что она мне не подходила. Она была очень симпатичная и приятная девочка восемнадцати лет.

Но у Вас было условие. Вы ей сказали: «Поедешь?». Она ответила: «Поеду».

Да, было так. Меня направили в командировку в Прибалтику. Я ей говорю, что узнаю, как уехать в Израиль – я хочу уезжать. В то время сказать про Израиль было очень непросто.

Потом, когда мы начали обсуждать, я сказал: «Я готов жениться. Но женюсь только на женщине, которая захочет со мной уехать и не будет создавать никаких проблем после свадьбы, когда уже мы расписаны. И я увидел, что действительно будет так, как я скажу, что потом у меня не будет никаких осложнений, потому что запросто они могли возникнуть. Такой строй еще был в то время. Причем, это был непростой период – накануне войны Йом Кипур в Израиле. В России нагнеталась сложная обстановка в отношениях с Израилем. Но в 74-м я все-таки сюда приехал с женой и маленьким ребенком.

Я не просто спрашиваю про Вас: Ваши родители тоже поставили перед Вами условие, как и Авраам, который выбирал для Ицхака жену.

Там были условия духовные!

Теперь вернемся к главе «Жизнь Сары».

Мы говорим о том, что Авраам отправляет своего раба искать жену для сына Ицхака. Написано в Торе так:

(8) ЕСЛИ ЖЕ НЕ ЗАХОЧЕТ ЖЕНЩИНА ИДТИ ЗА ТОБОЮ, ТО ТЫ БУДЕШЬ ЧИСТ ОТ ЭТОЙ КЛЯТВЫ МОЕЙ (говорит он рабу); ТОЛЬКО СЫНА МОЕГО НЕ ВОЗВРАЩАЙ ТУДА. (9) И ПОЛОЖИЛ РАБ РУКУ СВОЮ ПОД

БЕДРО АВРААМА, ГОСПОДИНА СВОЕГО, И ПОКЛЯЛСЯ ЕМУ В ЭТОМ.

ВЫБОР ЖЕНЫ РАДИ ДУХОВНОГО ДВИЖЕНИЯ

Авраам сказал: «Жену Ицхака ты выбери так…: подойди к колодцу, выйдут черпальщицы, начнут черпать воду…».
Это все проявляется из общей малхут – царства желания. Весь огромный эгоизм, который создан Творцом и который надо исправить, достигнув подобия свойству отдачи.

Из всего огромного эгоизма, созданного самим Творцом, проявляется, начинает выходить такое желание, с которым можно начинать работать. Оно желает черпать воду, источник жизни, высший свет. И поэтому Авраам указывает на то, что появляется такое желание.

Следующая ступень приближения к Творцу называется «черпальщица»?
Да, Ривка. Так это свойство обозначается. Человек, таким образом, идет как бы по ступеням.

И все время ищет пару? Все время в движении?
Да.

Рождается сын, сыну подбирают жену. И так далее.
В повествовании говорится вроде бы только о сыновьях. Но на самом деле рядом с сыном всегда существует его пара, сосуд – носитель желаний.

Почему здесь сказано, что «только сына моего не возвращай туда»? Так говорит Авраам рабу своему.

Чтобы не было свойства отдачи ради получения. Оставить его там, чтобы было получение ради отдачи. То есть возьми оттуда желание.

Притяни оттуда себе?

Да, то есть вытащи из эгоизма еще одно желание и подставь его под альтруистическое намерение.

Авраам знает, о чем он говорит. Он вышел из этой страны.

И он поступал также с Сарой. Вместе с Сарой они, эти два свойства, поначалу были идолопоклонниками, то есть использовали свойство хэсэд-имуна, чтобы получать.

КЛЯТВА – ЭТО ОБЯЗАТЕЛЬСТВО

Здесь есть такая фраза: «И положил раб руку свою под бедро Авраама», – так произносится клятва. Что такое клятва?

Мы говорили о косточке луз, о том, что такое «бедро Авраама». Это часть как бы внутри человека, которая не разлагается, – так Вы говорили? Что-то вечное в человеке? Клянутся на чем-то вечном?

Очень о многом здесь можно говорить.

Клятвой называется такое состояние, когда я иду верой выше знания. Но это не та вера, как мы определяем ее сейчас в нашем мире. Клятвой называется такое состояние, когда я начинаю отрабатывать свою следующую ступень, еще не зная ее, поднимаясь на нее практически во тьме. В таком случае я просто беру посох, какие-то атрибуты, которые мне помогают в пути, – некие ориентиры, которые идут не от меня.

Это может быть книга?

Да. Кроме того, ориентиры, которые я заранее определяю в своем состоянии. И даже если по дороге случается, что я наталкиваюсь на что-то противоречивое, я все равно выполняю свое движение. Это называется клятва. Даже если состояния между нами меняются, я продолжаю действовать так, как поклялся. Клятва означает, что я принял какие-то первоначальные условия и продолжаю действовать исходя из этих исходных условий.

То есть программа, которую я взял, продолжает работать во мне?

Да. Программа, которая работает в духовной структуре, в «духовном парцуфе», состоит из верхней части: хэсэд – гвура – тифэрэт, – и из нижней части: нецах – ход – есод.

Клятвой называется состояние, при котором то, что я сейчас задумал, принял на себя, обязательно будет исполнено в действии. Причем, исполнено уже не мной – высшей стороной парцуфа, Авраамом, а низшей стороной парцуфа, то есть как бы его рабом.

В духовной работе все образы: Авраам, раб – это внутренние свойства в одном человеке. Когда я думаю, планирую, это называется причина – Авраам. А само действие, поступок, происходит на исполнительском уровне и называется «раб».

Сколько смыслов!

Да. Потому что сам Авраам не может войти в контакт с эгоизмом, с этими свойствами. В человеке невозможны такие состояния.

Представь себе, ты сейчас думаешь о чем-то высоком, через некоторое время окажешься в другой компании, где тебе придется думать совершенно иначе, вести себя иначе, переключиться, стать немножко другим. Человек – многоплановое существо.

Та часть Авраама, которая может работать с исправлением эгоистических желаний, называется его рабом.

Именно его он и посылает?

Это называется, что он посылает его на раскрытие нового эгоизма, который он может исправить.

Авраам не может вернуться туда ни в коем случае?

Нет. Его свойство – полный подъем над эгоизмом, отрешение от него, предпочтение милости – *«хафец хэсэд»*.

Сейчас из своего эгоизма, в котором он был, Авраам берет часть, подтягивает к себе и исправляет ее?

ВСЯ ТОРА – В ОДНОМ ЧЕЛОВЕКЕ

Да. То, что мы изучаем в Торе, – это практически повествование о движении, о внутреннем развитии одного человека, который называется разными именами. Внутри него разные персонажи, места, события – как бы крутятся миры. Но все это находится внутри нас, так как мы постигаем мироздание внутри себя, в своей душе.

Человек, постоянно понемногу очищая себя от эгоизма, поднимается…

Пока не достигает полного совершенства.

ГЛАВА «И БЫЛО ЖИЗНИ САРЫ»

И в это «чистое место», в это желание отдачи, входит Творец и заполняет тебя?

Творец не входит в том смысле, что приходит откуда-то извне. Человек внутри себя создает образ Творца, формирует из самого себя. В нем возникает структура Творца.

Как говорят: «Творец не войдет в эгоизм»…

А все наши желания в их намерениях отдачи станут подобными Творцу.

Продолжим главу.

(10) И ВЗЯЛ РАБ ДЕСЯТЬ ВЕРБЛЮДОВ ИЗ ВЕРБЛЮДОВ ГОСПОДИНА СВОЕГО, И ПОШЕЛ, И ВСЯКОГО ДОБРА ГОСПОДИНА СВОЕГО С СОБОЮ ВЗЯЛ; И ВСТАЛ, И ПОШЕЛ В АРАМ-НААРАИМ, В ГОРОД НАХОРА (11), И РАСПОЛОЖИЛ ОН ВЕРБЛЮДОВ ВНЕ ГОРОДА, ВОЗЛЕ КОЛОДЦА ВОДЫ, ПОД ВЕЧЕР, КО ВРЕМЕНИ ВЫХОДА ЧЕРПАЛЬЩИЦ.

Очень литературное изложение: десять верблюдов, вне города, вечер, выход черпальщиц.

Сейчас я еще добавлю, что пишет Книга Зоар. Зоар пишет очень интересную вещь:

И расположил он верблюдов вне города, возле колодца с водой. «Вне города» – на кладбище.

Зоар говорит, что любое состояние «вне города» называется кладбищем. Что вы об этом скажете?

Город у них – город нехороший, потому что в нем собрались одни грешники, грешные желания человека. «Вне города» – место, где человек хоронит свои грешные желания или, наоборот, место, где они начинают воскрешаться.

Желания невозможно умертвить до конца, аннулировать, аннигилировать. Можно лишь изменить на другую форму их реализации.

То есть они всегда остаются?

ЖИВАЯ ВОДА – ЭЛИКСИР БЕССМЕРТИЯ

Да, конечно. Вместо того чтобы использовать их ради себя, я использую их ради других.

В том месте, где хоронят эгоистические намерения, есть колодец с живой водой. Там эти же намерения начинают подниматься на другой уровень, на другое использование, иначе говоря, приобретается намерение ради других.

Эти слова подхватывает Книга Зоар. И здесь говорится следующее:

«Возле колодца с водой» – те, которые предшествуют возрождению из мертвых на кладбище.

Теперь тебе понятно?

Нет, но сказано красиво. Дальше. Написано так: «Это поддерживавшие Тору».

Говорится о тех, кто сейчас восстанет из мертвых?

Да. Именно о них.

Кто они – «поддерживавшие Тору»?

Те, кто своим преобразованием, своим исправлением вызывают Высший свет проявляться в них, в их новых желаниях. Это называется «поддержкой Торы». Таким образом, они дают возможность свету, заложенному в Торе, проявиться в них.

Продолжаем дальше. Зоар говорит, что перед смертью человека спрашивают, уделял ли он время Торе, и если – да, то «**не возникает сомнения в том, что оживить его надо первым**».

Если человек занимался тем, что исправлял себя, и именно с этим направлением умертвил тело – свои желания с эгоистическими намерениями. Теперь эти его желания могут оживляться уже с альтруистическим намерением, он может использовать их ради отдачи. Это и называется воскрешением мертвых («тхият а-метим»). Воскрешается то же желание, только с новым намерением. В этом новом намерении ощущается высший свет, свет отдачи и любви. Это и есть Тора.

Глава
«ВОТ РОДОСЛОВНАЯ ИЦХАКА...»

ПРОСИТЬ ПОМОЩИ СВЫШЕ – МОЛИТЬСЯ ЗА ЖЕНУ

Мы начинаем новую главу «Вот родословная Ицхака»: были причины – родители, а теперь следствия – дети.
Порождение. Потомство.

**Мы об этом уже говорили: все повторяется. С Ицхаком происходит то же самое, что было с Авраамом: жена не может родить, и у Ицхака возникает необходимость просить помощи свыше – молиться за жену.
Что такое невозможность родить, в данном случае, у Ривки? Почему не обходится без молитвы Ицхака?**

Самое простое для меня – объяснять эти явления языком каббалы, как соединение и разделение сил, которые управляют всем.

Это объяснение простое, четкое, научно-обоснованное, ибо любое состояние можно измерить, дать его определение – и не остается никаких сомнений.

Да, но просто – это для тех, кто постиг на себе, кто знает связь ветвей с их корнями – духовными силами.

Можно перевести это на некий промежуточный язык. Замысел великого режиссера можно передать, например, языком аллегорий, тогда получится, конечно, совсем иная картина.

Сам театр находится внутри человека. И есть силы, которые управляют человеком. Эти силы называются различными именами. Они проходят кругообороты, формируются во все большей связи между собой. Все – для того, чтобы привести человека, творение, к подобию Творцу.

ГЛАВА «ВОТ РОДОСЛОВНАЯ ИЦХАКА…»

Вся родословная: история о переживаниях Авраама и Сары, Ицхака и Ривки по поводу их потомства, затем о детях Ицхака с их женами и потомством – все это рассказ о развитии ступеней возвышения единой души. Та же родословная – в каждом человеке. Каждый человек внутри себя проходит все эти метаморфозы.

Как колесо, которое все время крутится? И в это время проделывает путь?

КУДА КРУТЯТСЯ КОЛЕСА?

Да, колесо крутится. И движется вперед.

Происходит возвращение к той же точке?

Несмотря на то, что точка возвращается, она все время находится в возвратно-поступательном движении: на втором этапе происходит то же самое, что на первом, и на каждом последующем так же, и дальше, до окончания всех этапов. Человек, который прошел все этапы, становится полностью подобным Творцу.

То есть «въезжает» в землю Израиля, в Эрец Исраэль?

Не только въезжает, он ее осваивает.

Земля – «*эрец*» (от слова «*рацон*», желание). Исраэль – «*яшар эль*» – прямо к Творцу. Его внутреннее желание становится полностью подобным Творцу, тогда как вначале оно было абсолютно противоположно Ему. И все эти возвратно-поступательные движения, кругообороты жизней, ступеней происходят только для того, чтобы достичь состояния полного подобия Творцу.

Потом они прекращаются?

Конечно. После того, как человек завершает всю свою работу, свое уподобление Творцу, все изменения заканчиваются. Нечего больше делать – становишься абсолютно исправленным, одним намерением, слитым с Творцом – и все. После этого возникает другой вид деятельности, изменений, преобразований.

Более творческий? И мы об этом ничего не знаем, потому что это уже за рамками времени и места?

Да. Это уже совсем другое мировоззрение, другое понимание, ощущение иных миров. Новый уровень, другое измерение. Мы не можем даже представить себе, как мы существуем в том измерении, как видим, чувствуем, понимаем, общаемся: существуют ли эти ограничения, которые есть в нас сегодня? Есть ли такие понятия, как «я» и «мое внешнее окружение»? Или все это внутри? Как? Непонятно.

Интересно, а что там… Вам интересно заглянуть туда?

Откровенно говоря, нет.

Почему? Я горю желанием, честно говоря. Я бы хотел.

Что значит «горю желанием», если у тебя сейчас от того состояния нет ничего? Это просто какое-то искусственное любопытство.

Я не горю желанием. И у меня, наоборот, есть огромные четкие желания, четкие определения, понимание того, что я должен сделать сейчас, чтобы достичь следующего этапа. Понимаешь? «Соловья баснями не кормят».

Мне надо съесть какой-то нормальный сэндвич сейчас, а ты мне предлагаешь: «Потерпи недельку и ты покушаешь первоклассный обед». Это меня не устраивает.

ГЛАВА «ВОТ РОДОСЛОВНАЯ ИЦХАКА...»

Вы за постепенное продвижение по ступеням? Как рабби Акива: «Кто выбирает ступенчатое развитие – выигрывает любовь»?

Я – только так! Поэтому-то и называется наша недельная глава «Родословная Ицхака» – следствия решений, поступки в нужном направлении. Все время, постоянно идти шаг за шагом.

Прежде, чем мы начнем читать эту главу, скажите, пожалуйста, что такое «бездетность» жены, в данном случае, Ривки?

Поначалу все бездетные, без следствий – без следующей ступени. Потому что человек начинает с того, что его желание не приспособлено к духовному развитию и не может породить следующую ступень. Чтобы жена, носитель желаний человека, смогла родить, сначала надо ее исправить. Рассказывается во многих главах Торы о том, каким образом исправляется женская часть желаний человека.

Начнем читать. Итак, начали с бездетности, и вот что происходит дальше:

25 (21) И МОЛИЛСЯ ИЦХАК ТВОРЦУ О ЖЕНЕ СВОЕЙ, ТАК КАК ОНА БЫЛА БЕЗДЕТНА, (22) И ТВОРЕЦ ОТВЕТИЛ ЕМУ, И ЗАЧАЛА РИВКА, ЖЕНА ЕГО. И ТОЛКАЛИСЬ СЫНОВЬЯ В УТРОБЕ ЕЕ, И СКАЗАЛА ОНА (23) «ЕСЛИ ТАК, ЗАЧЕМ ЖЕ Я? И ПОШЛА ВОПРОСИТЬ ТВОРЦА, И СКАЗАЛ ЕЙ ТВОРЕЦ: «ДВА НАРОДА (гоим) В ЧРЕВЕ ТВОЕМ, И ДВЕ НАРОДНОСТИ (леумим) РАЗОЙДУТСЯ ИЗ ЛОНА ТВОЕГО, И ОДНА НАРОДНОСТЬ БУДЕТ СИЛЬНЕЕ ДРУГОЙ,(24) И БОЛЬШИЙ БУДЕТ СЛУЖИТЬ МЛАДШЕМУ».(25) И НАСТАЛО ЕЙ ВРЕМЯ РОДИТЬ, И ВОТ – БЛИЗНЕЦЫ В ЧРЕВЕ ЕЕ. И ВЫШЕЛ ПЕРВЫЙ

КРАСНЫЙ, ВОЛОСАТЫЙ КАК ШУБА (адерет). (26) И НАРЕКЛИ ИМЯ ЕМУ ЭСАВ. А ЗАТЕМ ВЫШЕЛ БРАТ ЕГО, ДЕРЖАСЬ РУКОЙ ЗА ПЯТУ (акев) ЭСАВА. И НАРЕКЛИ ЕМУ ИМЯ ЯКОВ.

РОЖДЕНИЕ ДВУХ СИЛ: ЭСАВ И ЯКОВ

Старший хотя и родился первым, но будет обойден младшим. И не потому, что он важнее, а потому что именно свойство Яков – носитель исправления.

Поэтому старший будет работать для младшего. В одном человеке – эти два противоречивых свойства?

Что здесь происходит? Разницы между временем их рождения практически нет – как только появился один, сразу же следом появился и второй. Первым рождается эгоистическое желание человека, называемое Эсав (волосатый).

В каббале память о желаниях, которые нельзя удовлетворить до конца исправления, на языке ветвей называется волосами, на иврите «*сеарот*», также «*саара*» – буря. Эсав рождается, весь покрытый волосами, т.е. в нем с рождения – буря эгоистических желаний, неисправленных, которые невозможно заполнить.

Но он еще и «красный» – левый. Что значит «красный»?

Красный на иврите «*эдом*» – желающий получить свет хохма, то есть весь свет наполнения, наслаждения.

Хочет получить свет жизни?

Да.

Но для получения света жизни есть условие – сделать

исправление природно-эгоистических намерений?

Второй рождается без волос, т.е. в нем нет необходимой массы желаний.

Младший ухватился за пятку («экев») Эсава и вышел...

Да. Именно таким образом он выходит. То есть он рождается, потому что нужен первому.

И впоследствии мы видим, что Эсав продает Якову за первородство.

«Зачем мне быть первым с моим эгоистическим желанием, в которое я ничего не могу получить? Весь свет этого мира, все проблемы этого мира, все наслаждение этого мира – мне только во вред, потому что мой эгоизм обращает все, что есть вокруг меня, и самого меня, во зло для меня и для других. В итоге, моя жизнь хуже смерти. Опустошение. Войны. Всевозможные проблемы, в которые я вхожу...».

Это мысли Эсава?

Это мысли Эсава. То, что и раскрывается в наше время. Эсав говорит Якову: «Зачем мне вся эта жизнь, если я нахожусь в такой природе, в таком состоянии?».

У Якова нет таких огромных желаний, и поэтому он может исправиться. Отсюда у него спокойное состояние. Он не рыщет по полям в поисках дичи. Понимаешь? Эсав обязан поймать что-то мясное – «съесть». А Яков – человек кроткий, «сидящий в шатрах».

Учится?

Да. Учится. Занимается мирными делами. Просто в каждом из них находятся различные свойства. Самое главное свойство – это свойство Эсава, огромное желание насладиться, получить, завоевать, управлять. Это природа человека. Если она не будет исправляться с помощью природы Якова, то все пойдет ему во вред.

Развитие природы Эсава до его максимального значения мы сегодня обнаруживаем в нашем поколении. Мы уже полностью разочарованы в эгоизме, который ни к чему хорошему нас не ведет. Мы достигли состояния, когда готовы осознать и понять, что нам необходимо другое свойство – природа Якова.

КОНЕЦ ДЕЙСТВИЯ – В ЗАМЫСЛЕ НАЧАЛЬНОМ

Нам необходимо свойство Якова, который готов взять бремя исправления и поэтому принимает благословение как первородный?

Да. И поэтому раскрывается наука каббала.

Сейчас наша задача – обратить внимание на Якова? С Эсавом в себе мы уже прошли путь?

Да. Если мы хотим не просто выживать, а жить правильно – ощущать свою жизнь полной, целенаправленной, имеющей перспективу, то для этого мы должны обрести свойство Якова, называемое средней линией – «кав эмцаи». Затем вновь вернуться к свойствам Эсава, но использовать их в намерении отдачи. Где завершается Эсав, там начинается Яков.

Поколение «пятки» Машиаха... Сейчас Эсав уступает место Якову?

Да. Это временно. Потом мы снова возвращаемся к Эсаву. Мы используем весь его эгоизм, но уже с применением методики, с направлением Якова. И уже вместе они продолжают существовать – не один вместо другого, а вместе. Сначала и до нашего времени – Эсав. Сейчас наступает время Якова: нужно взять его методику и потом соединить их обоих.

Методика Якова – это методика каббалы?

Да, это методика Якова. С помощью Якова происходит исправление Эсава.

У меня, конечно, есть вопросы: например, их называют близнецами. Специально говорится: «И близнецы они».

Ну, конечно. Потому что они появились сразу же один за другим.

Если они близнецы, то они должны быть похожи? Или это не обязательно?

Ты видишь, что они противоположны.

Вы сами когда-то говорили, что близнецы, даже если они находятся в разных странах, вдруг начинают чувствовать одно и то же состояние.

Они абсолютно противоположны друг другу, в этом они тоже близнецы. У них буквально зеркальное отражение. И поэтому их будущее объединение дает совершенство, то есть не Якова и не Эсава, а их взаимодействие. Каждый полностью пользуется своими свойствами для того, чтобы восполнить другого. Яков маленький без Эсава, он ни на что не способен, у него есть только правильные идеи, реализовать их он не в состоянии. Эсав без Якова – дикий зверь. Он разрушает сам себя, несчастный.

И когда они начнут осознавать эту обоюдную неполноценность и соединятся вместе, наступит правильное состояние. Но это наше будущее состояние, еще не сегодняшнее. После того, как мы освоим каббалу, освоим метод Якова, мы придем к правильному взаимодействию всего, всех людей в мире, и соединим вместе оба свойства. Тогда наступит благое состояние человечества.

Я слушаю Вас, и у меня возникает ощущение огромных открытий в исследовании этих двух свойств – двух братьев.

В них и заключается вся природа нашего мира, вообще всех миров.

Только обратить внимание на это, и сразу законы начнут выстраиваться перед нами?

Отсюда все исходит. Все и зародилось от этих двух сыновей Ицхака.

Продолжу чтение.

(27) ИЦХАК ЖЕ БЫЛ ШЕСТИДЕСЯТИ ЛЕТ ПРИ РОЖДЕНИИ ИХ. И ВЫРОСЛИ ДЕТИ, И СТАЛ ЭСАВ….

Ицхак был на уровне бины – самех, 60 – это уровень самой высшей бины, то есть абсолютно выше всех эгоистических свойств, поэтому мог породить и того, и другого.

Это уровень полной отдачи?

«*ГАР дэ бина*» называется в каббале.

(27) И ВЫРОСЛИ ДЕТИ, И СТАЛ ЭСАВ ЧЕЛОВЕКОМ, СВЕДУЩИМ В ОХОТЕ, ЧЕЛОВЕКОМ ПОЛЯ, А ЯКОВ – ЧЕЛОВЕКОМ СМИРНЫМ, (28) ЖИТЕЛЕМ ШАТРОВ.

ОТЕЦ ОДИН – ДЕТИ РАЗНЫЕ. ИХ БОРЬБА ВЕДЕТ К РАЗВИТИЮ.

Что такое «житель шатров»?

Он всегда находится в оболочке, в намерении отдачи.

Окруженный, как бы, шатром...

Да. Поскольку изнутри это явление в нас тоже эгоистическое, но оно служит домом, оболочкой, как ковчег Ноаха[21].

Как зародыш в матке.

Да, это все свойства бины. Поэтому Яков характеризуется таким образом.

(28) И ИЦХАК ЛЮБИЛ ЭСАВА ЗА ТО, ЧТО ОХОТА НА УСТАХ ЕГО, А РИВКА ЛЮБИЛА ЯКОВА.

Тут идет разделение.

Потому что Ицхак знал, что будущее находится не в маленьких, а в больших желаниях.

Эго (наши желания) является материей нашего мира. И должно быть правильное использование его. Без него нет творения, ради него все и создавалось. А Яков является всего лишь инструментом его исправления.

Ицхак относительно Авраама более продвинут в своих желаниях, внутри него есть желание высокого уровня. Но он возвышается над ними, над их эгоистическим использованием, поэтому достигает 60 лет – уровня бины – полного свойства отдачи.

---

21   Ноах (ивр.) – соответствует русскому Ной – в Библии праведник, которого Творец спас во время всемирного потопа за благие дела.

Но он понимает всю перспективу свойства Эсава – большого эгоизма? В будущем, когда исправится, он будет служить цели творения?

Да. А у Якова маленькие, слабенькие эгоистические свойства. Альтруистические – да. Но они совершенно не подходят для Ицхака, потому что Ицхак – левая линия, *гвура*.

Мы изучали с Вами, что Ицхак – это использование желания получить знание, но в трепете, включив его в свойство *хэсэд*, Авраам.

Ривка, хотя она мать обоих, больше любит Якова. Ривка – исправленная часть *малхут*, она тяготеет к тому, кто ближе к ней. Как в нашем мире мы видим, что чем меньше ребенок, тем его больше любит мать.

И чем тише ребенок, тем его больше любит мать.

Да. Он естественным образом зависит от нее, и поэтому вся ее любовь – к нему.

Дальше наступает момент, когда продается первородство. Но я заглянул в «Великий комментарий». Книга, которая написана три с половиной тысячи лет назад. Устная Тора. Не менее важный источник, чем письменная Тора.

Да. Конечно, если правильно понимать.

Скончался Авраам. Ицхак сел оплакивать своего отца. Яков сварил кушанье…

В «Великом комментарии» пишется:

НЕСЧАСТЬЕ НЕ ВЗВОЛНОВАЛО ТОЛЬКО ОДНОГО ЧЕЛОВЕКА В ДОМЕ – ЭСАВА, КОТОРЫЙ ОСТАЛСЯ

ГЛАВА «ВОТ РОДОСЛОВНАЯ ИЦХАКА…»

СОВЕРШЕННО РАВНОДУШЕН К ПРОИСШЕДШЕМУ И, КАК ВСЕГДА, УШЕЛ В ПОЛЕ ОХОТИТЬСЯ.

В ТОТ ДЕНЬ ЭСАВ СОВЕРШИЛ ДВА ТЯЖЕЛЕЙШИХ ГРЕХА: СОБЛАЗНИЛ ОБРУЧЕННУЮ ДЕВУШКУ И УБИЛ ЦАРЯ НИМРОДА.

УБИЙСТВО ПРОИЗОШЛО ТАК: ОХОТЯСЬ В ПОЛЕ, ЭСАВ УВИДЕЛ ЦАРЯ НИМРОДА В ОКРУЖЕНИИ ВОИНОВ. НА НИМРОДЕ БЫЛА ЛЕГЕНДАРНАЯ ОДЕЖДА С ПРЕКРАСНЫМ ИЗОБРАЖЕНИЕМ ЖИВОТНЫХ.

Одежда, которую Нимрод получил еще от Адама. «Одежда» – отраженный свет, намерение ради отдачи, и поэтому она его защищала.

НИМРОД — СИЛЬНЕЕ, ЭСАВ – ХИТРЕЕ

Нимрод – это царь вавилонский, от которого бежал Авраам. Авраам все время боролся с Нимродом, но так и не смог победить его.

Да, это самый великий эгоизм. А Эсав – это тоже большой эгоизм. Только рожденный после Авраама, от Ицхака, то есть уже исправленный в чем-то, и поэтому способный убить Нимрода.

И вот что тут происходит:

СЕКРЕТ ЭТОЙ ОДЕЖДЫ (которая была на Нимроде) ЗАКЛЮЧАЕТСЯ В ТОМ, ЧТО ОНА ПРИВЛЕКАЛА К СЕБЕ ЖИВОТНЫХ И ДЕЛАЛА ИХ АБСОЛЮТНО ПОСЛУШНЫМИ. ЭСАВ ХОРОШО ЗНАЛ ЕЕ СВОЙСТВА И РЕШИЛ, ВО ЧТО БЫ ТО НИ СТАЛО, СТАТЬ ОБЛАДАТЕЛЕМ ТАКОГО БОГАТСТВА. ОН ВЫЖДАЛ МОМЕНТ И, КОГДА ОКОЛО НИМРОДА ОСТАЛОСЬ ТОЛЬКО ДВОЕ охранников, подкрался и напал на них сзади, убив и их, и Нимрода.

Домой Эсав вернулся с драгоценной добычей. Он вошел на кухню, где в это время Яков готовил отцу чечевичную похлебку и сказал:

– Зачем тебе нужна вся эта возня с таким сложным блюдом? Приготовил бы какую-нибудь простую пищу...

– Разве ты не знаешь, что умер Авраам, наш дед, и отец оплакивает его? – ответил ему Яков. – Поэтому я и готовлю именно чечевицу, чтобы дать ее отцу.

– Неужели старый Авраам все-таки ушел из этого увлекательного мира? А разве ему не были даны сотни лет жизни? – съязвил Эсав. – Он ушел навсегда и никогда не встанет снова? Он умер подобно Адаму, первому человеку на этой земле! Он умер, как умер Ноах, несмотря на всю свою праведность!

Эти вопросы проверяют и Якова, и всю веру.

Эсав взял одежду Нимрода, то есть в этот момент стал Нимродом?

Не только Нимродом. Он стал Адамом. Он вобрал в себя весь эгоизм, первородный эгоизм.

Который олицетворял Нимрод?

Да. И тут получается очень интересная вещь, которую так просто мы не сможем объяснить.

Эгоизм, родившийся после Авраама от Ицхака с исправленной *малхут* (от исправленной жены, от Ривки), – относительно маленький. С помощью одеяния Нимрода он снова увеличивается, становится больше, чем был, – становится выше Ицхака, своего отца, становится выше Авраама. Так он снова становится могущественным первородным эгоизмом. Но все-таки внутри него находится свойство Авраама и Ицхака. Он возвышается благодаря им. То есть эгоизм становится еще более изощренным, еще более коварным. И возникают эти вопросы: «А что же это вдруг у вас такое происходит?».

Что же это они? Смертные? Должны быть бессмертными...

Вот-вот. Вся эта подковырка исходит от Авраама и Ицхака, потому что простой нормальный эгоизм работает очень просто – вперед: дал – взял. Отдаю, чтобы получить. А здесь уже начинается купля-продажа какая-то.

Он все ставит под сомнение.

Да. И можно сказать, что эгоизм Эсава после всех перипетий становится в человеке намного больше. Человек проходит все эти состояния. Мы говорим о самом человеке. И проходя эти состояния, он становится все более и более коварным, все более многоплановым, состоящим из сочетаний свойств отдачи и получения. Он может понять другого, он знает, как обвести другого вокруг пальца. А не просто: взял – и все.

Он ловок. Он не прост. Он убивает.

«ПРОДВИНУТЫЙ» ЭГОИЗМ – СЕРЬЕЗНЫЙ ПАРЕНЬ

Да-да. Это уже эгоизм, который, далее развиваясь, может достичь состояния, когда он обращается в фараона.

Забегая вперед, я спрошу: «Он именно такой, потому что цель его – вывести на сцену Якова, эту мощнейшую силу исправления?».

Да.

Поэтому он набирает обороты?

Если бы этого не было, то и Яков не встал бы на ноги, потому что все они работают только в противодействии друг с другом.

Давайте перейдем к Торе.

Эсав голоден, поэтому он просит, чтобы Яков дал ему чечевичной похлебки. Он задает вопросы, а затем говорит: «Ну, все-таки дай мне покушать». Дальше мы соединили устную Тору с письменной. В Торе говорится:

(30) «ДАЙ ПОГЛОТИТЬ МНЕ КРАСНОГО, КРАСНОГО ЭТОГО, ПОТОМУ ЧТО Я УСТАЛ». ПОЭТОМУ ДАЛИ ЕМУ ПРОЗВИЩЕ ЭДОМ. (31) НО ЯКОВ СКАЗАЛ: «ПРОДАЙ ЖЕ МНЕ ТЕПЕРЬ СВОЕ ПЕРВОРОДСТВО!». (32) И СКАЗАЛ ЭСАВ: «ВЕДЬ Я ХОЖУ НА СМЕРТЬ, НА ЧТО ЖЕ МНЕ ПЕРВОРОДСТВО?». (33) И СКАЗАЛ ЯКОВ: «КЛЯНИСЬ ЖЕ МНЕ ТЕПЕРЬ!». И ОН ПОКЛЯЛСЯ ЕМУ, (34) И ПРОДАЛ СВОЕ ПЕРВОРОДСТВО ЯКОВУ. И ДАЛ ЯКОВ ЭСАВУ ХЛЕБА И ПОХЛЕБКУ ИЗ ЧЕЧЕВИЦЫ, И ОН ПОЕЛ, И ПОПИЛ, И ВСТАЛ, И УШЕЛ. И ПРЕНЕБРЕГ ЭСАВ ПЕРВОРОДСТВОМ.

КРАСНОЕ – БЕЛОЕ... ГЛАВНОЕ – НАМЕРЕНИЕ

Как написано! Мы снова возвращаемся к красному: дай мне красного, дай мне покушать красного, – поэтому назвали его Эдом.

Красное – это проявление света, наполняющего эгоизм. Свет – свет мудрости, свет хохма – это огромные эгоистические наслаждения. Этого не хватает ему для ощущения жизни. И он не может насладиться ничем, сам он не может достичь ничего, только лишь через Якова – через эту работу, которую Яков может проделать. Достать высший свет и наполниться им можно, только если ты, с одной стороны, находишься в огромном желании, как Эсав, а с другой стороны, пребываешь в соответствии с этим высшим светом, как Яков.

И поэтому каждый из них ничего не может сделать. Но Эсав, так как это огромные эгоистические желания, страдает, оттого что он пустой. А Яков не страдает: у него маленькие желания, и поэтому получается, что Яков спокоен.

Но он хочет сейчас, чтобы продали ему первородство.

Он хочет, да. Но для чего он это делает? Он делает это для того, чтобы исправить Эсава и совместно с ним достичь полного возвышения, наполнения.

И Эсав видит, что он тоже не в состоянии ничего сделать. Он говорит: «Зачем мне первородство? Зачем мне действовать только со своим эгоизмом? Если ты будешь впереди меня, тогда действительно я наполнюсь. Я тебе отдаю».

Почему он говорит: «Ведь я хожу на смерть, на что же мне первородство»?

«На смерть хожу» – потому что против меня высший свет, который меня убивает. Я его хочу, он входит в мои желания без экрана, без ничего, и он меня просто убивает. Мой эгоизм приносит только проблемы от того, что я стремлюсь к чему-то.

Он говорит: «Какая мне выгода от первородства?».

В нашем мире, на каждом этапе нашего эгоистического продвижения мы чувствуем, что получаем, в итоге, удары. И ничего иного. Так здесь происходит и с Эсавом. Поэтому он говорит Якову: «Зачем мне вообще это существование? Оно мне ни к чему: или ты будешь впереди меня, и я с помощью этих намерений, подобных свету, наполнюсь наконец-то светом, или вся моя жизнь – это только смерть».

Но это уже глубокое осознание огромного эгоизма, который ведет нас на убийство. Сейчас в наше время мы должны это осознать.

Почему написано: «И пренебрег Эсав первородством»?

Потому что это пренебрежение, с его стороны, но с другой стороны, это великий шаг! Этим он говорит: «Я понимаю, что со своей природой я не могу быть впереди, должен быть кто-то другой, который меня поведет, а за ним я преуспею. Он выполнит свою миссию, и я – свою». Это большое осознание всего мироздания, осознание того, каким образом можно изменить его, исправить, и как это задумано, как свыше развивается процесс.

СНОВА ТА ЖЕ ИСТОРИЯ… НО ДРУГАЯ КОНЦОВКА

Снова и снова мы приходим к тому, что все повторяется. Написано здесь:

26 (1) И БЫЛ ГОЛОД В ТОЙ СТРАНЕ, КРОМЕ ПЕРВОГО ГОЛОДА, БЫВШЕГО ВО ДНИ АВРААМА. И ПОШЕЛ ИЦХАК К АВИМЕЛЕХУ, ЦАРЮ ПЛИШТИМ, В ГРАР.(2) И

ЯВИЛСЯ ЕМУ ТВОРЕЦ И СКАЗАЛ: «НЕ СПУСКАЙСЯ В ЕГИПЕТ, ПОСЕЛИСЬ В СТРАНЕ, О КОТОРОЙ Я СКАЖУ ТЕБЕ.(3) ПОЖИВИ В ЭТОЙ СТРАНЕ, И Я БУДУ С ТОБОЮ И БЛАГОСЛОВЛЮ ТЕБЯ – ИБО ТЕБЕ И ПОТОМСТВУ ТВОЕМУ ОТДАМ Я ВСЕ ЭТИ ЗЕМЛИ ...».

Аврааму Он так не сказал. Аврааму Он сказал: «Спустись».

Спускайся в Египет, да. Потому что Аврааму необходимо было спуститься в Египет. Авраам – свойство абсолютной отдачи, у него нет никакого эгоистического желания, ему не с чем продвигаться.

Продвижение вперед основано на желании – на сильном эгоистическом желании, которое ты исправляешь, и оно, как локомотив, двигает тебя вперед.

Ицхак уже с эгоизмом, и поэтому в Египет ему спускаться не надо.

Ему это опасно?

Ему, во-первых, это опасно, а во-вторых, он должен исправлять эгоизм. У него есть что исправлять, и поэтому нечего спускаться ниже. Ты должен вытащить это наружу из того, что у тебя есть, исправить. И этого будет тебе достаточно для продвижения – у тебя не будет голода. Голод – потому что у тебя есть неисправные желания, и в них ты ощущаешь пустоту. Если ты их исправишь, ты получишь в них наполнение.

Если у тебя вообще не было бы желаний, как у Авраама, тогда спустись сначала в Египет, возьми, наберись там этих эгоистических желаний, исправь их и вернись снова в страну Израиля. Это место, где ты наполняешься светом. Естественно, это не географическое место, а внутреннее, духовное состояние. Так же, как и Египет – это наше внутреннее эгоистическое духовное состояние. Таким образом, мы можем двигаться вперед.

Для Ицхака, естественно, требуется совсем другая методика. Ему никуда не нужно спускаться, внутри человека уже есть весь эгоизм, только он скрыт в нем. Человек должен его раскрыть, исправить и наполниться, тогда и ощущения голода не будет.

Почему все время нужно подталкивать человека голодом? Человек вынужден двигаться, так как, получая наслаждение, тут же испытывает его отсутствие.

ЛЮБОВЬ И ГОЛОД ПРАВЯТ МИРОМ

Любовь – это движение вперед, к наслаждениям; а голод – это страдания, которые подталкивают нас сзади. Только эти две силы и двигают нами. Иначе мы бы находились в абсолютном покое и не сдвинулись с места. Ведь наш корень, Творец, который нас породил, находится в абсолютном покое. Он виноват в том, что мы без этих двух вожжей не способны сдвинуться с места.

Ну и что? Зато были бы связаны с Ним, не двигались – и все.

Но тогда мы были бы словно несуществующими, у нас не было бы никакой самостоятельности.

В таком пассивном состоянии нет ощущения счастья?

Ты просто ничего бы не ощущал, даже себя не ощущал бы существующим. Разве клетка или атом ощущают себя существующими? Здесь необходимо отторжение от своего источника, полное ему противопоставление, равный ему рост. В этой мере ты начинаешь ощущать свою жизнь, себя.

ГЛАВА «ВОТ РОДОСЛОВНАЯ ИЦХАКА...»

Вы не признаете состояние покоя?

Состояние покоя – это смерть.

И надо, чтобы нас толкали все время?

Вечное движение. На этом построена жизнь.

Но как это?! Человек просто ищет покоя.

«Человек ищет покоя» – это эгоизм человека ищет покоя. На самом деле жизнь может быть только в непрерывном движении.

Причем, совершенством является бесконечное движение, как свет, высший свет, который находится в постоянном движении и именно поэтому находится в покое.

Если ты развиваешь бесконечную скорость, то оказываешься в абсолютном покое, потому что ты находишься везде одновременно.

Так у нас нет никаких шансов находиться в покое?

Лишь достигнув бесконечного и безграничного перемещения. Когда все наши желания будут направлены только на отдачу, тогда мы будем находиться в покое.

Вернемся к Торе. Дальше снова происходит то же самое. У Ицхака есть жена Ривка. Жена эта нравится всем местным жителям, как в свое время нравилась Сара, жена Авраама.

Не в Египте, так здесь.

То же самое повторяется. Ицхак говорит, что Ривка сестра ему. Авимелех хочет ее в жены.

Всегда человек начинает ощущать в себе новые эгоистические желания. Он вдруг начинает чувствовать, что должен под них «прогнуться».

Без этого он дальше не пойдет. Ему необходимо включить в себя эти новые эгоистические желания, иначе он не поднимется на следующую ступень. Поэтому чувство преодоления эгоистических желаний, которое сначала называется Ицхак, затем Яков, проходит такие состояния, когда предыдущее желание, называемое женой, становится невозможным для дальнейшего продвижения, и его необходимо увеличить. Это выражается в том, что желание попадает под эгоистическую власть кого-то чужого, другого царя.

Дальше Авимелех узнает, что Ривка жена Ицхака. И велит никому из народа не прикасаться ни к Ицхаку, ни к Ривке, чтобы не впасть в грех.

Что значит «грех»? Они, эти желания, остались бы тогда в разрушенном состоянии «Авимелех». И все прочие, потому что они захотели бы получить прямой свет прямо в свое прямое желание, оказались бы в полной темноте.

Свет разрушил бы их?

Да. Так же, как и фараон. Каждый раз так происходит. И фараон, и Эсав со своей похлебкой.

Дальше сказано, что еще какое-то время Ицхак остается в той стране и основательно богатеет.

На основании того, что он работает в правильно использованном желании, он богатеет. Работает с желанием «получить ради отдачи». У него эта ступень становится очень плодородной, плодовитой.

Все было бы нормально, но тут плиштим, местные жители, начинают завидовать ему: засыпают колодцы,

хотят выкинуть его с этой территории. Почему они хотят изгнать его?

Это повторяется все время. Так было с колодцами Авраама и с колодцами Ицхака, то же будет и с колодцами Якова.

Колодец – это источник свойства отдачи – воды. Вода – свойство отдачи. И поэтому за колодцы всегда есть борьба.

ЖИВАЯ ВОДА: ДЛЯ СЕБЯ ИЛИ ДЛЯ ВСЕХ?

Недаром колодцы выкапывают в пустыне. В безлюдье.

В пустыне или в поле. И, как правило, этот колодец закрыт каким-то большим камнем, который нельзя сдвинуть одному, необходимы усилия нескольких.

Девушки приходят к этому колодцу.

Черпальщицы.

Да. И надо сдвинуть камень с колодца. И тут подходит Яков, сдвигает камень.

Все действие происходит вокруг этого свойства отдачи, к которому стремятся, и которое могут сдвинуть только те, кто хочет его использовать ради исправления собственного эгоизма.

В Зоаре говорится, что эти девушки, черпальщицы, и праведники, которые сдвигают камень, начинают передавать воду – жизнь – всем. Почему Ицхака хотят изгнать с этого места? Почему они позавидовали ему? Позавидовали богатству и хотят, чтобы он ушел?

Это желания человека – плиштим, которые не желают таким образом работать. Я не чувствую наслаждения, наполнения, продвижения, если я делаю это ради кого-то. Кто-то от этого, может быть, вдохновляется и радуется, наполняется, а я – нет. Почему? Потому что он чувствует родство с тем, кому отдает, близость, как мать к сыну. К чужому ребенку у матери не возникает такого желания, как к своему.

Так что мы не можем винить плиштим, которые не желают отдавать и быть такими же в работе, как Ицхак. Это наши эгоистические свойства, которые не нашли контакта с Творцом и поэтому еще не находятся в таком движении, порыве.

Поэтому их царь Авимелех просит его уйти. Ицхак уходит и начинает осваивать территорию.

Его пастухи выкопали колодцы воды, которые еще Авраам выкопал, и которые завалили плиштим. И много ссор было вокруг каждого колодца.

БЛАГОСЛОВЕНИЯ ИЦХАКА – И ИХ ПОСЛЕДСТВИЯ ДЛЯ НАС

Продолжим главу с места, где говорится о том, что Ицхак стареет, и он зовет старшего сына. А дальше начинается непростая запутанная история. Похоже, что лишь Ривка – мать Ицхака и Якова – знает конец этой истории.

У Ицхака слабеет зрение, он призывает Эсава: «Выйди в поле, налови мне дичи и приготовь мне кушанье..., чтобы благословила тебя душа моя, прежде чем я умру».

Ривка слышит это, она зовет Якова и говорит ему:

27(9) ПОЙДИ-КА В СТАДО И ВОЗЬМИ МНЕ ОТТУДА ДВУХ КОЗЛЯТ ХОРОШИХ, И Я ПРИГОТОВЛЮ ИЗ НИХ

ОТЦУ ТВОЕМУ КУШАНЬЕ, КАКОЕ ОН ЛЮБИТ.(10) И ПОДНЕСЕШЬ ОТЦУ ТВОЕМУ, И ОН ПОЕСТ, ДАБЫ ОН БЛАГОСЛОВИЛ И ТЕБЯ ПЕРЕД СМЕРТЬЮ.(11) И СКАЗАЛ ЯКОВ РИВКЕ, МАТЕРИ СВОЕЙ: «ВЕДЬ ЭСАВ, БРАТ МОЙ, ЧЕЛОВЕК ВОЛОСАТЫЙ, Я ЖЕ ЧЕЛОВЕК ГЛАДКИЙ. (12) МОЖЕТ БЫТЬ, ОЩУПАЕТ МЕНЯ ОТЕЦ МОЙ, И Я БУДУ В ГЛАЗАХ ЕГО ОБМАНЩИКОМ, И НАВЕДУ НА СЕБЯ ПРОКЛЯТИЕ, А НЕ БЛАГОСЛОВЕНИЕ».

Конечно. А для чего ты просишь благословение, если тебе нечего исправлять? Зачем оно тебе надо? Ведь ты гладкий. Что ты будешь с ним делать?

То есть он не понимает, на что толкает его мать?

Да. Для чего тебе это все надо?!

Ривка понимает, с одной стороны, что именно с намерениями отдачи, которые называются Яков, только и можно преуспеть в плане творения. С другой стороны, преуспеть в чем? Необходимы все-таки эти эгоистические желания, носителем которых является Эсав.

Яков простодушный (*«иш там»* (не понимает: «Для чего мне надо? Как я могу идти вперед? Ради чего? С чем?». Человек в таком состоянии не чувствует в себе этой потребности.

Куда мне двигаться?! Мы видим много людей, находящихся в таком состоянии. Знаешь, покой – и хорошо, да. Для чего мне надо брать на себя какие-то обязанности, какие-то ужасные, тяжелые изменения, стремления, беспокойства, напасти всякие, страсти, опасности?

Яков – это малая, но самодостаточная ступень?

Это свойство отдавать в человеке, желать добра, любви, связи – оно хорошее, но не подкрепленное силой, эгоизмом, мощью, оно ничего не дает. Этакий «божий одуванчик».

Почему идет такая борьба за благословение отца?

Благословение исходит из уровня, которого достиг Ицхак – свойства *бины*, 60 лет, – обозначается буквой «*самех*». Это уровень абсолютной отдачи, подъема над эгоизмом, с помощью которого можно все исправить. При условии, что у тебя есть, что исправлять.

И поэтому, обладая связью с этим уровнем – 60, конечно, можно исправить абсолютно все и достичь полной цели творения, окончательного исправления, связи, слияния с Творцом, уровня Творца. Но для этого все-таки, кроме Якова, нужен и Эсав. Они оба должны соединиться вместе, получить благословение от своего отца.

Нужно прибавить к свойствам отдачи желание получать?

Такое и происходит на самом деле. Мы, я надеюсь, увидим это скоро, в наше время. Увидим, как эгоизм исправляется заданным нам свойством отдачи, называемым Яков, сберегающим благословение Ицхака (высшего света) для наших дней. И мы все придем к цели творения. Причем достичь этого возможно только всем человечеством.

И вот Яков говорит: «Я получу не благословение, а проклятие, если он вдруг узнает, кто я». Мать его Ривка отвечает:

(13) НА МЕНЯ ПРОКЛЯТИЕ ТВОЕ, СЫН МОЙ! ТОЛЬКО СЛУШАЙСЯ ГОЛОСА МОЕГО ИДИ И ДОСТАНЬ МНЕ, ЧТО СКАЗАЛА

Она все берет на себя. Она готова принять на себя проклятие, но сделать так, как правильно. Ривка, самое исправленное свойство, это понимает?

Да, понимает: с одной стороны, сама она не в состоянии ничего сделать, но именно она способна подтолкнуть Якова на такое действие, на обман.

Ведь Яков считается свойством истины, а тут обман. Обман ради восстановления истины?

Это не обман, потому что свойство Ицхак состоит из двух частей: свойство бины состоит из двух частей. Одна из этих частей, когда он абсолютно не связан с Эсавом, – наивысшая часть – это полнейшее свойство отдачи. И вторая часть, когда он связан со свойством Эсав, включает его в себя, – нижняя часть бины.

Поэтому Ривка указывает Якову, что там у тебя есть твоя часть, ты к ней должен присоединиться, ты от нее должен получить благословение. Когда ты с помощью этой высшей части полностью вырастешь, тогда в дальнейшем сможешь соединиться со своим братом, и тогда это действие твое будет оправдано. Так что не волнуйся. Ты просто должен отделить одну часть в твоем отце от другой. Он любит Эсава, потому что через него достигается цель творения, но это возможно только при помощи методики, которую Яков должен сейчас у него взять.

Ты берешь у отца благословение, что ты будешь первым, и ты будешь вести это действие исправления вперед.

ТРИ СИЛЫ – ТРИ РЕЛИГИИ

Забегая вперед, я хочу обострить наш разговор и спросить. Вышли три силы: одна сила – Ишмаэль, вторая – Эсав, третья – Яков. Впоследствии эти силы рождают три разные религии.

Что тут за дело заварено: с ненавистью, со всей нелюбовью и с любовью, с разделением мира – со всем, что хотите! Все страдания мира вложены в то, что я сейчас читаю…

Да. Несомненно, эти проблемы – противоречия между свойствами творения и Творца – порождают все конфликты, которые мы по сегодняшний день ощущаем. И неизвестно еще, сколько времени, и в каких формах будем их ощущать. Они все порождены тем, что одно свойство ненавидит другое: Эсав – Якова.

Ишмаэль пока в стороне. Его нет. Отослан в другую область.

Его время еще не наступило?

Да, но его время наступит. Он исчез и иногда проявляется. Мы видим, что впоследствии Земли Израиля будет завоевывать ислам.

Тури.

Не только.

Он, Ишмаэль, только сейчас проявляется?

Он должен проявиться только сейчас, в наше время. И так сказано, что «рука его на всех и рука всех на нем». Он начнет проявляться в своем требовании: «После всей этой истории и того, что мы прошли, все принадлежит мне». Ислам, действительно, желает покорить весь мир.

ГЛАВА «ВОТ РОДОСЛОВНАЯ ИЦХАКА...»

Иудаизм и христианство более или менее «разобрались» между собой. Хотя были крестовые походы, насильственное обращение в христианство и так далее. Но это все отошло.

Это была сила Эсава?

Да. Забегая вперед, можно сказать, что эта история необходима так же, как и прошлые истории. Она должна пройти.

Мы можем пройти ее быстро. Можем ускорить. И не просто ускорить, а по-другому пережить эти состояния. Вместо того чтобы пройти их медленно на своем теле, с физическими страданиями, мы можем просто осознать их в себе нравственно, психологически, в разуме и, таким образом, быстро проскочить. Но все равно их необходимо пройти.

Сейчас произошло следующее – ослабла сила Эсава. И значит, укрепилась сила Ишмаэля? Мусульмане, ислам... Таким образом, нас толкают к познанию Творца?

Да-да. Несомненно. Эти три силы таким образом и действуют.

Эти силы – силы страданий, подталкивающие человека? Все они существуют в человеке?

Конечно. Для того чтобы он захотел раскрыть единого Творца.

А религия – застывший свод предписаний – как бы отталкивает человека от Творца. Она существует только за счет того, что Творец скрыт. Она не за то, чтобы Его раскрыть.

Опасные фразы вы говорите.

Но это то, что есть! Я говорю с точки зрения простого исследователя.

РЕЛИГИИ СУЩЕСТВУЮТ ИЗ-ЗА СКРЫТИЯ ТВОРЦА

Проявление Творца сразу лишает смысла существование религии?

Проявление Творца уничтожает ограниченность подхода людей, и они не смогут удовлетворяться тем, чем их кормят религии. В принципе, все религии существуют только благодаря скрытию Творца.

Три религии. Каждая из них подчеркивает, что Творец един, а далее уже следует разное. «И одна восстает на другую», так как нет знания – раскрытия.

Все развитие человечества идет к тому, чтобы раскрыть Творца. Это является целью творения – человек станет равным по своим свойствам Творцу и в своих тождественных Творцу свойствах раскроет Его.

Что останется от религий? Они угаснут?

Да. Мы же видим, постепенно так и происходит. Иудаизм перерождается. И христианство перерождается. Ислам, самая молодая из них, тоже быстро постареет. Хотя ислам, сама по себе, – консервативная религия, поскольку исходит из правой линии. Она не обнаруживает в себе никаких недостатков.

Отсюда фанатизм и такая уверенность?

Да, конечно. Они абсолютно уверены в себе. Но это все очень быстро пройдет. И тогда мы действительно увидим состояние, когда люди смогут приподняться над всеми ограничениями, которые ведут лишь к розни, и потребовать настоящую связь с высшей силой. Но не в виде рассказов, обещаний, устрашений и ритуалов, магии, а захотят непосредственно ощутить Творца. Они увидят, что это им необходимо для выживания, для жизни.

Религии необходимы человечеству именно в период скрытия Творца, потому что они вызывают рост эгоизма. Они доводят человечество до полной противоположности Творцу.

Тогда и откроется Творец наяву, и исправит нас: соединит нас всех вместе, соединит в три великие линии, которые затем все вместе соединятся в одну единую. Они соединятся все вместе в том творении, которое называется Адам – от слова «подобный Творцу». Это должно произойти в наше время.

На деле религии не занимаются подавлением эгоизма, а вызывают его рост?

Конечно, они вызывают его рост.

По идее, там говорится: «Смирись…»

Смирись – да. Но смирись для чего? Во имя будущего мира. Во имя того, чтобы тебе было хорошо здесь, чтоб тебе было хорошо там. У каждой религии свой «иной мир», у каждой – свои обещания в этом мире. Эгоистический рост в этом мире и в том мире – такова задача религии.

Когда человек начинает разочаровываться в получении вознаграждения, тогда в его развитых эгоистических свойствах ему уже не верится в то, что действительно такое может быть. Он начинает понимать, что это нереально. Тогда он требует реальности, то есть «сейчас и здесь увидеть, получить». Это самый настоящий большой эгоизм.

Тогда религия ему помочь не может. Ему уже нужна методика сейчас, здесь раскрыть Творца. Это – каббала, которая является источником трех религий единобожия. После того, как эти религии разовьют эгоизм, они снова приведут человека к каббале.

Тут происходит поворот колеса?

Конечно. Авраам, который изначально раскрыл каббалу, заложил тем самым основы трех религий для того, чтобы они развили человечество. А в конце своего развития человечество использовало бы каббалу, реализовало ее.

Вернулось к Аврааму?

Да, да. Три авраамические религии, помогающие развитию человека до уровня, на котором он использует каббалу и достигает цели творения.

По всем признакам это время наступает? Как вы определяете?

Так говорится в Книге Зоар, во всех каббалистических источниках. Зачем мне говорить от себя? Ведь в десятках книг великих каббалистов всех поколений указано на наше время. Еще несколько тысяч лет назад указывалось на наше время, как на время раскрытия огромного эгоизма, когда человек не сможет успокоить его никакими религиозными или какими-то другими методами. Поэтому возникнут еще большие осложнения, напряжения между народами, между религиями.

Будем надеяться, что распространение каббалы даст человечеству понимание того, что происходит на самом деле. И не позволит себе реализовать самый плохой эгоистический сценарий.

БУДУЩЕЕ МИРА – В НАУКЕ КАББАЛА

Человек сопротивляется, находится в своих маленьких эгоистических мыслях, верованиях, удовлетворяющих его мировоззрение. Что заставит его сдаться, по-вашему? Сильные удары? Ощущение света впереди? Что?!

Особого света впереди не будет. Будет понимание того, что он может быть. Но если мы продолжим так, как есть, не изменившись, – не достигнем его.

Будущее зависит только от распространения каббалы, нашей способности понять, что есть другой путь – путь привлечения света Творца, его раскрытия. Не допустить прямого эгоистического столкновения друг с другом, который, естественно, ничего не даст. Хотя от отчаяния люди могут пойти и на это.

Бааль Сулам – великий каббалист, отец вашего Учителя сказал: «Все войны, страдания и болезни – от незнания высшего управления».

Да. Так что мы должны приложить все усилия для того, чтобы осознание цели творения и методики ее достижения стало бы для людей чем-то реальным, знакомым, значимым, воплощаемым. И тогда они не пошли бы на путь войны. Иначе – впереди нас ждет третья мировая война.

Но я – абсолютный оптимист, я вижу мир в розовом цвете не потому, что наивен, а потому что вижу – нам все-таки позволяют. Нам позволяют объяснить, рассказать, довести до человечества эту идею. И будем надеяться, что мы все-таки прорвем эту тьму, это отторжение, и люди увидят, что есть альтернатива.

ОБМАН, ДА И ТОЛЬКО!

В Торе написано о нас, о наших желаниях, о том, что происходит в нас. Каждый герой этой книги – это мы сами, проходящие разные состояния. Мы продолжаем главу «Вот родословная Ицхака».

Говорится о следующих состояниях, которые проходит человек.

Эта глава детективная. Здесь происходят события, подмены, драматические ситуации. Много претензий к Якову, к Ривке за то, что она обманула Ицхака. И сын Яков получил благословение вместо своего брата Эсава.

Да-да. В конце Эсав плачет, что его обманули…

Вот в такой драматической ситуации мы сейчас находимся. В конце он говорит: «Ну как же ты дал благословение?! Хотел дать мне, а дал…».

И его отец заплакал вместе с ним. Как так получилось?

Представляете, когда была создана эта драма? Говорят, Шекспир. Какой Шекспир?! Смотрите, что творится! Это происходило тысячи лет назад.

Три с половиной тысячи лет назад.

Когда я был в Москве на конгрессе, то узнал, что люди не просто смотрят нашу передачу, а они буквально впитывают все! Эта передача «Тайна Вечной Книги» пользуется сумасшедшей популярностью.

ГЛАВА «ВОТ РОДОСЛОВНАЯ ИЦХАКА...»

Я их спросил: «Вы все понимаете?». Они говорят: «Даже если не все, то возникает ощущение, что за внешним слоем существует такая глубина! И еще глубина, и еще такая глубина, что я не понимаю, но это дает мне огромное ощущение».

Да, глубины жизни.

Когда-то я Вас спрашивал: «Хорошо или нет, что нас не понимают?». Вы мне сказали: «Пусть даже не понимают». Это такие сложные вещи...

Ну, конечно. Человек должен двигаться.

Итак, «со мною вот что происходит» – в этом отрывке история, проблемная с точки зрения человеческой этики.

Я думаю, что с точки зрения человеческой этики это уже не проблема – обманывать, подменять, обводить вокруг пальца и не испытывать при этом угрызений совести...

Это уже нормально. Может быть, Вы правы. Может быть, это уже мелочи для современного человечества.

Так внешне выглядит этот рассказ. Ты на этом сюжете смог бы создать фильм о том, как в обычной семье все обманывают друг друга для того, чтобы получить наследство отца. Мать подговаривает одного сына обмануть слепого, старого отца. Когда второй сын ушел на работу или уехал в командировку, подводит она к смертному одру отца любимчика-сына. Отец уже ничего не видит. Он берет сына за руку, говорит: «Неужели это ты?». Благословляет.

«Моя квартира – твоя», – говорит он.

Ты смог бы на этом сюжете сделать фильм?! Надо еще накрутить вокруг очень много, чтобы заинтересовать.

После латиноамериканских и российских сериалов этим уже никого не удивишь.

Для «Голливуда» тех времен это все-таки был прорыв.

Давайте, пройдем по тексту и посмотрим на это другими глазами....

(14) И ПОШЕЛ ОН, И ВЗЯЛ, И ПРИНЕС МАТЕРИ СВОЕЙ, И СДЕЛАЛА МАТЬ ЕГО КУШАНЬЕ, КАКОЕ ЛЮБИТ ОТЕЦ ЕГО.(15) И ВЗЯЛА РИВКА ЛЮБИМУЮ ОДЕЖДУ ЭСАВА, СТАРШЕГО СЫНА СВОЕГО, КОТОРАЯ У НЕЕ В ДОМЕ, (16) И ОДЕЛА НА ЯКОВА, МЛАДШЕГО СЫНА СВОЕГО. ШКУРКИ ЖЕ КОЗЛЯТ НАДЕЛА НА РУКИ ЕГО И НА ГЛАДКУЮ ШЕЮ ЕГО. (17) И ДАЛА КУШАНЬЕ И ХЛЕБ, КОТОРЫЕ ОНА ПРИГОТОВИЛА, В РУКУ ЯКОВУ, СЫНУ СВОЕМУ.(18) И ПРИШЕЛ ОН К ОТЦУ СВОЕМУ, И СКАЗАЛ: «ОТЕЦ МОЙ!». И ТОТ СКАЗАЛ: «ВОТ Я! КТО ТЫ, МОЙ СЫН?». (19) И СКАЗАЛ ЯКОВ ОТЦУ СВОЕМУ: «Я, ЭСАВ – ПЕРВЕНЕЦ ТВОЙ. Я СДЕЛАЛ, КАК ТЫ ГОВОРИЛ МНЕ: ВСТАНЬ ЖЕ, СЯДЬ И ЕШЬ ОТ ДОБЫЧИ МОЕЙ, (20) ДАБЫ БЛАГОСЛОВИЛА МЕНЯ ДУША ТВОЯ».

С ХИТРЫМ – ЕГО ЖЕ СОБСТВЕННОЙ ХИТРОСТЬЮ

Яков принял совет матери. Подменил собой Эсава и идет к отцу.

Ну, с точки зрения каббалы, это неправильная подмена. Это совершенно иное действие. Невозможно исправить человеческую природу без последовательного правильного действия на исходное желание, созданное Творцом, каковым является Эсав. Оно испорченное. Оно эгоистическое. Но оно – именно тот материал, который надо исправлять.

И поэтому отец Ицхак держится за Эсава, потому что это первенец, это исходное, из чего все мы созданы.

Это природа человека?

Да. Яков – всего лишь первая маленькая ступенька, с помощью которой это желание Эсава надо будет исправлять. Следующая ступенька будет называться Исраэль.

И потому обман – это абсолютно четкое, оправданное и абсолютно правильное действие. Именно таким, как бы обманным действием, берется наше эгоистическое желание и начинает исправляться, потому что иным путем мы не можем исправить его. Эгоистическому желанию надо придумать какие-то притягивающие дали, которые мы поймем в нашем эгоизме. Эгоистическое понимание, что мне стоит идти в Высший мир, в бесконечность и получить наполнение, изобилие, вечность, совершенство, гармонию, сладость, негу (как рисуют райский сад).

Это вы так обманываете свой эгоизм?

ОБОЙТИ ЭГОИЗМ –
РАДИ ПОЛЬЗЫ ДЛЯ ДУШИ

Я обманываю свой эгоизм: «Стоит мне. Посмотри, какой он – Высший мир по сравнению с этим миром. Этот мир проваливается с каждым днем. Все горит, все исчезает. Этот мир, как шагреневая кожа».

Лучше и не родиться.

Да. И вот с помощью двух сил, отрицательной и положительной, этих двух стремлений, возникает возможность движения вперед.

Вы говорите об Эсаве и Якове?

Нет, только об Эсаве. Эгоистически я вижу, что этот мир плохой. Будущий мир рисуется мне хорошим. Рисование альтруистического будущего мира, хотя он и против моей природы, рисование его в эгоистически привлекательном виде – это мое спасение. Без этого я не смог бы двинуться вперед, потому что необходимая мне энергия для его достижения должна быть эгоистически понятной мне. Она должна быть такой, чтобы я пожелал состояние, которое пока вижу издали.

А если это состояние проявится мне в своем истинном виде: отдача, любовь к ближнему, самопожертвование всем и вся, но без отдачи себе самому, – то я не смогу действовать! У меня в моей природе нет «perpetuum mobile», не заложена такая машина, которая может работать без энергии, – мне нужен бензин.

Я не выдержу этого? То есть, нет питания?

Да. Мне нужно наслаждение – я должен знать, что это мне даст. А эгоизм не наслаждается тем, что другой наслаждается. Эгоизм наслаждается тем, что наслаждается он сам, либо тем, что другому хуже, – перепадом моего состояния относительно состояния другого. Вот и все.

Кто рисует Эсаву эту картину?

Это – один человек! Один человек, в котором все совмещается. И он рисует эту картину. То есть для того, чтобы устремиться вперед, этот человек обязан представить себе духовное – Якова – в виде Эсава. Он сам себя обманывает!

Таким образом, нас обманывает методика исправления. И Творец нас обманывает. Мы приходим в каббалу с намерением захватить все и вся, постичь все миры, управлять, изменить свою судьбу, овладеть такими эгоистическими инструментами.

Так каббалисты нас обманули?

Обманули. Конечно. А иначе нас нельзя вести вперед. Но нам об этом очень скоро рассказывают.

И это неважно, неважно! Все равно у людей нет другого выхода, и они согласятся – они забудут об обмане.

Люди должны понимать, что таким образом должны сами себя обманывать. Мы обязаны выстроить перед собой такую систему, где я сам себя и влеку, и обманываю. Этот самообман, на самом деле, – раскрытие самого себя.

Ведь, по сути дела, каббала – это самопостижение и самоисследование! Мы все находим в себе.

Где здесь в этой позиции Ривка и Яков?

Это наши внутренние свойства. Наше исправленное эгоистическое желание – Ривка. И наше средство, с помощью которого мы его исправляем, называется Яков. А Ицхак – это первоначальное желание, которое раскалывается на два: Яков и Эсав.

Эсав – наше эгоистическое свойство, наша основа. Его мы не должны ни в коем случае уничтожать. Мы только должны его постепенно-постепенно исправлять.

И мы еще увидим в нашем духовном рассказе, как овладев первородством, вернее, не овладев, а взяв, именно, взяв обманом это первородство, то есть, наложив себя на Эсава и Эсава на себя, Яков, таким образом, движется к цели. Главное – это свойство отдачи. Все-таки это свойство – Яков. А Эсав является тем материалом, над которым он должен работать.

НАСЛАДИТЬ ДРУГИХ ИЛИ НАСЛАДИТЬ СВОЕ «Я»?

Давайте продолжим. Я считаю, что это полный ответ. Я его получил.

Продолжается, как в кино. Возникает драматическая ситуация и такое тревожное ожидание, которое я называю «suspense». В чем оно?

(21) И СКАЗАЛ ИЦХАК ЯКОВУ: «ПОДОЙДИ ЖЕ, И Я ДОТРОНУСЬ ДО ТЕБЯ, СЫН МОЙ, ТЫ ЛИ СЫН МОЙ – ЭСАВ, ИЛИ НЕТ». (22) И ПОДОШЕЛ ЯКОВ К ИЦХАКУ, ОТЦУ СВОЕМУ, И ОН ДОТРОНУЛСЯ ДО НЕГО, И СКАЗАЛ: «ГОЛОС – ГОЛОС ЯКОВА, (23) А РУКИ – РУКИ ЭСАВА».

Эгоистические сосуды, эгоистические желания – Эсава, это прекрасно!

Руки?

Эгоистические желания.

Голос – это отдача на духовном уровне. Голос, а не лапы, «человек говорящий» – это то, что и является человеком, это уже на уровне Якова, на уровне отдачи. Руки всегда олицетворяют эгоизм человека. Руки и голос – самое прекрасное соединение, которое может быть. Руки – это всегда средство получения.

Красиво. Поэтому мы омываем руки перед едой? Чтобы очистить.

Да. Мы как будто очищаем их. И поэтому мы подаем друг другу руку – в знак того, что у нас чистые помыслы.

Мы видим, что когда Ицхак обнаруживает такое сочетание: руки Эсава и голос Якова, – у него нет никаких сомнений в том, что именно это и есть то сочетание, которое надо благословить. Ицхак не обманывается, он все прекрасно понимает и знает.

Все обманывают на самом деле Эсава. Ведь это эгоистическое свойство в нас желает эгоистически проникнуть в Высший мир. Это его естественная природа – все захватить, все использовать ради своего блага. И он не понимает, что таким образом он не может ничего сделать. Поэтому его надо обмануть, и мы все время постепенно обманываем его.

Итак, здесь есть Ицхак, есть Ривка, есть Яков, и все работают против Эсава для того, чтобы он, в итоге, выиграл. Когда на Эсава «одевается» Яков, то есть образуется внутри желание с намерением отдачи, в эти желания входит весь высший свет. Но обмануть его сейчас необходимо.

Красиво! Эсав – желание, Яков – намерение отдачи? А Эсав – желание получения? С намерением отдачи?

Да.

И так приходит свет?

Да, а Ривка и Ицхак – их надо рассматривать уже сейчас, как предыдущую ступень, как отца и мать (Аба вэ-Има) – относительно этих двух братьев. И тогда мы поймем, каким образом они действуют.

Свет тогда приходит от них – от Ривки и Ицхака?

Да.

И это называется благословением – этот свет? Благословение, как мы говорили, – подъем над эгоизмом?

Да.

А почему эта фраза стала такой крылатой везде, во всех религиях: «Голос – голос Якова и руки – руки Эсава»?

Потому что это – изумительное сочетание человеческих свойств с намерением, получаемым свыше. Оно дает нам возможность стать равными Творцу.

Я продолжаю.

(23) И НЕ УЗНАЛ ОН ЕГО, ТАК КАК РУКИ ЕГО БЫЛИ, КАК РУКИ ЭСАВА, БРАТА ЕГО, ВОЛОСАТЫЕ; (24) И ОН БЛАГОСЛОВИЛ ЕГО. И СКАЗАЛ: «ТЫ ЛИ ЭТО СЫН МОЙ, ЭСАВ?». (25) И ТОТ СКАЗАЛ: «Я». И СКАЗАЛ ОН: «ПОДНЕСИ МНЕ, И Я ПОЕМ ДОБЫЧИ СЫНА МОЕГО, ДАБЫ БЛАГОСЛОВИЛА ТЕБЯ ДУША МОЯ». И ТОТ ПОДНЕС ЕМУ, И ОН ЕЛ; И ПРИНЕС ЕМУ ВИНА, И ОН ПИЛ. (26) И СКАЗАЛ ЕМУ ИЦХАК, ОТЕЦ ЕГО: «ПОДОЙДИ ЖЕ И ПОЦЕЛУЙ МЕНЯ, СЫН МОЙ».

Последняя проверка

(27) И ТОТ ПОДОШЕЛ И ПОЦЕЛОВАЛ ЕГО И ОН (Ицхак) ОБОНЯЛ ЗАПАХ ОДЕЖДЫ ЕГО И БЛАГОСЛОВИЛ ЕГО, И СКАЗАЛ: «ГЛЯДИ, ЗАПАХ СЫНА МОЕГО, КАК ЗАПАХ ПОЛЯ, КОТОРОЕ БЛАГОСЛОВИЛ ТВОРЕЦ».

Да. Но это уже другое поле. Это не поле, в котором ловят зверей, это уже совсем другое поле, потому что туда добавился Яков.

Поле, которое будет возделываться?

Да. Это то поле, из которого взрастет все будущее правильное человечество.

Вот это история, драма – красивая драма! Дальше идет драма покруче. Происходит еще более драматическая ситуация для несчастного Эсава. Приходит Эсав и приносит кушанье, которое он должен был принести отцу, и хочет, чтобы отец его благословил. Все очень хотят получить это благословение. Это основное в главе.

Благословение – это высший свет. Эсаву кажется, что если он его получит, то сможет себя им наполнить. Он не понимает, что высший свет будет ощущаться им как тьма. Он этого не чувствует. Он надеется, что это будет наполнение.

Так и мы своим эгоизмом желаем проникнуть в Высший мир. Наш эгоизм думает, что Высший мир от него скрывается, и он может его открыть внешне. Он не понимает, что должен открыть себя Высшему миру для того, чтобы изменить себя внутреннее. Вот это и происходит сейчас в этой картине, в этом кадре.

Эсав все-таки считает, что он своим эгоистическим желанием может подключиться к Ицхаку и получить от него высший свет, высшее наполнение. Так мы своим эгоизмом желаем войти в Высший мир. И оказывается, что это невозможно. Почему? И здесь происходит эта сцена.

То есть Эсав находится в полной уверенности, что его все обманывают, и не понимает, что все это ему на благо.

И вот, что происходит дальше.

(32) И СКАЗАЛ ЕМУ ИЦХАК, ОТЕЦ ЕГО: «КТО ТЫ?». И СКАЗАЛ ОН: «Я – СЫН ТВОЙ, ПЕРВЕНЕЦ ТВОЙ,

ЭСАВ». (33) И ВОСТРЕПЕТАЛ ИЦХАК ТРЕПЕТОМ ЧРЕЗВЫЧАЙНО ВЕЛИКИМ И СКАЗАЛ: «КТО ЖЕ БЫЛ ТОТ, КОТОРЫЙ ЛОВИЛ ДИЧЬ И ПРИНЕС МНЕ, И Я ЕЛ ОТ ВСЕГО, ПРЕЖДЕ ЧЕМ ТЫ ПРИШЕЛ, И БЛАГОСЛОВИЛ Я ЕГО? (34) ПУСТЬ ЖЕ БУДЕТ ОН БЛАГОСЛОВЕН!».

Как это!?

Потому что там было правильное сочетание, то есть голос Якова и руки Эсава. А здесь только одни руки. И ничего нельзя сделать.

(34) КАК УСЛЫШАЛ ЭСАВ СЛОВА ОТЦА СВОЕГО – ВОЗОПИЛ ВОПЛЕМ ВЕЛИКИМ И ГОРЬКИМ НЕСКАЗАННО, И СКАЗАЛ ОТЦУ СВОЕМУ: «БЛАГОСЛОВИ ТАКЖЕ И МЕНЯ, ОТЕЦ МОЙ!».

А это нельзя. Как же можно проникнуть эгоистическими желаниями с эгоистическими намерениями в духовное?

Это значит, убить Эсава? То есть он не понимает, что это смерть для него? А Ицхак понимает?

Да, да. Конечно.

(35) И СКАЗАЛ ТОТ: «ПРИШЕЛ БРАТ ТВОЙ С ХИТРОСТЬЮ И ВЗЯЛ БЛАГОСЛОВЕНИЕ ТВОЕ». (36) И СКАЗАЛ ОН: «НА ТО ЛИ НАРЕКЛИ ЕМУ ИМЯ ЯКОВ, ЧТОБЫ ОН ОБЛУКАВИЛ (удержал) МЕНЯ УЖЕ ДВАЖДЫ? ПЕРВОРОДСТВО МОЕ ВЗЯЛ ОН, А ВОТ ТЕПЕРЬ – БЛАГОСЛОВЕНИЕ МОЕ».

ГЛАВА «ВОТ РОДОСЛОВНАЯ ИЦХАКА...»

ТАКОЙ ПОВОРОТ – ВЫШЕ ОБЫЧНОГО РАЗУМА

Вопль Эсава исходит от непонимания, что это для него лучший вариант?

Это невозможно понять! Мы своим эгоизмом не понимаем этого на протяжении периода, предваряющего вхождение в Высший мир.

Человек приходит в каббалу, занимается многие месяцы. И пока он не войдет в Высший мир, у него существует естественное внутреннее движение войти в Высший мир эгоизмом, а не исправлением себя. То есть исправить что-то внешнее, а не внутри себя. В этом заключается все отличие между Яковым и Эсавом.

Так совершается рост человека – смотреть не вне, а внутрь? Можно сказать, что эта борьба для Эсава, как противоречие между сладким и горьким (то, что он получит); а для Ривки и Якова – как противоречие между правдой и ложью? Можно так сказать?

Я бы глубже не разбирал. Это можно объяснить на земном языке: немножко чувств, примитивных психологических отношений.

На самом деле, это *сфирот*, парцуфим. Все в духовном мире измеряется и трактуется чисто научно, физически: что происходит между силами получения, отдачи, намерениями, высотой ступеней и так далее.

Тогда возникает еще вопрос. Ицхак понимает, что это на благо его сыну? Несмотря на то, что он восклицает: «Как же так? Обманули...». Это тоже обман, да?

Дело в том, что в Ицхаке существует два корня. Ведь из него исходят и Эсав, и Яков. И поэтому он относится к ним равнозначно.

В нем самом, в Ицхаке, – Яков и Эсав?

Конечно. Это же высшая ступень: в высшей ее части, в гальгальта эйнаим – Яков, в низшей ее части – Эсав. И поэтому, понимая, что самое главное, это основа – Эсав, а Яков – это всего лишь исправление, Ицхаку ближе Эсав.

Ведь самое главное – этот эгоизм, который надо исправить, и надо его подкармливать, пока он полностью не исправится. И никуда от этого не деться.

Ицхак все время между Яковом и Эсавом – в колебаниях?

Нам надо помнить, что в Торе говорится о свойствах, а не об отцах и детях физического мира. Яков – это не основное свойство, не старший сын. Главный носитель желания получать – все-таки Эсав.

ИСПРАВЛЕНИЕ – ЧТОБЫ ВСЕ ДОСТИГЛИ ЦЕЛИ

Материал, который надо исправить, — Эсав, старший. А средство исправления – Яков, младший.

Поэтому существует двоякое отношение, все эти переплетения отношений со стороны Ривки, со стороны Ицхака, с переодетым Яковом, с Эсавом, который идет напрямую. Эгоизм – он идет напролом.

А Яков – не так, потому, что он состоит из намерения, которое он одевает на эгоизм, и это позволяет ему, таким образом, двигаться вперед. Но Яков – всего лишь намерение, средство.

ГЛАВА «ВОТ РОДОСЛОВНАЯ ИЦХАКА...»

Поэтому человеческий эгоизм сопереживает Эсаву? Как его обманули!? Это в нас говорит эгоизм?

Да. Весь мир сочувствует Эсаву.

На самом деле, забота со стороны Ицхака и Ривки была в первую очередь об Эсаве: сделать так, чтобы обеспечить ему будущее исправление на протяжении многих-многих поколений, ступеней.

А тому, кто не знает причин-следствий, прошлого-будущего, кажется, что Эсав отвергнут...

...что он, несчастный и обиженный, уходит от матери с отцом и плутает по полям и лесам. Действительно, пока все внимание направлено на Якова: взрастить его до следующей, большей ступени. Сейчас это только временное вступление, ради усиления альтруистической силы исправления. Чтобы потом прийти к Эсаву и начать работать вместе с ним. Это то, что должно в наши дни возникнуть в мире.

От Якова должны появиться 12 его сыновей, пройти Египет. Приподняться до высшего. Все это происходит, Вы говорите, для Эсава? Весь этот сумасшедший круговорот – для Эсава и Ишмаэля?

Да, это все заготовка. Так написано. И для Ишмаэля. Для всего человечества.

ПРИНЯТЬ БЛАГОСЛОВЕНИЕ – НА БУДУЩЕЕ И ДЛЯ ВСЕХ

Продолжим.

(36) И СКАЗАЛ: «УЖЕЛИ НЕ ОСТАВИЛ ТЫ ДЛЯ МЕНЯ БЛАГОСЛОВЕНИЯ?» (говорит Эсав).

(37) И ОТВЕЧАЛ ИЦХАК, И СКАЗАЛ ЭСАВУ: «ВЕДЬ ВЛАДЫКОЮ ПОСТАВИЛ Я ЕГО НАД ТОБОЙ, И ВСЕХ ЕГО БРАТЬЕВ ОТДАЛ Я ЕМУ В РАБЫ, И ХЛЕБОМ И ВИНОМ УКРЕПИЛ Я ЕГО; ТЕБЕ ТЕПЕРЬ ЧТО СДЕЛАЮ, СЫН МОЙ?».

Да. Хлеб и вино – имеется в виду свет милосердия и свет знания («ор хасадим» и «ор хохма»).

(38) И СКАЗАЛ ЭСАВ ОТЦУ СВОЕМУ: «РАЗВЕ ОДНО БЛАГОСЛОВЕНИЕ У ТЕБЯ, ОТЕЦ МОЙ? БЛАГОСЛОВИ ТАКЖЕ И МЕНЯ, ОТЕЦ МОЙ!».

Благословение – это высший свет, который наполняет творение. Он может наполнить его только в мере подобия, то есть в той мере, в которой есть правильное намерение над желанием Эсава, правильное намерение Якова.

Яков продемонстрировал это правильное сочетание – руки Эсава и свой голос. И поэтому получил благословение.

А оно только одно?

Невозможно в другом состоянии это сделать! И поэтому исправление должен вести Яков, а Эсав должен ждать, пока Яков укрепится и сможет его вести.

Подтянуть к себе?

Да.

(39) И ПОДНЯЛ ЭСАВ ГОЛОС СВОЙ, И ЗАПЛАКАЛ И ОТВЕЧАЛ ИЦХАК, ОТЕЦ ЕГО, И СКАЗАЛ ЕМУ: «ВОТ, МЕСТО, В КОТОРОМ БУДЕШЬ ТЫ ЖИТЬ, БУДЕТ ТУЧНЕЙШИМ МЕСТОМ ЗЕМЛИ, ОРОШАЕМЫМ РОСОЙ НЕБЕСНОЙ СВЫШЕ.(40) И МЕЧОМ ТВОИМ БУДЕШЬ

ЖИТЬ, И БРАТУ ТВОЕМУ СЛУЖИТЬ, НО ЕСЛИ ВЛАСТЬ ПОЛУЧИШЬ, СВЕРГНЕШЬ ИГО* ЕГО С ШЕИ ТВОЕЙ».

«Иго» для Эсава – намерения отдачи Якова.

Так Ицхак его благословляет?

В итоге это желание обретет намерение отдачи и полностью наполнится светом Творца. Это он говорит на будущее.

Ты будешь жить и ждать?

То, что будет, – на будущее, да.

(41) И ВОЗНЕНАВИДЕЛ ЭСАВ ЯКОВА ЗА БЛАГОСЛОВЕНИЕ, КОТОРЫМ БЛАГОСЛОВИЛ ЕГО ОТЕЦ, И СКАЗАЛ ЭСАВ В СЕРДЦЕ СВОЕМ: «НАСТУПЯТ ДНИ СКОРБИ ПО ОТЦУ МОЕМУ, И УБЬЮ Я ЯКОВА, БРАТА МОЕГО». (42) И СООБЩЕНЫ БЫЛИ РИВКЕ СЛОВА ЭСАВА, СТАРШЕГО СЫНА ЕЕ, И ОНА ПОСЛАЛА, И ПРИЗВАЛА ЯКОВА, МЛАДШЕГО СВОЕГО СЫНА, И СКАЗАЛА ЕМУ: «ВОТ, ЭСАВ, БРАТ ТВОЙ, ТЕШИТСЯ НАМЕРЕНИЕМ УБИТЬ ТЕБЯ».

Использовать намерение отдачи ради того, чтобы получать, – это значит «убить».

То есть не просто отдалиться друг от друга: это не значит, что так я работаю со своим эгоистическим желанием, а альтруистическое желание оставляю в стороне, – нет! Я хочу работать с альтруистическим желанием ради эгоизма. Я подхожу к тебе, якобы, с добром, с хорошим намерением, но на самом деле для того, чтобы обмануть тебя, чтобы из тебя все вытащить.

Что такое убийство?

Убийство – это значит использование ради себя. Если бы не хотел использовать, то просто оставил бы его в стороне, работал бы сам. А убийство – это значит полностью, полностью подчинить это свойство себе, абсолютно полностью.

Когда здесь говорится: «Я убью…», – это значит, подчиню все интересам своего «я»?

Есть различные виды использования. Есть друг, есть брат, есть товарищи. Убить – это значит полностью-полностью подчинить себе.

Устранить другого? Когда Эсав говорит: «Я убью брата своего Якова», – это значит, что он сотрет альтруистическое намерение в себе?

Он не оставляет ему абсолютно ничего для действия отдачи.

Даже раб на животном уровне имеет свое тело и свое существование – у него есть что-то свое. А здесь ты берешь все альтруистическое намерение и используешь только ради получения. Яков – альтруистическое намерение. Эсав хочет использовать его ради получения.

И вот последняя фраза.

(43) ТЕПЕРЬ ЖЕ, СЫН МОЙ, СЛУШАЙСЯ ГОЛОСА МОЕГО: (44) ВСТАНЬ, БЕГИ К ЛАВАНУ, БРАТУ МОЕМУ, В ХАРАН.

Ривка услышала, что Эсав хочет убить Якова. Яков ей дорог. А Ицхаку он менее дорог, чем Эсав? Она говорит: «Ты беги, отсидись у Лавана, пока гнев брата не пройдет». Кто это – Лаван?

О Лаване будет следующая глава.

ГЛАВА «ВОТ РОДОСЛОВНАЯ ИЦХАКА...»

«КРЫША ОБЩАЯ» – НО СЕЙЧАС ДЛЯ ЯКОВА

Но почему Лаван должен быть прикрытием для Якова?

Лаван является их общим прикрытием. Лаван – это высший свет, причем высший свет, который светит абсолютно всем.

Всем желаниям человека?

Да. Это свет, готовый светить также в эгоистические желания человека. Только потом, под ним, уже существует запрет. Лаван будет выступать в качестве коварного персонажа, потому что его свет светит всем. Но с точки зрения получающего, свет имеет значение, как его использовать: для отдачи или для получения, для исправления или для угнетения других.

Получается, что Лаван опасен для Эсава, он не может приблизиться к Лавану? А Яков может скрыться у Лавана?

Яков может скрыться у Лавана.

А Эсав, поскольку это эгоистический сосуд, не может?

Яков может показать Лавану, что они подобны в свойстве, потому что высший свет – это свойство отдачи, наполнения, а Яков с нижней стороны, со стороны творений, тоже отдача и наполнение. Поэтому существуют в Лаване такие свойства, называемые его дочерями, которые близки к Якову, и на которых он женится.

С дочерями-свойствами он может быть связан и жить у Лавана?

Есть родство, есть связь между Лаваном и Яковом, потому что оба они основаны на свойстве отдачи. Высший Свет – Лаван – и низшее намерение отдачи подобны.

Яков может родниться с Лаваном только через его дочерей. И поэтому может скрыться? А Эсав не может. Хотя Лея предназначалась для него, но неисправленный эгоизм не может порождать новое?

Конечно.

Эсав – Эдом. Все-таки уточните, что это за свойства?

Свойство «Эсав» (левая сторона) – это огромная духовная сила, это именно эгоизм, то есть намерение ради себя. Не просто желание! Потому что желание нейтрально.

Эсав – это эгоистическое намерение. Яков – намерение ради Творца, ради отдачи, ради других. Эти два намерения находятся над одним желанием. Как я желаю его использовать? Если ради себя – называется Эсав, ради отдачи – называется Яков. Два намерения вступают между собой в конфликт: кто будет управлять этим желанием.

«Земные» ассоциации тут абсолютно неуместны, потому что в нашем земном мире нет этих желаний и этих намерений. Наши желания и их альтруистические или эгоистические намерения не имеют никакого отношения к исправлению души.

Душа – это состояние, когда возникает интерес к науке о душе – к каббале, к внутреннему смыслу Торы. Когда человек стремится к таким же, как он – ищущим душу. Пытается наладить с ними дружбу, но тогда же начинает проявляться отторжение, противодействие взаимосвязи. Он начинает понимать, что в нас все испорчено, разбито.

Когда люди раскрывают это, им становится понятным, что именно разбитое единство надо исправлять?

Да. Когда человек идет к исправлению своей души, этому предшествует огромный период подготовки. Этот период подготовки начинается у человека, когда он уже находится «внутри», изучает каббалу, находится во взаимодействии с другими, подобными ему.

Это не относится ни к какой религии. Имеются в виду только те люди, которые уже устремлены к духовному и идут вперед. Мы говорим здесь об исправлении души.

В них живут Яков, Эсав – все?

В каждом, кто хочет и ищет душу, начинают ощущаться все эти свойства.

Мы учим, что «в духовном нет времени». Однако Вы говорите: «Сначала – потом». У человека возникает ощущение долгих лет и стремлений в жизни.

Но это то, что он должен пройти за свою жизнь.

6000 ЛЕТ ИЗМЕНЕНИЙ. ИЛИ БОЛЬШЕ?

Это может произойти в одно мгновение?

Нет, мгновенно это не может произойти. Я не успокаиваю и не обманываю людей. Нет.

Это путь очень непростой – путь самопознания, самораскрытия, в котором ты начинаешь ощущать весь мир и все миры, и все мироздание. И это путь, который занимает годы. Но для этого мы и существуем на этой земле.

Так что, дай Бог, чтобы мы с вами в этом поколении, в этой жизни, в этом кругообороте достигли выполнения всего процесса, полного исправления и полной связи с Творцом.

Это новое, самое изумительное состояние, которое только может быть.

Это действительно является целью?

Да, конечно. И люди подсознательно уже это понимают. Ну, не может же быть целью просуществовать несколько десятков лет в нашем мире просто так, бесцельно – и все!

Естественно, что цель находится выше. И нам надо ее раскрыть, достичь и насладиться.

Глава «И ВЫШЕЛ ЯКОВ»

МИР... ЧТО МОЖЕТ В НЕМ МЕНЯТЬСЯ?

Мы начинаем разбирать новую главу, которая называется «И вышел Яков». Но прежде сделаем некое предисловие. Мы, может быть, даже повторимся, но лично я за повторения. Они углубляют знания, обостряют чувства. Это необходимо.

Есть, правда, люди, которым достаточно знать, как и что происходит, – такая поверхностная любознательность. И этим они довольствуются.

Но это тоже важно. Есть люди, которые и вовсе не интересуются.

Но есть и те, которые сопереживают. И мы, собственно, все время говорим о том, как сопереживать нашим внутренним героям. Глава называется «И вышел» – «Ваеце» на иврите. Она практически вся о Якове. Был Авраам, от Авраама был Ицхак, от Ицхака – Яков.

Как достичь человеку сопереживания с этим героем, который, как мы говорим, живет внутри нас? Сопереживания с этим нашим свойством – Яковом?

Все, что сказано в Торе, сказано о наших внутренних состояниях. И вообще весь мир мы ощущаем внутри себя. Мне кажется, что действительность, мир, находится снаружи, но ощущаю-то я его в себе. И на каждое действие, явление, предмет есть определенный отзыв в моих желаниях, который определяет мое восприятие. Светлое, темное, красное, белое, большое, маленькое, земля, газы, растения, животные, люди и так далее – это все отображается в моих желаниях.

И когда в своем развитии я прохожу всевозможные ощущения, мир кажется мне меняющимся. Я меняюсь, меняются мои желания, свойства. Таким образом, я раскрываю для себя все больший и больший мир.

То есть, это не внешний мир меняется, это я меняюсь вместе со своим внутренним миром?

Я меняюсь, конечно. Мир. Что может в нем меняться? Это тяжело понять, но сегодня уже физики начинают приближаться к этому. Из всех противоречий, которые завели их в тупик, они начинают соглашаться с тем, что мир не однородный, что есть в нашем мире несколько уровней, измерений. Одна частица может быть в разных местах одновременно. Не перемещаться с большой скоростью – пусть даже бесконечно большой, а просто быть одновременно в двух местах.

Это подобно раздвоению личности?

Может быть. Это уже что-то такое, что выходит за рамки нашего обычного понимания, исследований, возможностей. Просто так есть. А вот как это может быть – объяснить невозможно. Так что здесь мы сталкиваемся уже с состояниями, которые пограничны с духовным миром.

И в том, что говорит Тора, этот духовный мир предстает перед нами в форме, в которой мы должны начать ощущать его. Все те образы, действия, объекты, объемы – все, о чем повествует эта книга, – мы должны просто раскрыть их в себе и прочувствовать.

ЖИЗНЬ В ДВУХ МИРАХ

Все, что в Торе говорится про Адама, про то, что с ним происходило...

И про Вавилон, про Авраама, как вышли в Египет, бежали в пустыню, пришли в Израиль – все метаморфозы, которые произошли с этим древним народом, с людьми, с каждым из них, все эти падения, подъемы, благословения, проклятия – все это человек должен пройти на себе. Все эти картины он должен ощутить совершенно явно. Причем, он должен ощутить все эти картины как переживания внутри себя.

Как это представить? Он одновременно представляет себя, допустим, и Моше, и народом, и пустыней, и фараоном, и одновременно – неживой, растительной, животной, человеческой природой. Во всех своих четырех желаниях: на неживом, растительном, животном и человеческом уровне – он раскрывает эти четыре уровня, четыре образа в каждом из желаний. И, таким образом, складывает внутри, в себе эту картину, о которой повествует Тора.

Вы говорите, что он находится практически сразу в четырех состояниях?

Нет. Допустим, я сейчас ощущаю себя и окружающее меня. И все это состоит из четырех уровней – неживая, растительная, животная, человеческая природа. И я, таким образом, это улавливаю. Возможно, есть еще другие какие-то уровни природы, но я их не улавливаю. Для меня этот объем называется «мой мир».

Если я читаю, допустим, Тору и вдруг начинаю себя ощущать не как ребенок, который читает захватывающий, интригующий роман со всякими приключениями и боится, и страдает, и плачет, и смеется. А я чувствую, что на самом деле я нахожусь там – нахожусь! Одновременно вместе с этим реальным миром я нахожусь в мире, который описывает мне Тора. И этот мир – духовный.

Глава «И вышел Яков»

Что значит, «духовный»? Я реально нахожусь в нем своими чувствами, своими мыслями. Со всеми элементами, которые описаны там. Я – в этом во всем, это все – я.

Какое отличие между ребенком, который представляет себя в своем приключенческом, фантастическом мире и мной?

Я представляю себе мир, который сейчас вырисовывается мне при чтении Торы совершенно явно, как существующий не только в моих ощущениях, – он в моих желаниях, в моих постижениях, то есть он во мне живет абсолютно явно. Не в моей фантазии, когда вдруг входит мама и зовет меня кушать или в школу, – и этот фантастический мир пропадает.

В этом мире я существую одновременно с моим миром, я существую в двух измерениях. Как электронная частичка из микромира – она одна, но может находиться одновременно в двух местах, – так и я одновременно нахожусь в двух мирах, хотя я один. И в одном из миров я чувствую, как здесь сейчас я с тобой сижу и разговариваю, и одновременно с этим я чувствую себя еще в другом мире, причем, совершенно реально, так же, как в этом мире. И в нем я тоже нахожусь в определенном объеме и в определенной роли.

Такое раздвоение нормально, Вы считаете?

Это не просто нормальное раздвоение – так должно быть. Вот это второе ощущение, второе измерение, второй мир, который тебе раскрывается, и называется раскрытием духовного.

ПЕРЕД СНОМ

/10/ И ВЫШЕЛ ЯКОВ ИЗ БЕЭР-ШЕВЫ, И ПОШЕЛ В ХАРАН. /11/ И ПРИШЕЛ В ОДНО МЕСТО, И ПЕРЕНОЧЕВАЛ ТАМ, ИБО ЗАШЛО СОЛНЦЕ, И ВЗЯЛ ИЗ КАМНЕЙ ЭТОГО МЕСТА, И СДЕЛАЛ ИЗГОЛОВЬЕ СЕБЕ, И ЛЕГ НА ТОМ МЕСТЕ.

Что это за камни, которые он собирает?

Камень – это, так называемый, «лев а-эвен». «Эвен» – от слова «авана» – понимание. Все свое понимание, свое прозрение, свои ощущения – все, что есть у него в постижении Высшего мира, он положил себе под голову. Он хотел бы идти выше этого, ни в коем случае не надеясь на себя, на свои возможности, на свое понимание, на свои ощущения.

Когда человек находится в состоянии лежа, в состоянии сна – из него полностью уходит разум, он превращается почти в неживое существо…

Все на одном уровне – голова, тело, ноги.

Да, все на одном уровне. Но и в таком состоянии он все равно желает находиться выше того, что он знает и понимает, то есть руководствоваться не своим состоянием, а состоянием более высокой ступени.

Это вообще необходимый элемент – вхождение в состояние, называемое сон. Сон в духовном мире – это не сон в нашем мире, когда человек ложится, засыпает и спит, как животное. Специально ты делаешь определенные усилия, и весь внутренний свет, который был в тебе: постижение, осознание, ощущение – исчезает из тебя. И ты остаешься в таком сумрачном, туманном состоянии, когда ничего не понимаешь, не знаешь.

ГЛАВА «И ВЫШЕЛ ЯКОВ»

И это состояние – хорошее, необходимое, если ты его вызываешь сам, для того, чтобы перейти в состояние более высокое. Когда поднимаешься снизу вверх, между каждыми двумя состояниями существует такой переход – состояние сумбурности, непонимания, туманности. И именно оно помогает тебе отключиться от прошлой картины и естественным, таким наивным способом получить следующую картину, облачиться в нее.

Сон – это как бы переходное состояние между ступенями?

Да, как между днем и днем, между непониманием и пониманием.

То есть после сна что-то должно произойти?

Обязательно! Если ты входишь в такое состояние сам, естественно, это состояние – очень деятельное! В нем надо производить определенные действия, и тогда это происходит.

В Торе сны – обычно вещие?

Ну, вещие сны тоже есть. Но здесь, наоборот, имеется в виду другое: я отключаю себя, я не хочу ничего воспринимать, ни с чем не хочу иметь дело. Я хочу только отменить себя, чтобы подняться на следующую ступень.

ДВЕНАДЦАТЬ КАМНЕЙ

Не написано в письменной Торе о том, что происходит во время сна. В устной Торе сказано следующее:

«УСТРОИВШИСЬ НА НОЧЛЕГ, ЯКОВ ПЕРЕНЕС ДВЕНАДЦАТЬ КАМНЕЙ С ЖЕРТВЕННИКА,

ПОСТРОЕННОГО ЗДЕСЬ ЕЩЕ АВРААМОМ, И РАЗЛОЖИЛ ИХ ВОКРУГ СЕБЯ, ЧТОБЫ ДИКИЕ ЖИВОТНЫЕ НЕ СМОГЛИ ПОДОЙТИ К НЕМУ».

Двенадцать камней олицетворяют все внутренние свойства человека. И двенадцать будущих сыновей Якова – тоже следствие этого.

Наш эгоизм состоит из четырех частей: неживой, растительной, животной и человеческой. Каждая из них состоит из трех линий: добра, зла и их правильного совмещения между собой. Четыре умножить на три – двенадцать. Это части, из которых мы состоим. Это первое.

Второе, что он сделал?

«... и разложил их вокруг себя, чтобы дикие животные не смогли подойти к нему».

О! То есть он так выстроил себя изнутри, так исправил себя, свою душу, свои желания, чтобы все его дикие желания (дикие животные). Чтобы они не смогли нарушить его внутреннее равновесие, то, которое он в себе устроил.

Один из камней он положил под голову вместо подушки.

Да. Это – *кетэр*.

Если двенадцать камней, которые он здесь поставил, сольются в единый монолит, можно быть уверенным, что все двенадцать его сыновей станут праведниками и будут служить Творцу.

То есть, если все эти двенадцать свойств, из которых состоит его структура от *кетэр* (короны) и до *малхут* (до последнего), если все эти свойства будут одновременно гармонично работать, то, естественно, что все его частные свойства станут праведниками, то есть оправдывающими Творца, правильно работающими в унисон с высшей силой.

ГЛАВА «И ВЫШЕЛ ЯКОВ»

Дальше написано так.

ОН РАССТАВИЛ КАМНИ, ПОЛОЖИЛ ПОДСТИЛКУ И ЛЕГ СПАТЬ. КАК ТОЛЬКО ЯКОВ УСНУЛ...

То есть выстроил три линии по всем четырем уровням своего желания – он полностью соединил, структурировал свою душу.

Как бы направил ее в сторону Творца?

Да, естественно. Это первое.

Второе, он сделал «подстилку», то есть *парсу*, на которой может спокойно находиться, ниже которой он в своих желаниях точно не опустится.

Парса **– это граница?**

Да, это граница.

И, естественно, все злые желания – «животные», которые еще не исправлены (Яков еще неисправленный, он только в начале своего пути), – все они находятся ниже. То есть он сделал это, расставив камни вокруг, чтобы защитить себя. И сейчас точно ничто не может повредить ему перед отходом ко сну, перед тем, как он полностью исключает свой разум, свои чувства и отдает себя во власть следующей ступени. Только таким образом можно подняться со ступени на ступень.

Это и означает «готовиться ко сну»?

Да.

Готовиться к состоянию отмены себя?

Да, да. И каждый раз надо так делать. В этом и заключаются все наши обычаи перед сном.

Смотрите, что дальше происходит.

КАК ТОЛЬКО ЯКОВ УСНУЛ, КАМНИ ЗАТЕЯЛИ МЕЖДУ СОБОЙ СПОР. КАЖДЫЙ ИЗ НИХ ХОТЕЛ, ЧТОБЫ ПРАВЕДНИК ПОЛОЖИЛ ГОЛОВУ НА НЕГО. И ТОГДА, НЕ НАЙДЯ ДРУГОГО РЕШЕНИЯ, ОНИ СЛИЛИСЬ ВОЕДИНО. ТЕМ САМЫМ ТВОРЕЦ УСПОКОИЛ ЯКОВА: НИ ОДИН ИЗ ЕГО СЫНОВЕЙ НЕ СТАНЕТ ЗЛОДЕЕМ.

Красиво – двенадцать камней принимают решение соединиться вместе.

Но каждый хотел своим свойством исправлять всю душу. Это похоже на ту притчу о буквах, в которой каждая буква, то есть каждая сила, требовала, чтобы с нее началась Тора, чтобы ею, ее свойством был создан мир, и тогда он достигнет исправления. И в этой притче рассказывается, что исправление может быть достигнуто только за счет буквы «бет», поэтому с нее и начинается вся Тора.

Соединение – это слово, которое преследует нас, Вы все время говорите о соединении: соединение камней, соединение сыновей, соединение желаний и прочее. Эта постоянная мысль о соединении – она о чем? Об отмене себя каждой *сфирой*?

Нам не надо отменять себя. Нам надо просто сделать так, чтобы все мы нормально существовали, чтобы все мы, все наши свойства в органичном соединении между собой давали нам общую картину души. Не может быть одно свойство больше, другое меньше. Абсолютно все они должны себя реализовать.

Дополняя друг друга, они соединяются.

ГЛАВА «И ВЫШЕЛ ЯКОВ»

СОН ЯКОВА

/12/ И СНИЛОСЬ ЕМУ: ВОТ, ЛЕСТНИЦА СТОИТ НА ЗЕМЛЕ, А ВЕРХ ЕЕ ДОСТИГАЕТ НЕБА, И ВОТ, АНГЕЛЫ ВСЕСИЛЬНОГО ВОСХОДЯТ И СПУСКАЮТСЯ ПО НЕЙ. /13/ И ВОТ, ТВОРЕЦ СТОИТ НАД НИМ И ГОВОРИТ: «Я ТВОРЕЦ – ВСЕСИЛЬНЫЙ АВРААМА, ОТЦА ТВОЕГО, И ВСЕСИЛЬНЫЙ ИЦХАКА. ЗЕМЛЮ, НА КОТОРОЙ ТЫ ЛЕЖИШЬ, – ТЕБЕ ОТДАМ ЕЕ И ПОТОМСТВУ ТВОЕМУ».

Что такое «лестница Якова», о которой говорится во множестве источников и которая стоит на земле и упирается в небо?

Это та же лестница подъема человека из нашего мира в Высший мир, от уровня нашего мира до полного исправления, до полного слияния с высшей силой, когда он становится равным и эквивалентным ей во всем.

Лестница от земли до неба?

Допустим, до неба, если небом мы называем высшую точку достижения нашего исправления.

Что это во внутренней работе человека? Что это в его желании?

Это исправление всех его свойств в таком последовательном виде, как написано в Торе, и это постепенное его преобразование в подобие Творцу. Лестница представляет собой активный элемент, активную систему, по которой ты должен подниматься, используя каждый раз ступени этой лестницы.

Они тебя поднимают. Ты их абсорбируешь в себе и становишься частью этой лестницы. Поднимаясь по лестнице, ты вбираешь в себя все эти ступени. Они как бы входят в тебя, и ты, таким образом, все время обогащаешься, разворачиваешься, становишься все больше и больше, пока не достигаешь состояния, когда все мироздание на самой высшей ступени входит в тебя и далее находится в тебе.

Лестница как будто сворачивается за мной, перестает существовать?

Да. Как ковровая дорожка.

Лестница опирается на землю. Это означает, что она опирается на эгоистическое желание? Опирается – стоит на земле?

Да. Она начинается буквально от нашего мира и продолжается до мира бесконечности.

До мира бесконечности – до состояния отдачи?

Да.

ДВЕ БОКОВИНЫ С ПЕРЕКЛАДИНАМИ

Есть правая боковина, левая боковина и между ними – ступени. Что это?

Именно таким образом все и устроено. Поэтому так строят лестницу и в нашем мире.

Так продвигается человек?

Да, потому что духовная система так устроена – из милосердия и суда.

Правая линия – милосердие, а левая – суд?

Да. Две линии и между ними перекладины – это уже подъем, 125 ступеней. Наш эгоизм состоит из 125 ступеней – по своей мощности, по своему эгоистическому развитию. И мы идем от более слабых к более сильным сторонам эгоизма и постепенно их исправляем.

Якову дано увидеть эту лестницу, потому что он сам является соединением в средней линии?

Он ее увидел во сне только потому, что отменил себя. А далее эта лестница уже находится перед каждым из поднимающихся людей. Если мы доходим до состояния Якова, то тогда и обнаруживаем эту лестницу и далее уже реализуем ее.

Я снова смотрю в устную Тору. Тут все время добавляются какие-то очень конкретные детали, которых нет в письменной Торе. Вот что здесь сказано:

В ТУ НОЧЬ ЯКОВУ В ПРОРОЧЕСКОМ СНЕ ЯВИЛСЯ ТВОРЕЦ, ЧТОБЫ ПОДДЕРЖАТЬ ЕГО...

ВО СНЕ ЯКОВ УВИДЕЛ ЛЕСТНИЦУ, ПОДНИМАЮЩУЮСЯ ДО САМОГО НЕБА. В АНГЕЛЕ, КОТОРЫЙ ПОДНИМАЛСЯ ПО НЕЙ, ОН УЗНАЛ АНГЕЛА-ХРАНИТЕЛЯ ВАВИЛОНСКОГО ЦАРСТВА... АНГЕЛ ПОДНЯЛСЯ ПО ЛЕСТНИЦЕ НА СЕМЬДЕСЯТ СТУПЕНЕЙ, И ЯКОВ ПОНЯЛ, ЧТО ЕГО ПОТОМКАМ ПРИДЕТСЯ СЕМЬДЕСЯТ ЛЕТ НАХОДИТЬСЯ В ВАВИЛОНСКОМ ИЗГНАНИИ. ДОБРАВШИСЬ ДО СЕМИДЕСЯТОЙ СТУПЕНИ, АНГЕЛ УПАЛ, И ЭТО БЫЛО ЗНАКОМ ТОГО, ЧТО ЧЕРЕЗ СЕМЬДЕСЯТ ЛЕТ ЕВРЕИ ВЕРНУТСЯ ИЗ ВАВИЛОНСКОГО ИЗГНАНИЯ.

ЗАТЕМ ЯКОВ УВИДЕЛ, ЧТО ПО ЛЕСТНИЦЕ ПОДНИМАЕТСЯ АНГЕЛ-ХРАНИТЕЛЬ МИДИИ. ЧЕРЕЗ ПЯТЬДЕСЯТ ДВЕ СТУПЕНЬКИ ОН ТОЖЕ УПАЛ, И СТАЛО ЯСНО, ЧТО МИДИЙСКОЕ ИЗГНАНИЕ ПРОДЛИТСЯ ПЯТЬДЕСЯТ ДВА ГОДА.

ТРЕТЬИМ БЫЛ АНГЕЛ-ХРАНИТЕЛЬ ГРЕЦИИ. ОН ПОДНЯЛСЯ ДО СТО ДВАДЦАТОЙ СТУПЕНИ, А ЗАТЕМ РУХНУЛ ВНИЗ. ТАКОВ В БУДУЩЕМ БУДЕТ СРОК ГРЕЧЕСКОГО ИЗГНАНИЯ.

НАКОНЕЦ, ПЕРЕД ЯКОВОМ ПРЕДСТАЛ АНГЕЛ ЭДОМА. ОН ПОДНИМАЛСЯ И ПОДНИМАЛСЯ, И КАЗАЛОСЬ, ЕГО ПОДЪЕМУ НЕ БУДЕТ КОНЦА. ЯАКОВА ОХВАТИЛ СТРАХ, ИБО ОН ТАК И НЕ УВИДЕЛ ПАДЕНИЯ ЭТОГО АНГЕЛА.

– НЕУЖЕЛИ ЧЕТВЕРТОМУ ИЗГНАНИЮ НЕ БУДЕТ КОНЦА? – СПРОСИЛ ОН ТВОРЦА.

– ДАЖЕ ЕСЛИ ЭТОТ АНГЕЛ ПОДНИМАЕТСЯ ПО ЛЕСТНИЦЕ ДО САМЫХ ЗВЕЗД, Я САМ СБРОШУ ЕГО ВНИЗ, КОГДА ПРИДЕТ ВРЕМЯ, – ОТВЕТИЛ ТВОРЕЦ.

ИЗГНАНИЯ

Яков увидел пророческий сон о том, что произойдет со всеми поколениями? Состояние изгнания – что это такое?

Изгнание – это необходимое состояние, когда человек ощущает себя выброшенным из ощущения постижения Творца, ощущения Высшего мира, ощущения цели, важности ее. Он падает практически до уровня животного, или просто до уровня человека нашего мира, который заботится только о своем естественном физическом состоянии.

Это необходимое состояние для человека?

Оно необходимо, но, в то же время, оно очень ограничено. Оно ограничено нашими семьюдесятью годами, в течение которых мы в каждое мгновение просто стремимся привести себя каждый раз в более комфортное состояние – и больше ничего. Кончаются эти состояния, и организм умирает – все.

Что такое четыре изгнания в человеке?

Это четыре состояния отторжения от духовного, которые человек должен пройти. И, конечно, самое страшное изгнание – это последнее, в котором мы находимся.

Поэтому ему как бы нет конца?

Нет. Изгнание имеет свой конец. Оно уже закончилось – даже не сегодня, а, можно сказать, несколько сотен лет назад. Оно закончилось уже во времена АРИ, то есть где-то в XVI веке. И с тех пор мы находимся в возвышении из этого изгнания, в приближении к освобождению.

Почему здесь сказано: «Это Я скажу, когда придет время»? Потому что сам Яков не видел его конца?

Потому что все предыдущие изгнания были на неживом, растительном или животном уровне и поэтому могли быть спрогнозированы и четко определены.

А последний, человеческий уровень изгнания – он самый большой по своей мощи, по своей глубине, по своей оторванности от духовного – он абсолютно оторван. Души людей, которые были в постижении духовного две тысячи лет назад, упали. И сегодня они находятся в разных людях, которые вообще не имеют понятия о том, что есть такое состояние, такой духовный уровень.

Это изгнание – ужасное, длительное, с большими страданиями. Но оно закончилось. Сегодня мы должны просто реализовать следующий, самый последний подъем, который у нас впереди. Больше изгнаний нет.

Говоря «закончилось», Вы имеете в виду, что появляется какая-то подсветка? У человека возникает новое ощущение, что есть что-то...

Да, да. Выход из изгнания в том, что человек начинает ощущать, что есть что-то выше него и ему хочется этого. А представляешь, сколько есть людей, которые этого еще не чувствуют, и поэтому находятся в изгнании. Но они даже не понимают, что они в изгнании.

Выход из изгнания начинается с того, что я чувствую, что нахожусь в клетке.

В устной Торе дальше говорится о продолжении. Был не один сон – было несколько снов. Там рассказывают еще об одном сне:

В ТОМ ЖЕ СНЕ ЯКОВ ПОЛУЧИЛ ПРОРОЧЕСТВО О ТОМ, ЧТО ХРАМ В БУДУЩЕМ СГОРИТ, НО ЗАТЕМ БУДЕТ ОТСТРОЕН ЗАНОВО. ЕМУ ДАНО БЫЛО ТАКЖЕ УВИДЕТЬ КУЛЬМИНАЦИОННЫЙ МОМЕНТ ТВОРЕНИЯ – ДАРОВАНИЕ ТОРЫ, ВО ВРЕМЯ КОТОРОГО У ОБЪЯТОЙ ПЛАМЕНЕМ ГОРЫ СИНАЙ БУДУТ СТОЯТЬ ВСЕ ЕГО ПОТОМКИ. СРЕДИ НИХ – ААРОН, КОТОРЫЙ ОСТАНЕТСЯ С НАРОДОМ, ПОКА МОШЕ БУДЕТ ПОЛУЧАТЬ ОТ ТВОРЦА СКРИЖАЛИ ЗАВЕТА – «ЛУХОТ БРИТ» НА ИВРИТЕ, С ДЕСЯТЬЮ РЕЧЕНИЯМИ.

...НО НЕОЖИДАННО ВСЕ АНГЕЛЫ ИСЧЕЗЛИ, И ЯКОВ УСЛЫШАЛ ГОЛОС ТВОРЦА:

– Я – БОГ АВРААМА, ТВОЕГО ДЕДА, И БОГ ИЦХАКА, ТВОЕГО ОТЦА. ЗЕМЛЯ, НА КОТОРОЙ ТЫ ЛЕЖИШЬ, БУДЕТ ПРИНАДЛЕЖАТЬ ТЕБЕ И ТВОИМ ПОТОМКАМ!

ПОСЛЕ ЧЕГО ТВОРЕЦ КАК БЫ СЛОЖИЛ ВСЮ ЗЕМЛЮ ИЗРАИЛЯ, КАК БУМАЖНУЮ КАРТУ, И ПОЛОЖИЛ ЕЕ ПОД ГОЛОВУ ЯКОВА. ТО БЫЛ СИМВОЛ ТОГО, ЧТО

ГЛАВА «И ВЫШЕЛ ЯКОВ»

ЯКОВ ПОЛУЧИТ ЭРЕЦ ИСРАЭЛЬ В ВЕЧНОЕ ВЛАДЕНИЕ – ИМЕННО ЕГО ПОТОМКИ ПОСЕЛЯТСЯ ЗДЕСЬ НАВЕЧНО.

– ...А ТЕПЕРЬ ПРОДОЛЖАЙ СВОЙ ПУТЬ. Я БУДУ ОХРАНЯТЬ ТЕБЯ, КУДА БЫ ТЫ НИ ШЕЛ, – ТАК СКАЗАЛ ТВОРЕЦ.

Такие приходят сны. Яков видит все, что будет происходить. Это пророческий сон? Ему дано все увидеть?

Понимаешь, пророческий – это в каббале не то, что нам кажется.

Яков находится на определенной духовной ступени. Он может войти в состояние, когда полностью от нее отказывается, и тогда на него воздействует высший свет и просто ведет его в путешествие по всем более высоким ступеням. И то, что он там видит, для него, для его нынешней ступени, – как сон или как пророчество. То есть это все реальные картины, которые реально раскроются в нем в будущем, в его исправленных желаниях. А пока его желания еще не исправлены, и поэтому видеть их явно он не может.

Но когда Яков аннулирует свои желания, тогда он может подниматься не своей собственной силой, а силой света, и видеть эти следующие состояния. И эти состояния называются пророческими снами.

Это очень простой механизм – ты в нем просто находишься, и все.

ПОСМОТРЕВ ИЗ КОСМОСА...

Вы всегда говорите о Якове с особой любовью, даже большей, чем об Аврааме и Ицхаке. Объясните, почему?

Потому что Яков – это свойство, с помощью которого человек начинает приближаться к своему исправлению. Яков – это от ивритского слова «экев» – пятка. Или нечто, огибающее основное строение.

Огибающее эгоизм Эсава? Поэтому Яков вышел вторым, держась за пятку Эсава?

В чем тут проблема? Эгоизм, с одной стороны, является основным свойством, формирующим историю человечества и, вообще, нашу природу. А свойство Якова является вспомогательным.

Но, с другой стороны, для чего нужен эгоизм, если нет возможности его использовать? Ведь это свойство, которое ведет нас к гибели, к самоуничтожению, к самоаннулированию. Мы же видим, куда идет человечество. Вся история его развития – это распространение, расширение, новые технологии, изобретение которых, на самом деле, не наполняют человека.

Если б мы посмотрели со стороны, из космоса, на нашу землю, на себя, то увидели бы, что мы, как в муравейнике, все время просто крутимся и пытаемся лучше себя почувствовать, сделать что-то лучше для себя. В итоге, изобретаем всякие приспособления, усложняем этим свою жизнь, но не делаем ее спокойней, легче, гармоничней, приятнее. Ни в чем.

А ведь хотим...

Мы этого желаем, но, в итоге, почему-то получается все наоборот. Эгоизм является основной материей природы, и ему, как любой материи, необходима ведущая сила или программа развития. И находиться она должна не в самом эгоизме, потому что иначе он будет все время крутиться вокруг себя и уничтожать сам себя.

Это – если эгоизм ведет?

Да. Эгоизм нуждается в силе, ему противоположной, альтруистической – в силе отдачи. Тогда эгоистическая сила – та, которая называется здесь Эсав, – и противоположная ей сила отдачи – Яков, в итоге долгих-долгих тысячелетий своей совместной, параллельной истории сойдутся вместе и взаимно дополнят друг друга.

Эсав – эгоизм – согласится с Яковом, в конце концов?

Да, потому что не будет другого выхода. Мы сегодня видим: наш мир движется в тупик. Он приходит к депрессии, наркотикам, идет просто к самоуничтожению, самоаннулированию. А впереди могут быть и атомные войны.

Вы как-то настаиваете на тупике. Вы все время говорите, что надо прийти в тупик.

Я – нет. Но эгоизм не может иначе. В каждом человеке происходит такое развитие, что в своей жизни он приходит к своему личному тупику и, в итоге, понимает, что ему надо что-то делать с собой, каким-то образом подняться на следующий уровень развития.

Таких людей пока немного. Мы – первое поколение, в котором лишь первые несколько миллионов человек начинают ощущать этот индивидуальный тупик. Мы видим это по тем людям, которые стекаются к нам со всего мира. У нас много таких учеников и товарищей по исправлению.

ЭСАВ – НЕСЧАСТНЫЙ РЕБЕНОК?

В будущем, как каждый человек, так и весь мир должны будут постепенно прийти в этот тупик, потому что нельзя развиваться с помощью только одной силы. Она ведет нас к полному истощению: внутреннему, духовному, душевному, физическому и энергетическому.

Поэтому Вам лично ближе свойство Яков?

Нет. Все свойства важны. У меня не менее глубокое чувство к Эсаву.

Потому что он обманутый?

Нет, вследствие его важной роли в общем исправлении и становлении общей души – Адама.

В общем-то, здесь показано, каким образом человечество приходит к своему исправлению. Эгоистически оно развивается очень прямо. А вот когда начинает задумываться: «Можно ли по-другому?», – тут и начинаются всякие завихрения, потому что в нашей природе силы отдачи в явном виде не существует, нам надо привнести ее в себя.

У человека должна быть целая система связи с этой силой, которая называется Яков. Эта сила не из нашего эгоистического мира – это сила духовного мира.

И потому проходит много времени, пока человек эгоистически начнет в ней нуждаться, пока он начнет понимать, что должен как-то привлечь ее, должен связать ее со своей эгоистической силой и двигаться вперед. Все непросто. Нам это показано на примере Адама, затем – Авраама и его группы, которая прошла непростые исправления. В общем, мы всегда видим, насколько затруднительно это движение.

ГЛАВА «И ВЫШЕЛ ЯКОВ»

ПОЧЕМУ-ТО СТРАШНО

Мы говорили о Якове, о том, как он заснул, как ему приснился сон: лестница от земли до неба, ангелы стали подниматься по ней и показали ему все, что будет.

После того, как он проснулся, произошло следующее:
/16/ И ПРОБУДИЛСЯ ЯКОВ ОТО СНА СВОЕГО И СКАЗАЛ: «ИСТИННО, ЭТО МЕСТО, ГДЕ ОТКРЫВАЕТСЯ ТВОРЕЦ, А Я НЕ ЗНАЛ!». /17/ И ИСПУГАЛСЯ ОН, И СКАЗАЛ: «КАК СТРАШНО МЕСТО ЭТО! ЭТО НЕ ЧТО ИНОЕ, КАК ДОМ ВСЕСИЛЬНОГО, А ЭТО – ВРАТА НЕБЕС».

Ему почему-то страшно.

Страшно, потому что происходит вследствие борьбы с Эсавом. Человек должен подавить в себе эгоистические желания. Не уничтожить – их невозможно уничтожить. И еще, мы говорили об этом не один раз, – над эгоистическими желаниями надо поднимать и растить альтруистические силы отдачи. Возвышая одно над другим, ты строишь эту лестницу. Когда человек желает духовно приподняться, в нем одновременно ступенчато, пошагово растет эгоизм. И над этим эгоизмом он постоянно поднимается…

Все время надо работать?

Да. Таким образом, человек и достигает Творца. Чтобы достигнуть Творца – всей высоты этой лестницы – надо полностью реализовать в себе весь эгоизм и над ним построить свойство отдачи. И свойство Эсава, и свойство Якова должны быть полностью реализованы.

Получается, что Яков идет, все время хватаясь за пятку?

Да. Вначале растет Эсав. Без этого невозможно. Иначе, что же можно исправить? Сначала должно быть то, что подлежит исправлению, и только после этого включается исправление.

Эсав – очень серьезная сила. Он убил Нимрода, царя эгоизма.

Почему все-таки страшно это место, где открылся Творец?

Творец раскрывается на сопоставлении двух противоположных сил, когда они образуют между собой третью силу (среднюю линию) – полную реализацию всех сил природы вместе в одном целом. Из этого одного целого и создается образ Творца.

Страх исходит из того, что Яков – маленькое свойство отдачи, обязанное воевать, возвышаться, тянуть за собой, подниматься над свойством Эсава, который является природой нашего мира – основой всей материи. Конечно, это непросто. И человек проходит много таких не то, чтобы страшных, а очень ответственных, сложных моментов.

Чего боится Яков?

Он боится оступиться. Он боится снова упасть в эгоизм, стать обычным, оторванным от высшего предназначения, которое есть у каждого из нас, у любого человека в мире. Он, как витязь на распутье, боится не решить проблему.

И стать Эсавом?

Все время видеть себя таким – в какую сторону качнешься… Происходит постоянная борьба, в которой главное – держать свое сердце, зажав и точно направив его на цель.

Вам бывает страшно? И если – да, то когда бывает страшно?

ГЛАВА «И ВЫШЕЛ ЯКОВ»

Я не знаю, страх ли это. Мне бывает страшно, что я не оправдаю того, что ждет от меня мой Учитель. Вообще это очень ответственная роль – продолжателя, последователя, проводника. Это вызывает трепет, страх, тревогу.

Когда возник этот страх? Вы можете сказать?

Тогда, когда группа, которая собралась лет 15 назад, начала формироваться в серьезное образование. Это было около 10 лет назад. И через 5-6 лет она уже начала заявлять о себе как претендующая на духовное представительство в нашем мире и на представительство от нашего мира в духовном мире. Тут, конечно, возникли очень большие волнения, опасения, чувство ответственности.

Вы, когда собирали группу, ожидали, что этот момент наступит?

Конечно. И еще много чего другого ожидал, но больше всего этого. Но когда подходит сам момент, и это реализуется, оно вызывает тревогу и чувство ответственности. Насколько можно, надо сделать все, что в твоих возможностях.

ПОВСЮДУ КАМНИ

Итак, пойдем за Яковом. Возник у него страх. И дальше было так:

/18/ И ВСТАЛ ЯКОВ РАНО УТРОМ, И ВЗЯЛ КАМЕНЬ, ЧТО СДЕЛАЛ СВОИМ ИЗГОЛОВЬЕМ, И ПОСТАВИЛ ЕГО ПАМЯТНИКОМ, И ВОЗЛИЛ МАСЛО НА ЕГО ВЕРШИНУ. /19/ И НАЗВАЛ ЭТО МЕСТО БЕЙТ-ЭЛЬ, НО ЛУЗ – ПЕРВОНАЧАЛЬНОЕ ИМЯ ЭТОГО ГОРОДА.

Во-первых, вопрос с камнями. В Торе такое количество камней! Из них строят стены, они лежат в изголовье, камни бросают, камни, камни …

Камни – это самое сильное эгоистическое свойство человека, которое вбирает в себя свойство разума, силы, раскрытия Творца. Камень (*«эвен»* от слова *«авана»* – понимание, раскрытие). Камень в изголовье (ты сам понимаешь, что он символизирует) – на нем все устремления человека, все его чаяния, вся программа его действий в подъеме к духовному. Камнем разбивают голову. Из камней строят жертвенник.

Храм.

Да. Камень – это материя, эгоистическое желание, из которого ты постоянно создаешь новые и новые возможности для раскрытия Высшего мира.

Храм строится из эгоистических желаний?

Конечно. Стены – все это сплошной эгоизм.

И внутри оказывается пустое место.

Конечно. Но эти камни ты обтесываешь особым образом и складываешь особым образом. Ты из них делаешь общее свойство отдачи. Каждый из них и все вместе – они являются эгоистическими свойствами.

Место называется Бейт-Эль.

Дом Творца.

Но первоначальное имя этого города – Луз.

Луз – это вообще интересная вещь! Это – неисправляемое свойство. Когда человек умирает, его тело хоронят, и оно гниет в земле. Но, как говорит каббала, есть только одна косточка, которая не гниет. Она называется «эцем луз».

«Эцем» человека – это суть?

Да. Эта суть – «эцем» и называется «луз». Она не исчезает. Место Луз также называется Бейт-Эль (Дом Творца).

Та основа эгоизма, которая никак не может исправиться, в конечном итоге, именно она, исправляясь, преобразуется в точку настоящего единения с Творцом. Но исправляется она только после всего-всего остального.

То, что Вы говорили: «Эсав, над ним Яков»... Последняя вершина?

Да, самая последняя точка соприкосновения с Творцом называется Луз, или Дом Творца. В неисправленном виде это место называется Луз, а в исправленном – Бейт-Эль (Дом Творца).

Голливуд меркнет…

Да. Конечно, тут в каждом предложении – трагедия. Но я не представляю, как это передать. У меня нет никаких образов.

ОТОРВАТЬ ОТ СЕБЯ ДЕСЯТИНУ

Дальше пишется так:

/22/ «А КАМЕНЬ ЭТОТ, КОТОРЫЙ Я ПОСТАВИЛ ПАМЯТНИКОМ, БУДЕТ ДОМОМ ВСЕСИЛЬНОГО; И ИЗ ВСЕГО, ЧТО ДАШЬ МНЕ, ПОСВЯЩАТЬ БУДУ ДЕСЯТИНУ ТЕБЕ».

Впервые речь идет о десятине – «из всего, что дашь мне». Вы как-то говорили, десятина существует не только у евреев. Десятина отделяется от того, что получаешь?

Откуда она происходит? Во-первых, нам легко отсчитать десятину, потому что мы все измеряем на своих пальцах – пятеричная или десятичная система.

Во-вторых, десятина исходит из каббалы – именно из каббалы, и очень простым образом: ведь и наше тело устроено по образу духовного строения. 10 частей – это 10 *сфирот*. Наша душа состоит из десяти частей.

Почему я должен десятую часть отдать?

Потому что эта последняя – десятая часть сама себя никак исправить не может. Если ты ее отдаешь, то таким образом она исправляется.

Почему девять первых могут себя исправить, а десятая – нет?

В них есть силы, с помощью которых ты можешь их исправить на своем месте. Десятую невозможно исправить так же, как эцем луз.

Если я, допустим, зарабатываю приличные деньги и мне жалко отдавать эту десятую часть, потому что я отдаю от себя, – естественно, жалко.

Ты зарабатываешь больше – у тебя есть больше. Кто меньше зарабатывает, у того – меньше. Но десятая часть остается десятой.

Когда я отдаю десятую часть – это поступок? Что-то духовное в этом есть? Или это гордыня?

Отдача на какие-то человеческие нужды – это просто хороший человеческий поступок в рамках нашего мира – ничего не исправляет, ничего не делает с душой.

На что отдается десятина?

Десятина отдается на распространение методики исправления мира, исправления человечества, то есть на распространение каббалы. В итоге, только это является разумным использованием десятины.

Я, как разумный эгоист, должен проверить, даю я это на распространение каббалы? Или нет?

Надо проверять. Конечно. Даже в обычном банке или на бирже вкладчики могут прийти, поинтересоваться. Ты можешь потребовать и спросить, куда ушла моя десятина. А как же иначе?! Это непростая вещь. Иначе ты просто оттолкнул от себя – и все: пусть как будет, так и будет. Это нехорошо.

Это не является верой выше разума, если я отдаю и как бы говорю, что я знаю, куда пошло?

Нет-нет. Наоборот. Надо очень серьезно проверять.

И ПОЦЕЛОВАЛ ЯКОВ РАХЕЛЬ

То, что происходит далее, похоже на то, что было во всех главах. Поход Якова за женой. Он уходит с этого места, где видел сон, и начинается поиск – поиск походящей ему пары (жены). Яков уходит в страну востока, так написано, и видит колодец в поле и снова камень, его закрывающий. И видит, как отваливают камень и поят овец. Здесь же он встречает Рахель, свою будущую жену.

Происходит та же история, что и с отцом его, Ицхаком.
/10/ И БЫЛО, КОГДА ЯКОВ УВИДЕЛ РАХЕЛЬ, ДОЧЬ ЛАВАНА, БРАТА МАТЕРИ СВОЕЙ,… /11/ И ПОЦЕЛОВАЛ ЯКОВ РАХЕЛЬ, И ПОДНЯЛ ГОЛОС СВОЙ, И ЗАПЛАКАЛ. /13/ И БЫЛО, КОГДА ЛАВАН УСЛЫШАЛ ВЕСТЬ О ЯКОВЕ, СЫНЕ СВОЕЙ СЕСТРЫ, ПОБЕЖАЛ ОН ЕМУ НАВСТРЕЧУ, ОБНЯЛ ЕГО, ЦЕЛОВАЛ, И ПРИВЕЛ В ДОМ СВОЙ;

Во-первых, почему он заплакал? «ПОЦЕЛОВАЛ ЯКОВ РАХЕЛЬ, И ПОДНЯЛ ГОЛОС СВОЙ, И ЗАПЛАКАЛ». Он заплакал от счастья?

Нет, нет. Это вообще нельзя читать, как роман, на человеческих чувствах.

Что такое слезы?

Плач, слезы – это символ «малого состояния», детского состояния.

Яков, сам по себе, – маленький парцуф, маленькая часть души, ведь, основная часть души – это Эсав. И Рахель – это маленькая часть души, ее женской стороны. И поэтому встреча между ними не может быть иной, как на таком уровне, который называется «слезы».

Соединяются между собой две маленькие части души, обе альтруистические. Обе в итоге дадут нам огромные духовные исправления, но пока еще они очень небольшие. Они нуждаются в Лаване, ее отце, в этом высшем свете, который должен дать им силы, дать им соединение между собой, чтобы дальше в связи между собой они начинали исправление общей души.

В общую душу входят абсолютно все остальные свойства человека, о которых тут говорится как о здешних персонажах.

СЕМЬ ЛЕТ ЗА РАХЕЛЬ

Дальше очень интересная история происходит с дочерями Лавана.

На эту тему написаны книги, поставлены фильмы, написаны картины, и в духовной академии ее изучают. Речь идет о встрече Якова с двумя женщинами в доме Лавана. Написано так.

И ЖИЛ ОН [Яков] У НЕГО ОДИН МЕСЯЦ.

/16/ А У ЛАВАНА ДВЕ ДОЧЕРИ: ИМЯ СТАРШЕЙ – ЛЕЯ, А ИМЯ МЛАДШЕЙ – РАХЕЛЬ. /17/ А У ЛЕИ ГЛАЗА СЛАБЫЕ, РАХЕЛЬ ЖЕ БЫЛА КРАСИВА СТАНОМ И КРАСИВА ВИДОМ. /18/ И ПОЛЮБИЛ ЯКОВ РАХЕЛЬ, И СКАЗАЛ: «БУДУ СЛУЖИТЬ ТЕБЕ СЕМЬ ЛЕТ ЗА РАХЕЛЬ, ДОЧЬ ТВОЮ МЛАДШУЮ». /19/ И СКАЗАЛ ЛАВАН: «ЛУЧШЕ ОТДАТЬ МНЕ ЕЕ ЗА ТЕБЯ, ЧЕМ ОТДАТЬ ЕЕ ЗА ЧЕЛОВЕКА ДРУГОГО; ЖИВИ У МЕНЯ». /20/ И СЛУЖИЛ ЯКОВ ЗА РАХЕЛЬ СЕМЬ ЛЕТ, НО ОНИ БЫЛИ В ГЛАЗАХ ЕГО КАК НЕСКОЛЬКО ДНЕЙ, ПО ЛЮБВИ ЕГО К НЕЙ

Понятно: он полюбил.

Да. Она была красивая, полюбил.

Очень логично все пока происходит. И после этого совершается подлог (обман), снова какая-то каверза. Яков полюбил Рахель. Что происходит дальше?

/21/ И СКАЗАЛ ЯКОВ ЛАВАНУ: «ДАЙ ЖЕ ЖЕНУ МОЮ, ТАК КАК ДНИ МОИ ИСПОЛНИЛИСЬ, И Я ВОЙДУ К НЕЙ!». /22/ И СОБРАЛ ЛАВАН ВСЕХ ЛЮДЕЙ ТОГО МЕСТА, И УСТРОИЛ ПИР. /23/ ВЕЧЕРОМ ЖЕ ВЗЯЛ ОН ДОЧЬ СВОЮ, ЛЕЮ [а не Рахель], И ПРИВЕЛ ЕЕ К НЕМУ, И ТОТ ВОШЕЛ К НЕЙ.

В МЫСЛЯХ С РАХЕЛЬЮ – В ДЕЙСТВИИ С ЛЕЕЙ

/25/ И ОКАЗАЛОСЬ ПОУТРУ, ЧТО ВОТ – ЭТО ЛЕЯ! И СКАЗАЛ ОН ЛАВАНУ: «ЧТО ЭТО СДЕЛАЛ ТЫ МНЕ? ВЕДЬ ЗА РАХЕЛЬ СЛУЖИЛ Я У ТЕБЯ, ЗАЧЕМ ЖЕ ОБМАНУЛ ТЫ МЕНЯ?». /26/ И СКАЗАЛ ЛАВАН: «НЕ ДЕЛАЕТСЯ ТАК В НАШЕМ МЕСТЕ, ЧТОБЫ ВЫДАТЬ МЛАДШУЮ ПРЕЖДЕ СТАРШЕЙ. /27/ ДОПОЛНИ НЕДЕЛЮ ЭТОЙ, И МЫ ДАДИМ ТЕБЕ И ТУ ЗА СЛУЖБУ, КОТОРУЮ БУДЕШЬ У МЕНЯ СЛУЖИТЬ ЕЩЕ СЕМЬ ЛЕТ ДРУГИХ».

Почему он сразу не сказал ему: «Возьми Лею»? Правда, она была «слаба глазами», не так красива.

Он мог сказать. И вообще, зачем ждать 7 лет? Договорились, что Яков будет работать, так бери ее сейчас, начинайте делать семью. Но Лаван говорит: «Семь лет ты у меня живешь и пасешь мои стада».

Что такое «семь лет»? Это трагедия для Якова, в каком-то смысле. Хотя оказывается дальше, что и не трагедия, он обрел двух жен вместо одной. Но сначала семь лет надо отработать…

Яков – одно из свойств души, свойство отдачи. Но такое свойство отдачи, которое не может само реализовать себя, – оно должно реализовать себя на каком-то эгоизме.

Эгоизм, который подходит к свойству Якова, – это Рахель. Поэтому она красива для него. А у Леи «слабые глаза», то есть свойство Леи – это огромнейший эгоизм, для исправления которого нужны огромные силы.

И это не в силах Якова?

Да. И поэтому он не видит, не чувствует никакого влечения к Лее. А Рахель кажется ему красивой. Потому что она – для него. Исправляя ее, то есть желание, которое называется Рахель, Яков может действительно достичь определенного соответствия Творцу.

Человек чувствует, что те желания во мне, которые называются Рахель, – это то, с чем я могу работать. Если я их исправлю, то передо мной открываются очень хорошие перспективы. Почему же мне ими пренебрегать? Вот, чем я должен заниматься.

Лаван – это белый свет, «лован элион», так называемый, белый высший свет. И поэтому у него совсем другая задача: сделать исправление абсолютно на все желания души, чтобы полностью заполнить их высшим светом. Лаван намного сильнее, намного выше, чем Яков и Эсав, и выше всех остальных. Это – настоящий высший свет, отец всех желаний человека.

Его задача – подставить Лею?

Подставить обязательно! Потому что иначе ничего не исправится. И поэтому сейчас его проблема в том, чтобы поставить Лею рядом с Яковом, хотя они друг другу и не подходят.

ЛЕЯ – НОЧЬ

Ночь означает, что уровень Лея понижается до уровня Яков.

Этот высокий эгоизм (Лея) вдруг сравнивается с Яковом?

Да. И Яков в своем свойстве отдачи не понимает, не ощущает, что на самом деле он работает с огромнейшим эгоизмом, но который себя уменьшил. Это называется ночь. Лея – ночь. Ночью он может соединиться с Леей и взаимно с этим желанием вступить в исправление, но днем – нет.

Днем он любит красивую Рахель.

Когда наступает утро, Яков видит, что это совершенно не его желания, он не может их исправить в том состоянии, когда они называются утром, – желания, требующие света.

Поэтому он кричит: «Что ты сделал мне? Ведь я за Рахель работал!»?

Да. Я не в состоянии исправить это желание.

Лаван его подставляет. Для чего? Для того чтобы вырастить Якова до уровня, когда он действительно сможет наполнить всю Лею, все желание своей души.

Вообще, потрясающе получается: вроде бы, зло, но ведь от Лавана исходит только добро.

Нет злых сил нигде и ни в чем: ни фараон – вообще, никто не является злыми силами. Нет злых сил. Это все относительно, согласно моменту, чтобы достичь полного исправления.

НАЛОЖНИЦЫ И ДЕТИ

Продолжаем читать.

/28/ И СДЕЛАЛ ТАК ЯКОВ, И ДОПОЛНИЛ НЕДЕЛЮ ЭТОЙ; И ДАЛ ЕМУ ТОТ СВОЮ ДОЧЬ РАХЕЛЬ В ЖЕНЫ. И ВОШЕЛ ОН...

Семь дней – семь *сфирот: хэсэд, гвура, тифэрэт, нэцах, ход, есод, малхут*. Семь *сфирот* за одну жену и еще семь *сфирот* за другую жену.

Яков платит сполна за две эгоистические части: ту, которая выше Якова, Лею, и ту, которая равна ему, – Рахель.

Что такое плата – семь *сфирот*?

Семь *сфирот* – это семь стадий исправления. Что значит, он платит Лавану? Он совершает духовные действия, с помощью которых проводит высший свет через себя, через свои усилия на малхут – желания своей души – и, таким образом, исправляет их. У него начинают рождаться дети.

Там еще есть наложницы. У каждой жены есть рабыня.

Здесь написано:

/29/ И ДАЛ ЛАВАН РАХЕЛИ, ДОЧЕРИ СВОЕЙ, РАБЫНЮ СВОЮ БИЛУ, В РАБЫНИ ЕЙ.

Рабыни считаются наравне с женами. Разница между рабынями и женами в том, что жены более своевольны, то есть это желания более эгоистические. А рабыни – желания более подвластные.

Поэтому вначале рождаются дети от рабынь. И они являются ступенью для того, чтобы взойти к жене.

Что такое свойство «рабыня» внутри человека?

Эгоистическое желание, которое полностью может себя отменить. Оно является тем же желанием, что и жена, но только предварительной ее ступенью. Это не похоже на существование в нашем мире двух объектов или субъектов.

ДВОЕЖЕНСТВО

И дальше так:

/30/ И ВОШЕЛ ОН И К РАХЕЛИ, И ПОЛЮБИЛ РАХЕЛЬ БОЛЬШЕ, НЕЖЕЛИ ЛЕЮ, И СЛУЖИЛ У НЕГО ЕЩЕ СЕМЬ ЛЕТ ДРУГИХ.

Практически одновременно Яков получил и Рахель, и Лею. Они – его жены. Я понимаю, что речь идет о духовных процессах. Но, значит, был такой обычай и в нашем мире – многоженство?

Какое многоженство?! Не было еще современных государственных законов. Были обычаи.

Когда мы жили в Реховоте в районе Шаараим, населенном выходцами из Йемена, я познакомился с их обычаями. Один из них – иметь несколько жен. У бедуинов до сих пор существует многоженство.

Почему же сейчас это не принято?

Сегодня мы должны жить по современным законам. Кроме того, уже более тысячи лет существует постановление рабби Гершона о единобрачии. Но оно распространяется только на ашкеназийских евреев. Хотя в принципе это является просто условием, и не более того.

Если вернуться на уровень внутреннего содержания Торы, – все, что происходит с Яковом, – это процесс духовного роста?

Да. Если мы берем общее состояние зэир анпин относительно малхут, то парцуф зэир анпин (эта система) управляет и наполняет абсолютно все души, которые являются относительно нее женской частью.

Женой?

Да. У Якова были две жены и две наложницы – всего четыре женщины.

Говорится о духовных состояниях, в которых душа не может за один раз пройти исправление во всем своем эгоистическом желании. Она должна делиться на составляющие: правую и левую линию, верхнюю и нижнюю часть – хотя бы на четыре части.

МАТЬ ДАЕТ ИМЯ

Давайте поговорим о семье Якова, уже складывается семья: две рабыни и две жены.

/31/ НО ВИДЕЛ ТВОРЕЦ, ЧТО ЛЕЯ НЕЛЮБИМА, И ОТВЕРЗ УТРОБУ ЕЕ; РАХЕЛЬ ЖЕ БЫЛА БЕСПЛОДНА. /32/ И ЗАЧАЛА ЛЕЯ, И РОДИЛА СЫНА, И НАРЕКЛА ЕМУ ИМЯ РЕУВЕН, ИБО СКАЗАЛА: «ТАК КАК ТВОРЕЦ УВИДЕЛ ГОРЕ МОЕ, ТО ТЕПЕРЬ ПОЛЮБИТ МЕНЯ МУЖ МОЙ». /33/ И ЗАЧАЛА ЕЩЕ...

«*Реувен*[22]» – «*реу бен*» в переводе с иврита означает «смотрите, сын».

Следующего сына она назвала Шимон.

«УСЛЫШАЛ ТВОРЕЦ, ЧТО Я НЕЛЮБИМА, И ДАЛ МНЕ И ЭТОГО»; И НАРЕКЛА ЕМУ ИМЯ ШИМОН. /34/ И ЕЩЕ ЗАЧАЛА, И РОДИЛА СЫНА, И СКАЗАЛА: «С ЭТОГО РАЗА МУЖ МОЙ ПРИЛЬНЕТ КО МНЕ, ИБО РОДИЛА Я ЕМУ ТРЕХ СЫНОВЕЙ»; ПОЭТОМУ НАРЕКЛА ЕМУ ИМЯ ЛЕВИ. /35/ И ЗАЧАЛА ЕЩЕ, И РОДИЛА СЫНА, И

---

22 Реувен – соответствует русскому Рувим.

СКАЗАЛА: «НА СЕЙ РАЗ ВОСХВАЛЮ ТВОРЦА»; ПОЭТОМУ НАРЕКЛА ЕМУ ИМЯ ЙЕУДА. И ПЕРЕСТАЛА РОЖАТЬ.

Лея родила четверых сыновей.

Это четыре уровня желания, которое есть у Леи: первый, второй, третий, четвертый.

Наши желания состоят из пяти уровней. Но первый мы не считаем, это уровень нашего существования. Затем все больше добавляется эгоистического желания: первый, второй, третий, четвертый уровень – это и есть четверо сыновей Леи. Они основоположники всех двенадцати колен.

Интересно, что каждая ступень продвижения человека: рождение сына, еще одного, потом еще сына – имеет название. Имя, то есть имя ступени, тоже немаловажно.

Имя исходит из ступени, из состояния. Нет у нас такого понятия, как имя само по себе. Бывает, что дают такие имена, как Зэев, Дов (в переводе с иврита: волк, медведь), или – река, озеро, небо. Но они не являются корневыми исконными названиями.

А исконные – это постижения?

Исконные идут только из постижений: духовный корень человека определяет его название. Именно это и является его именем.

У меня возник вопрос: «Именно мать решает, какое дать имя, – не отец?».

Да. Когда у моей дочки родился сын, все молчали, ждали, пока она не сказала: «Даниэль».

Вы не вмешивались в этот процесс?

Не имел права! Ни слова не говорил! Ни слова. По дороге, в машине, она решила, что так. Мне в это вмешиваться нельзя! Только мать дает имя.

Почему? Какой корень у этого?

Мать является сосудом, который рождает новое состояние. Поэтому она понимает именно из этого сосуда, что она родила, что она постигла, чего достигла, чего достиг этот исправленный эгоизм. Его наполнение, его новая ступень и есть рождение нового сына.

Это ее постижение?

Да. И только она понимает суть того, что произошло, и только она может дать имя. И естественно, что рядом с сыном всегда есть дочь.

Всегда так! Не может родиться одно без другого – желание отдачи без желания получения.

И все-таки к сыновьям отношение очень особенное – сыновья! Сын! А дочь как-то так – «заигрывается».

Свойство отдачи, экран, отраженный свет – это все мужская часть. Женская часть – это недостаток, то, что надо исправлять, то, что надо поднимать. Но с другой стороны, после исправления это является основной частью творения.

СЫН ИЛИ ДОЧЬ?

История Якова с Леей и Рахелью – это история о женщинах, то есть о дочерях. И о рождении все время говорится.

Такое очень интересное чередование: мужчина – женщина; мужская часть – женская часть. Мужская и женская составляющие постоянно переходят между собой.

Для женщин рождение сыновей – это постижение. А чем для Якова является рождение сыновей?

Для Якова рождение сыновей – это реализация его желания, его духовного устремления сделать исправления. Все его жены – это его собственные желания, которые он постепенно преобразует в отдачу.

В нашем испорченном мире есть такой анекдот. Мужик звонит в родильный дом и спрашивает: «Алло, родился? – Родился. – Сын? – Нет». Он опять: «А кто? Сын? – Нет. – А кто?». Подспудно человек придает большее значение рождению сына.

Особенно среди восточных народов это всегда считалось почетным и уважаемым. Женщину, которая рожала сыновей, всегда больше уважали по сравнению с той, которая рожала дочерей.

Но вообще в духовном процессе не может быть рождения, если не рождается одновременно мужская и женская часть.

Сын и дочь. И у Авраама тоже. Там, где стоит «эт» – приставка, это всегда означает дочь.

Продолжим. Идет рождение сыновей одного за другим, то есть новых духовных постижений, как мы говорим.

/1/ И УВИДЕЛА РАХЕЛЬ, ЧТО НЕ РОДИЛА ЯКОВУ, И ПОЗАВИДОВАЛА РАХЕЛЬ СЕСТРЕ СВОЕЙ, И СКАЗАЛА ЯКОВУ: «ДАЙ МНЕ ДЕТЕЙ, А ЕСЛИ НЕТ – Я УМИРАЮ». /2/ И ВОЗГОРЕЛСЯ ГНЕВ ЯКОВА НА РАХЕЛЬ, И ОН

ГЛАВА «И ВЫШЕЛ ЯКОВ»

СКАЗАЛ: «РАЗВЕ Я ВМЕСТО ВСЕСИЛЬНОГО, ЛИШИВШЕГО ТЕБЯ ПЛОДА ЧРЕВА?».

Яков гневается, то есть описано точное ощущение.

Почему к нему предъявляются претензии? Зачатие исходит от Творца. И по сей день существует проблема бесплодия.

Нельзя предсказать…

Да. И все, действительно, похоже на какое-то таинство: будет – не будет, получится – не получится. Хотя есть всевозможные вычисления, большее – меньшее приближение к успеху, – все равно необходимо какое-то счастье, какая-то удача.

Вмешательство третьего, мы говорим. Вообще это очень интересная вещь.

Потому что речь идет о зарождении нового.

МЫ НЕ МОЖЕМ ВДОХНУТЬ ЖИЗНЬ

При всем своем развитии науки не могут точно определить, когда и как происходит зачатие.

Дело не в развитии науки. Дело в том, что мы не знаем, что такое жизнь. Возьми любые готовые атомы – ты сам не можешь их создать, ты не Творец: из ничего что-то ты сделать не можешь. Но ты берешь атомы и составляешь из них молекулы. Заставь эти молекулы жить. Как?

Вдохни в этот материал жизнь, чтобы он начал функционировать, чтобы находящиеся в нем составляющие начали взаимодействовать в биохимических процессах, которые называются жизнью: поглощение, выделение, развитие и так далее. Как ты это сделаешь?

Этот процесс действительно неизвестен?

Нет. Мы не можем вдохнуть жизнь! Мы можем собрать вместе атомы, но они останутся атомами, неживой материей! Ты можешь взять растительную материю – она будет растительной, животную – будет животной. Никогда из растительной ты не сделаешь животную, и никогда из животной – растительную, и из неживой ты не можешь сделать ни растительную, ни животную. Ты не можешь вдохнуть жизнь!

То же самое и в зачатии.

Это и называется «тайной жизни»?

Это то, что исходит из следующей ступени, нам неизвестной. И поэтому, сколько бы мы ни старались понять, мы изучаем не причину, а следствие.

Мы можем привести составляющие: мужчину, женщину или яйцеклетки – к самым наилучшим условиям для их сочетания между собой, чтобы было как можно меньше внешних помех. Это уже делается в инкубаторах. Искусственное оплодотворение и так далее. Но возникнет ли между ними четкая связь – этого гарантировать не может никто. Здесь есть еще третья составляющая, назовем ее «партнер»: Он-то и командует.

Он командует бесплодием женщины?

Чем Он командует? Он командует тем, о чем мы не имеем ни малейшего представления, – Он дает душу.

Ты можешь слить две клетки мужскую и женскую вместе – они не оплодотворятся, они могут быть вместе и не оплодотвориться. Почему? Для их соединения в процессе оплодотворения, то есть для развития третьего, надо, чтобы в них поместилось нечто третье. Они между собой – только друг с другом – третьего не дадут. Третье должно исходить из высшей ступени. Это и называется «часть Творца в человеке».

Эта ступень запрограммирована?

Да. На миллионы лет вперед. Все это катится по четко расписанному сценарию, но только нам неизвестному.

Сейчас можно проверить, кто родится – мальчик или девочка. Как вы считаете, это вообще правильное действие?

Какая разница?! Это же чистое любопытство. Пускай проверяют. Они при этом ничего не решают. Все определено в тот момент, когда этот третий – «партнер», Творец – дает туда душу. Он определяет, когда соединяются мужская и женская части.

Я ДОЛЖЕН ХОТЕТЬ

Что такое: «дает душу»?

Возможность развиваться. Развиваться следующему состоянию, в котором существует возможность стать подобным Творцу. Эта возможность достичь подобия Творцу называется в нас «зачаток души», «начало души».

Душа есть в каждом?

Зачаток ее есть в каждом. Развить его до полного подобия Творцу – обязанность каждого.

Это по программе Творца происходит?

По программе Творца происходит подготовка нас к желанию развить себя до подобия Ему. И в итоге, мы будем подобны Ему. Все записано в Его программе, но мы сами должны захотеть и сами участвовать в реализации этой программы. У нас закрыты глаза, мы не понимаем, что перед нами находится. Но все равно мы должны к этому стремиться. И постепенно мы раскрываем, что на самом деле все уже расписано. Но я должен прилагать усилия и обгонять события.

То есть я должен стремиться?

Да. Каждый раз я должен обгонять. Я должен хотеть, и тогда оно сбудется. Когда оно сбывается, это значит, так и должно было быть.

Вас этот парадокс не смущает, что я должен хотеть, но все уже расписано?

Я вижу в этом наслаждение. В этом я и становлюсь подобным Творцу. Он дал мне возможность опередить Его на полшага.

ПОТОМСТВО

Продолжим чтение Торы.

/3/ И ОНА (Рахель) СКАЗАЛА: «ВОТ СЛУЖАНКА МОЯ БИЛА: ВОЙДИ К НЕЙ, ПУСТЬ ОНА РОДИТ НА КОЛЕНА МОИ, И БУДЕТ ПОТОМСТВО У МЕНЯ, БЛАГОДАРЯ ЕЙ». /4/ И ОНА ДАЛА ЕМУ СВОЮ РАБЫНЮ БИЛУ В ЖЕНЫ, И ВОШЕЛ К НЕЙ ЯКОВ.

Била рожает двоих детей.

Потом происходит следующее: у Леи есть рабыня,

которую зовут Зилпа, она тоже рожает двоих детей. Начинается какое-то соревнование между рабынями.

Не между рабынями – между госпожами.

Рахель вдруг уступает Якова Лее, которая рожает еще двух сыновей и дочь Дину. Потом и Рахель рожает Йосефа[23].
Интересно, что независимо от того, кто этих детей рожает: жены или рабыни, – они вместе составят 12 колен. Дети Якова.

Неважно, кто рожает. Главное, что все происходит от Якова, то есть высшего парцуфа, из которого выходит свет. Под ним находится малхут – общее желание, созданное Творцом, которое сейчас начинает проявлять себя: насколько оно может быть подобно Якову, высшему парцуфу.

Есть два основных желания: Лея и Рахель – они должны быть вместе, но одна выше другой. Лея – выше. Она – мощная жена Якова, которая проявит себя и в дальнейшем – в окончательном исправлении всего человечества.

Рахель – пока что маленькая, слабенькая и проявляет себя только отчасти. Но зато, именно от нее рождается Йосеф, который проходит через Египет и приводит всех к Моше. А Моше уже выведет их из Египта.

Что означает рождение всех этих детей? И в конце рождение Йосефа Рахелью?

---

23 Йосеф (ивр.) – соответствует русскому Иосиф – в Библии сын Иакова и Ревекки

Эгоистическому желанию надо постепенно исправить себя настолько, чтобы в итоге породить, создать такую структуру, которая называется Йосеф.

Йосеф называется праведником (Йосеф а-цадик). Праведник – это то свойство души, которое работает на отдачу, направлено не в сторону получения, а на отдачу Творцу. От Творца 9 *сфирот* приходит в *малхут* – в последнюю *сфиру*, в десятую. Малхут вырабатывает из себя *сфиру есод* и начинает с помощью этой *сфиры* эманировать обратно, как бы отдавать Творцу. Ее возможность отдать называется свойством Йосеф.

Девять были необходимы только для того, чтобы родился Йосеф?

Да. Вообще у Якова 12 сыновей, потому что его душа, как и всякая другая, состоит из четырех частей – хохма, бина, зэир анпин, малхут. Каждая из этих частей состоит из трех линий. Четыре умножить на три – 12. И поэтому 12 сыновей Якова, порожденных им, олицетворяют собой три линии, или полное включение души в исправление.

Но самым главным из них является Йосеф. И поэтому именно Йосефа они продают: все остальные не могут с ним согласиться, потому что он работает на отдачу.

Это им противно?

Да. Это пока еще не для них. Они должны пережить большой голод для того, чтобы согласиться, чтобы это загнало их в Египет. Йосефу уже можно было входить в Египет, то есть раскрывать все большие и большие эгоистические желания для того, чтобы их исправлять.

Мы говорили не раз о том, что подъем к духовному, к полному исправлению, возможен только с раскрытием эгоистических желаний. В Йосефе эти эгоистические желания достаточны, и поэтому братья его продают, то есть «сдают» в эгоизм. А сами они еще должны прожить без него.

Пережить все, чтобы прийти...

Да, достичь определенного очищения для того, чтобы тоже суметь работать в этом египетском эгоизме.

Египетский эгоизм – самый большой эгоизм души, который раскрывается в ней тогда, когда человек действительно уже готов на то, чтобы его правильно обрабатывать, воспринимать, работать с ним.

РОЖАТЬ ИЛИ НЕ РОЖАТЬ – ПОТРЕБНОСТЬ ИЛИ ВЫБОР?

Мы говорим о свойствах человека. Я вдруг сейчас подумал: «Так бьются женщины за то, чтобы родить для Якова. Просто бьются». А сегодняшний мир наш бьется, чтобы не родить. Что происходит с женскими желаниями?

Исконные женские природные желания – это постоянно рожать, то есть видеть огромное количество сыновей и дочерей, причем, равное количество. И чтобы детей было как можно больше, потому что в этом человек духовно реализует себя.

Что значит «мой сын или моя дочь»? Это мое духовное действие, которое я сейчас совершил над собой, и его следствие. Я сделал что-то с моим новым желанием, с новыми свойствами, с новым раскрытием в желаниях нового объекта или формы Высшего мира. Все это и называется сын или дочь, в зависимости от того, как я воспринимаю этот новый, раскрывшийся мне горизонт: с точки зрения света или с точки зрения сосуда, души.

Если с точки зрения сосуда, то это – дочь?
Да.

Если с точки зрения света, то рождается сын?
Да.

Поэтому они должны быть равны. И все-таки сегодня состояние женщины совсем другое.
Мы приходим к состоянию, когда все разрушается, когда ни женщины, ни мужчины не желают ничего.

Сегодняшнее состояние – вообще неопределенное. Мы находимся на переходе из нашего мира, которым мы когда-то наслаждались, думали, что он приведет нас к чему-то хорошему, и пытались найти в нем суть жизни: заработать, воспитать детей, посадить дерево и так далее. И все было нормально.

Считали, что так должно быть: человек живет, потом умирает, снова живет – появляется новое поколение. На этот счет у человечества были разные теории, философии.

Но всегда мы считали, что эта жизнь имеет какой-то смысл. Человек живет ради других или ради себя. Были философы – гедонисты, пифагорейцы и другие. Были те, кто приносил себя в жертву во имя человечества, как Прометей. Одни считали, что надо пожертвовать собой, другие, наоборот, хотели взять от жизни все, что только есть в ней, – от Казановы и до Гитлера...

Жизнь имела смысл.

МИР ПОТЕРЯЛ СВОЮ ЭНЕРГИЮ

Когда суть жизни заключается внутри самой жизни, и все, что должно быть, должно совершаться только на поверхности земного шарика, то ничто не имеет смысла. Что сегодня происходит с человечеством? Осознание того, что сама жизнь внутри себя абсолютно потеряла смысл, с одной стороны.

С другой стороны, после смерти тоже что-то непонятное происходит. Есть те, кто хотят сегодня заработать себе счастливую жизнь в будущем мире. Но и это тоже не является движущей силой.

Мир потерял свою энергию. Ему некуда двигаться. Люди автоматически желают получше устроиться: пока я живу, чтобы мне было хорошо, – и это все, не задумываясь ни о чем.

Что изобретают сегодня? Всевозможные игрушки, чтобы забыться. Тот, кто придумает какое-то хорошее средство для того, чтобы все время пребывать в полусне, в сладком, розовом полусне, – тот станет миллиардером.

Для чего эти миллиарды будут ему нужны? Я не знаю. Он и сам будет уходить в свой собственный мир.

Но сегодня люди не отрываются от этой жизни. Они хотят в ней находиться.

Потому что нет другого выхода. Если я здесь живу и существую, то пускай мне будет хорошо, нормально, чтобы не прилагать усилий. Поменьше вкладывать и поменьше страдать – вот то, чего желает человечество.

И поэтому сегодня…

…женщины не хотят дополнительных трудностей – детей?

Зачем это надо?! Кому это надо?! Потеряли вообще желание рожать. Человеческий эгоизм поднялся настолько, что женщины не чувствуют в этом необходимости.

Они чувствуют эгоистически: «Мне уже 35 лет, под 40. Уже надо иметь детей. Иначе что будет потом? Я рожу.

Мне будет с кем играть, мне будет интересно жить. Мужчина не может меня развлечь. А так в старости кто-то будет рядом со мной». Тут и общество подкармливает в виде социальных пособий. Конечно, это все – чисто эгоистический ход на склоне здравых лет, когда женщина решается завести ребенка. Раньше ей не хочется.

Я беседую с молодыми девушками, в 25-30 лет они говорят: «А зачем выходить замуж?». В 33: «Да, уже, может быть, надо думать о чем-то». И очень нехотя соглашаются.

Вы считаете, идет естественный процесс возрастания эгоизма?

Все, что есть, – следствие развития эгоизма в нас. Эгоизм настолько большой, что он вырос из своих обязанностей, заложенных в нем природой.

Даже к своим детям родители не ощущают зачастую той привязанности, которая была когда-то у их родителей по отношению к ним. Привязанности вплоть до самопожертвования. Сегодня этого нет.

Сегодня и дети уходят из дома рано, считается нормальным, что ребенок в 17-18 лет снимает отдельно квартиру, начинает работать. И где-то он крутится (где?! с кем?!) в своей жизни. И родители тоже хотят, чтобы он ушел. Это считается абсолютно нормальным. Ребенок не может с ними быть. Они не могут с ним быть. И между собой тоже не могут быть! Все стало так, что человек и сам с собой не может сосуществовать. К сожалению, такой процесс мы наблюдаем сегодня.

Это, в частности, связано и с нашей главой. Ее название можно прочесть как «Выйди за пределы себя». Ты выходишь из своей оболочки, чтобы начать работать над собой.

Это и есть духовный смысл выражения: «Начинай рожать»? Рожай детей?

Да.

БЕГСТВО

Вернемся к нашей главе. После того, как рождаются дети, Яков ощущает, что на этом месте он как бы уже отработал свое. И многократно просит Лавана отпустить его с семьей в его страну. И тут возникает история с крапчатыми овцами, с козами, в результате которой Яков вдруг становится богаче Лавана. И Яков решает бежать оттуда.

/17/ И ВСТАЛ ЯКОВ, И ПОСАДИЛ СВОИХ ДЕТЕЙ И СВОИХ ЖЕН НА ВЕРБЛЮДОВ. /18/ ...И НАПРАВИЛСЯ К ИЦХАКУ, ОТЦУ СВОЕМУ, В СТРАНУ КНААН. /19/ А КАК ЛАВАН ПОШЕЛ СТРИЧЬ СВОИХ ОВЕЦ, ТО РАХЕЛЬ ПОХИТИЛА ТРАФИМ (идолов), ЧТО У ОТЦА ЕЕ. /20/ А ЯКОВ ПОХИТИЛ СЕРДЦЕ ЛАВАНА-АРАМЕЙЦА не известив его, что убегает. /21/ И УБЕЖАЛ ОН СО ВСЕМ, ЧТО У НЕГО, И ПЕРЕПРАВИЛСЯ ЧЕРЕЗ РЕКУ, И НАПРАВИЛ ВЗОР СВОЙ К ГОРЕ ГИЛЬАД

Что обозначают «овцы» – Лаван стрижет овец. Из-за них он не хотел отпускать Якова?

С овцами – очень просто. Написано, что с ними он работал в трех линиях: *акудим, никудим, врудим* – так написано в Торе. Тут используется не исторический язык, а язык *сфирот*.

Яков видел сон: поднимается в гору и видит стада овец. Среди них есть акудим, никудим, врудим.

Как это перевести?

Три разновидности овец – олицетворение трех миров:

Акудим (от «*неакад*» – связан) – самый Высший мир, Адам Кадмон, так называемый, прообраз человека.

Никудим (от «*некуда*» – точка) – следующий мир, который «разбился». В нем была создана система управления нашим миром, и она разбилась.

Врудим (от «*перуд*» – отделенный) – мир Ацилут, мир исправлений, который управляет нами.

Это все – как бы наследие Якова?

Да. Из линии Авраама, правой линии, и из линии Ицхака, левой линии, он создал среднюю линию. Акудим, никудим и врудим (он сам) – это и есть методика исправления нашей души. Поэтому Яков побеждает Лавана.

Лаван – это верхний Высший свет, на самом деле очень большой духовный источник света, наивысший, хотя он и называется «Лаван-грешник» и разбойник. Почему? Потому что своим светом направлен против самого большого эгоизма, которым нельзя пользоваться.

А Яков потихоньку отыгрывает этот эгоизм, понемногу берет из него, перерабатывает и лепит такие формы желания, которые подобны свету. Потихоньку он исправляет общий эгоизм в альтруистическом намерении и поэтому побеждает Лавана.

Когда Яков достигает состояния, при котором он практически полностью исправил весь эгоизм, то ему не остается ничего другого, как отдалиться от Лавана, потому что тот эгоизм, который остается, уже не поддается исправлению. Это такие остатки, которые совершенно не могут проникнуться тремя линиями, и их можно исправить только в самом конце всех поколений.

Значит, чтобы не повредить себе и всему, что с ним, он уходит от Лавана.

Да, он уходит, не сообщив ему ничего. Впереди у него возникнут еще большие проблемы, поэтому ему необходимо от Лавана убежать.

Дальше происходит история с Рахель, которая похитила «трафим» (идолов) своего отца. Что такое эти идолы?

Трафим (от «тореф») – это те эгоистические силы, которые держат человека и не позволяют ему духовно продвигаться. То есть мой эгоизм настолько силен, что я не в состоянии ничего с ним сделать. Он меня просто цепями держит на месте. Единственное, что я могу сделать, – каким-то образом оторваться от него.

Похищение этих идолов выбивает у меня из-под ног эгоистическую основу, я становлюсь немного легче, я перестаю верить в них.

Так она ж похищает идолов у Лавана.

У Лавана, да. Лаван – это огромный эгоизм во мне, который стоит против Высшего света.

Рахель дает мне возможность не только вздохнуть, но и продолжить дальнейшее духовное развитие. Поэтому дальше идут роды и дальнейшее развитие.

ПОХИЩЕНИЕ И РАССЛЕДОВАНИЕ

Лавану сообщают о бегстве, и он гонится за беглецами.

Естественно. Потому что без идолов у него нет высшего света, нет никакой связи с эгоизмом.

Это важно ему сейчас?

Конечно.

И Лаван нагоняет Якова и говорит: «Что ж ты убежал, не сообщил мне? Я б тебя проводил нормально». Лаван говорит ему:

/30/ «ТЕПЕРЬ ЖЕ, ЕСЛИ ТЫ УШЕЛ ПОТОМУ, ЧТО СИЛЬНО ИСТОСКОВАЛСЯ ПО ДОМУ ОТЦА ТВОЕГО, ТО ЗАЧЕМ УКРАЛ ТЫ БОГОВ МОИХ?». /31/ И ОТВЕЧАЛ ЯКОВ, И СКАЗАЛ ЛАВАНУ: «ДА, Я БОЯЛСЯ, ИБО ДУМАЛ, МОЖЕТ БЫТЬ, ОТНИМЕШЬ У МЕНЯ ДОЧЕРЕЙ ТВОИХ. /32/ У КОГО НАЙДЕШЬ БОГОВ ТВОИХ, ТОТ ДА НЕ ЖИВЕТ!».

... А ЯКОВ НЕ ЗНАЛ, ЧТО РАХЕЛЬ УКРАЛА ИХ. /33/ И ВОШЕЛ ЛАВАН В ШАТЕР ЯКОВА, И В ШАТЕР ЛЕИ, И В ШАТЕР ДВУХ СЛУЖАНОК, И НЕ НАШЕЛ. И ВЫШЕЛ ИЗ ШАТРА ЛЕИ, И ВОШЕЛ В ШАТЕР РАХЕЛИ. /34/ РАХЕЛЬ ЖЕ ВЗЯЛА ТРАФИМ, ВЛОЖИЛА ИХ В СЕДЛО ВЕРБЛЮЖЬЕ И СЕЛА НА НИХ. И ПЕРЕЩУПАЛ ЛАВАН ВЕСЬ ШАТЕР, И НЕ НАШЕЛ. /35/ И СКАЗАЛА ОНА ОТЦУ СВОЕМУ: «ДА НЕ БУДЕТ ДОСАДНО ГОСПОДИНУ МОЕМУ, ЧТО НЕ МОГУ ВСТАТЬ ПЕРЕД ТОБОЙ, ИБО У МЕНЯ ОБЫЧНОЕ, ЧТО У ЖЕНЩИН»; И ОН ОБЫСКАЛ, И НЕ НАШЕЛ ТРАФИМ.

И сказал Яков Лавану:

«ЧТО ЗА ПРОСТУПОК МОЙ, ЧТО ЗА ВИНА МОЯ, ЧТО ТЫ ПОГНАЛСЯ ЗА МНОЮ? /37/ КОГДА ТЫ ПЕРЕЩУПАЛ ВСЕ МОИ ВЕЩИ, ЧТО НАШЕЛ ТЫ ИЗ ВСЕХ ВЕЩЕЙ ДОМА ТВОЕГО? КЛАДИ ЗДЕСЬ ПЕРЕД БРАТЬЯМИ МОИМИ И ПЕРЕД БРАТЬЯМИ ТВОИМИ, ПУСТЬ ОНИ РАССУДЯТ МЕЖДУ НАМИ!».

Он говорит: я 20 лет служил тебе честно, и вдруг ты сейчас обвиняешь меня в воровстве.

Глава «И вышел Яков»

/43/ И ОТВЕЧАЛ ЛАВАН, И СКАЗАЛ ЯКОВУ: «ДОЧЕРИ – МОИ ДОЧЕРИ, ДЕТИ – МОИ ДЕТИ, ОВЦЫ – МОИ ОВЦЫ, И ВСЕ, ЧТО ТЫ ВИДИШЬ, ЭТО МОЕ!».

Правильно. Потому что свет – это он, Лаван, от него все исходит. Яков действительно своими желаниями, своими свойствами сделал так, что весь свет оказался в его власти. Он действительно оставил Лавана без трафим, т.е. теперь нет у высшего света и относительно него высшего эгоизма этих двух сочетаний. Нет у них сейчас такой силы, потому что украдены его идолы. Они – этот свет и эгоизм – не могут над нами властвовать таким образом. А властвуют они всего лишь в очень маленькой мере. Поэтому мы можем над ними выскочить, проскочить в духовный мир.

Будь это в той мере, в которой было до похищения идолов Лавана, ни один человек не смог бы выйти из эгоизма, никогда. Мы просто были бы животными, подобно всем животным.

Под этими идолами?

Да.

А все действия Рахель, сокрытие идолов отца – она вообще никак к отцу не относится, она совсем оторвана от него?

Конечно.

Она уже полностью принадлежит Якову?

Естественно.

Это все-таки отец пришел, ищет свои трафим...

Неважно. Не имеет значения. Это совсем другой уровень. Яков – это уровень исправления, который идет снизу вверх, навстречу Творцу.

И поэтому она знает, что украла, и на что она идет?

Да.

Лаван понял, что Яков ничего не крал, что все нормально.

И тогда Лаван говорит:

/44/ «ПОЙДЕМ ЖЕ ТЕПЕРЬ ЗАКЛЮЧИМ СОЮЗ, Я И ТЫ, И ЭТО БУДЕТ СВИДЕТЕЛЬСТВОМ МЕЖДУ МНОЮ И ТОБОЮ». /45/ И ВЗЯЛ ЯКОВ КАМЕНЬ, И ПОСТАВИЛ ЕГО ПАМЯТНИКОМ. /46/ И СКАЗАЛ ЯКОВ БРАТЬЯМ СВОИМ: «НАБЕРИТЕ КАМНЕЙ!». И ВЗЯЛИ ОНИ КАМНИ, И СДЕЛАЛИ ХОЛМ, И ЕЛИ НА ХОЛМЕ

Заключен союз между Лаваном и Яковом.

Да. Союз, подтверждающий, что в дальнейшем Яков поднимется до такого уровня, когда весь свет Лавана окажется в его желаниях, в его душе. Поднимется он через все, через много-много лет до состояния, когда действительно весь высший свет окажется в правильном исправленном сосуде души.

ПОД ПАРУСАМИ ЭГОИЗМА

В принципе, мы все время проходим эти стадии. Мы уже говорили, что в духовном обман – всегда во благо, обман своего эгоизма.

Конечно.

То есть можно обманывать свой эгоизм? С ним можно так работать?

Да, да. Иначе ты его не пройдешь. В лоб с ним работать невозможно. Это огромная сила – наша природа, против которой прямым путем мы идти не можем.

Парусная лодка не может напрямую двигаться против ветра. Но если направить ее под углом, тогда она сможет двигаться даже в направлении против ветра. Так и эгоизм идет как бы в другую сторону, немножко под углом, но в том же направлении.

Лишь лавируя с этим нашим огромным эгоизмом, мы можем в итоге прийти к состоянию, когда его побеждаем.

Но это длительная борьба. Она – захватывающая на самом деле, она очень воодушевляющая, она созидательная. Это система последовательных исправлений души – путь, который все мы должны пройти.

Мы пришли к счастливому концу в этой главе. Она заканчивается счастливо – союзом.

Да. Происходит выделение части исправленной души, которая называется Яков, и дальнейшее ее возвышение. Яков уже оформился, он оторвался от дома Лавана и дальше идет один. Теперь он будет возвышаться дальше. Эта маленькая душа (Яков – это маленькая часть души) будет все время развиваться.

МЕЖДУНАРОДНАЯ АКАДЕМИЯ КАББАЛЫ
под руководством профессора Михаэля Лайтмана

САЙТ МЕЖДУНАРОДНОЙ АКАДЕМИИ КАББАЛЫ
http://www.kabbalah.info/rus/

Крупнейший в мире учебно-образовательный интернет-ресурс, бесплатный и неограниченный источник получения достоверной информации о науке каббала.

КУРСЫ ОБУЧЕНИЯ
http://www.kabacademy.com/

Миллионы учеников во всем мире изучают науку каббала. Выберите удобный для вас способ обучения на сайте.

УГЛУБЛЕННОЕ ИЗУЧЕНИЕ КАББАЛЫ - ЕЖЕДНЕВНЫЙ УРОК
http://www.kab.tv/rus/

Каждое утро на сайте ведется прямая трансляция уроков каббалиста, профессора Михаэля Лайтмана для всех, кто занимается углубленным, ежедневным изучением науки каббала и исследованием каббалистических первоисточников. Занятия проводятся на иврите с синхронным переводом на 7 языков (русский, английский, немецкий, испанский, французский, итальянский, турецкий), есть возможность задавать вопросы в режиме реального времени.

ИНТЕРНЕТ-МАГАЗИН КАББАЛИСТИЧЕСКОЙ КНИГИ
http://www.kab.co.il/books/rus/

Международная академия каббалы издает учебные пособия и другие книги, предназначенные для самостоятельного изучения каббалы. Все учебные материалы основаны на оригинальных текстах каббалистов, сопровождаемых комментариями руководителя академии, каббалиста, профессора Михаэля Лайтмана.

МЕДИА-АРХИВ
http://www.kabbalahmedia.info/

Медиа-архив сайта Международной академии каббалы содержит на сегодня более 10 000 видеозаписей лекций и передач, продублированных также в аудио и текстовом формате.

ВИДЕОПОРТАЛ ЗОАР.ТВ
http://www.zoar.tv/

Видеопортал Зоар.ТВ располагает уникальным контентом в виде бесплатных видео материалов, видеоклипов, ТВ онлайн, добрых фильмов онлайн, музыки.

www.ingramcontent.com/pod-product-compliance
Lightning Source LLC
Chambersburg PA
CBHW071222080526
44587CB00013BA/1469